***ACCESO GRATIS** a la Lectura en la Nube*

Para visualizar el libro electrónico en la nube de lectura envíe junto a su nombre y apellidos una fotografía del código de barras situado en la contraportada del libro y otra del ticket de compra a la dirección:

ebooktirant@tirant.com

En un máximo de 72 horas laborales le enviaremos el código de acceso con sus instrucciones.

EL DERECHO ADMINISTRATIVO EN EL FORO

EL DERECHO ADMINISTRATIVO EN EL FORO

SILVIA EUGENIA ROCHA TORRES
Coordinadora de la obra

LUCÍA ILEANA VILLALÓN TRUJILLO
Suboordinadora

Comisión de Derecho Administrativo

VÍCTOR OLÉA PELÁEZ
Presidente BMA

ANA MARÍA KUDISCH CASTELLÓ
Primera Vicepresidenta BMA

tirant lo blanch
Ciudad de México, 2024

En caso de erratas y actualizaciones, la Editorial Tirant lo Blanch México publicará la pertinente corrección en la página web www.tirant.com/mex/

Este libro será publicado y distribuido internacionalmente en todos los países donde la Editorial Tirant lo Blanch esté presente.

© EDITA: TIRANT LO BLANCH
DISTRIBUYE: TIRANT LO BLANCH MÉXICO
Av. Tamaulipas 150, Oficina 502
Hipódromo, Cuauhtémoc, 06100, Ciudad de México
Telf: +52 1 55 65502317
infomex@tirant.com
www.tirant.com/mex/
www.tirant.es
ISBN: 978-84-1071-079-5

Si tiene alguna queja o sugerencia, envíenos un mail a: *atencioncliente@tirant.com*. En caso de no ser atendida su sugerencia, por favor, lea en *www.tirant.net/index.php/empresa/politicas-de-empresa* nuestro Procedimiento de quejas.

Responsabilidad Social Corporativa: http://www.tirant.net/Docs/RSCTirant.pdf

Índice

Prólogo

El derecho administrativo en el foro está integrado por una serie de artículos elaborados por miembros de la Barra Mexicana, Colegio de Abogados, específicamente de la Comisión de Derecho Administrativo, que en un esfuerzo conjunto, seleccionaron temas de actualidad en esta materia. Esta colección parte del supuesto de que el derecho administrativo al funcionar como una especie de "derecho común", toca diversos temas que muchas veces pueden considerarse como parte de otras materias, pero que al final de cuentas parten de conceptos básicos de corte administrativo.

15 autores colaboraron en crear este libro. Sus ópticas van desde artículos muy conceptuales hasta aquellos muy prácticos que nos invitan a reflexionar y de esa manera son presentados en secuencia en el libro.

En el capítulo 1, José de Jesús Muñoz Navarro nos comparte su reflexión: "La complejidad del derecho administrativo ¿afecta el estado de derecho?" en donde considera que el derecho administrativo regula a la administración pública, su organización, funciones y relaciones, entre sí y entre los ciudadanos o particulares y puede entenderse complejo; por lo que si uno de los principios que integran el estado de derecho es que las normas deben ser claras, públicas y estables para garantizar la seguridad jurídica de los individuos, surge la pregunta de si la regulación en materia administrativa afecta negativamente a lo que conocemos como estado de derecho.

En el capítulo 2, Hugo Enrique Hernández García en su artículo "El derecho a una buena administración pública en el orden constitucional mexicano" señala que en una época en que la confianza de los ciudadanos en sus gobiernos se ha ido diluyendo y existe una crisis de gobernabilidad, es necesario explorar nuevas formas de interactuar con la administración pública, para implementar mecanismos que permitan garantizar la cohesión social en aras del progreso del Estado, lo cual sólo puede lograrse en un marco que vincule de manera innovadora el derecho administrativo y los derechos humanos.

En el capítulo 3, Luis Oswaldo Sosa Balam en su aportación "El Derecho Administrativo y la Mejora Regulatoria: Sinergia para una

Gobernanza Eficaz en México" nos comparte que la mejora regulatoria es esencial en el derecho administrativo y facilita el cumplimiento normativo mediante herramientas jurídicas que optimizan su implementación. La figura de protesta ciudadana permite a los ciudadanos impugnar acciones u omisiones de servidores públicos que nieguen gestiones sin justificación, alteren o incumplan con el Registro de Trámites y Servicios. Esta herramienta fomenta el empoderamiento ciudadano mediante un formato de fácil llenado y lenguaje accesible.

En el capítulo 4, Carlos Fernando Matute González en su artículo "El solipsismo, la corrupción y la transparencia" nos menciona que el término corrupto se ha convertido en una piedra contra el adversario o en un flagelo de la psicología social, que demerita la vida púbica y fomenta la intolerancia. Nos señala que el concepto de corrupción es lo suficientemente amplio para requerir la determinación del alcance en cada caso y esto ha generado un subjetivismo exacerbado que explica la diferencia entre las percepciones de la corrupción y la realidad de las instituciones. También afirma que la intolerancia al otro y el combate personalista o excluyente de la corrupción sólo la oculta o la legitima y, en este contexto, la transparencia, la rendición de cuentas y la institucionalización basada en el pluralismo son las rutas adecuadas para prevenir el uso abusivo del poder.

En el capítulo 5, Miguel Ángel Sulub Caamal en su aportación intitulada "El choque entre lo administrativo y lo penal en materia de responsabilidades" analiza la forma en que se ha construido el régimen de responsabilidades de los servidores públicos en México, con puntos específicos de la Ley General de Responsabilidades Administrativas, así como de las modificaciones realizadas al Código Penal Federal en materia de delitos por hechos de corrupción que se consideran faltas administrativas con descripciones muy similares a los tipos penales. El autor propone el establecimiento de una dinámica de progresión entre las faltas y los delitos que evite una duplicidad o choque de lo administrativo con lo penal, para generar un régimen de responsabilidades que, regulando y utilizando adecuadamente las modalidades con que cuenta, sea eficaz para perseguir el fin legítimo de proteger la actividad o funciones a cargo del Estado y los bienes jurídicos fundamentales.

En el capítulo 6, Lucía Ileana Villalón Trujillo nos comparte sus reflexiones sobre la pregunta "Acta Administrativa de Entrega - Recepción: ¿Es una verdadera rendición de cuentas? y nos menciona que la rendición de cuentas de los servidores públicos en lo individual implica el derecho a solicitar y recibir información respecto a la gestión pública realizada (ejercicio del poder público), así como la correspondiente obligación de entregar la información requerida; el derecho a solicitar la justificación de los actos u omisiones informados, así como la obligación de justificar la actuación y, en última instancia, avalar o sancionar los actos u omisiones no justificados. En un análisis de la legislación de la materia, la autora encuentra que la misma tiene como objetivo regular la entrega de recursos asignados al servidor público que se sustituye en el cargo, situación que contribuye a un mejor ejercicio del poder público pero que no puede entenderse como una rendición de cuentas, razón por la cual se propone continuar trabajando en la mecánica de rendición de cuentas individual.

En el capítulo 7, Silvia Eugenia Rocha Torres, la suscrita, aborda el tema del "Procedimiento administrativo sancionador en materia financiera" en el que considera la importancia de conocer las razones por las cuales el mismo resulta vital para la estabilidad y sano desarrollo del sistema financiero, así como la necesidad de tener claridad en las fases de instrucción, resolución y ejecución de dicho procedimiento aplicadas específicamente a la materia financiera, tanto para las autoridades financieras como para los presuntos responsables de una infracción prevista en la ley.

En el capítulo 8, Rubén Ignacio Moreira Valdez en su aportación intitulada "Vicisitudes de la Guardia Nacional en México", precisa que esta figura representa un componente de reserva crucial dentro del aparato de las fuerzas armadas de una nación, capaz de ser movilizada y desplegada tanto por el gobierno nacional como por las autoridades estatales y locales. El autor nos comparte un examen y análisis de este concepto multifacético, las diversas características, el impacto de su implementación a nivel global y la complejidad que representa el modelo de la Guardia Nacional, a través de un análisis y evaluación tanto de su conceptualización como de su aplicación en México.

En el capítulo 9, Edel Arturo Estrada Alvarado aborda el tema del "Derecho Administrativo del Trabajo. La función de los centros de conciliación" y parte de las reformas de 2019 que modificaron por completo el sistema de impartición de justicia en materia laboral con la desaparición de las Juntas de Conciliación y Arbitraje —administrativas— y la creación de los tribunales en materia laboral, que pertenecen ahora al Poder Judicial de la Federación. Al lado de los tribunales laborales y, como instancia previa a los mismos, fueron creados los Centros de Conciliación Laboral, con la finalidad de no saturar a los tribunales y tratar de lograr un acuerdo entre las partes.

En el capítulo 10, Mauricio Limón Aguirre presenta su artículo denominado "La Zona Federal Marítimo Terrestre y los acantilados", en el que nos señala que el régimen jurídico de la zona federal marítimo terrestre es el de bienes de uso común y desde el derecho romano hasta nuestros días, ha estado ligado a la existencia de una playa. También precisa que la zona federal marítimo terrestre (zofemat) es el espacio de tierra firme, transitable y contigua a la playa y si falta alguno de estos elementos, no existe la zofemat y que desde 1982 en México, se introdujo la posibilidad de delimitar la zona marítimo terrestre en espacios que carecen de playa y presenten formaciones rocosas o acantilados; lo que fue derogado en 1992, por lo que ya no se cuenta en la actualidad con facultades para delimitar la zona federal marítimo terrestres en acantilados, formaciones rocosas o en lugares en donde se carezca de playa.

En el capítulo 11, María del Consuelo Juárez Mendoza desarrolla el tema de "La valoración de la prueba ambiental en sede administrativa y judicial" y nos comparte que la prueba en el Derecho Ambiental reviste una importancia cada vez mayor en los procedimientos en sede administrativa y en los procedimientos judiciales, por lo que su forma de presentación, preparación, desahogo y valoración requieren de esquemas específicos pero diferenciados, de acuerdo con la autoridad que los analiza. En la sede administrativa, las reglas de análisis probatorio tienen que permitir a la autoridad a confrontar el elemento de convicción (requisito) con la información general con que cuenta cada dependencia, así como a considerar otros elementos aplicables considerando la transversalidad de la materia ambiental.

En el capítulo 12, Rosario Graham Zapata nos comparte "Algunos apuntes sobre la extradición como un procedimiento administrativo" y analiza el despliegue de la figura de la extradición, desde el ámbito del derecho administrativo y de la gestión del poder ejecutivo dentro de la cooperación jurídica internacional. La autora considera que su instrumentación es un proceso complejo y que la sujeción de esta figura a la coordinación y cooperación internacionales, tanto de carácter jurídico, como político, donde los vínculos entre los países son una variable determinante, así como la existencia de niveles y órdenes de intervención de la norma en su aplicación y de las autoridades específicas que participan en el procedimiento, dan muestra de la arquitectura de la extradición.

En el capítulo 13, Fabiola Mondragón Yáñez aborda la "Responsabilidad patrimonial del Estado, un análisis de la legislación y figuras jurídicas en las entidades federativas" y plasma cronológicamente la Responsabilidad Patrimonial del Estado desde su concepción constitucional, hasta la diversidad legislativa plasmada por cada uno de las 32 entidades federativas, para visualizar los alcances existentes de cada figura jurídica y su procedimiento en cuanto a su palpable acceso a la justicia para los ciudadanos que se ven afectados por actividad irregular del Estado en su función administrativa, y ponderar si es viable la expedición de una Ley General de Responsabilidad Patrimonial del Estado.

En el capítulo 14, Norberto Alvarado Alegría desarrolla el "Derecho a la Ciudad y Derecho Administrativo Urbanístico" y nos comparte que las grandes áreas urbanas se caracterizan por la existencia de zonas en condiciones de pobreza y vulnerabilidad que hacen que las ciudades estén lejos de ofrecer condiciones y oportunidades equitativas a sus habitantes. Bajo este escenario, el derecho a la ciudad se configura como un instrumento para contrarrestar los efectos negativos de las nuevas formas de discriminación urbana y se integra por una serie de derechos correlativos que guardan relación de interdependencia, pues deben ser entendidos cada uno de ellos, desde su faceta colectiva, como prestación debida a los habitantes de la ciudad.

En el capítulo 15, Ximena Puente De la Mora nos presenta su artículo sobre "Inteligencia Artificial y Derecho Administrativo: Oportunidades y desafíos emergentes" y nos precisa que al incorporar la tecnología de inteligencia artificial en las prácticas legales, los profesionales pueden mejorar la eficiencia y la eficacia de numerosas maneras. Esta integración puede conducir a mejoras en áreas como la aplicación de la ley, la adjudicación y la reducción de posibles sesgos. Sin embargo, es crucial considerar implicaciones sociales más amplias, incluida la protección de la privacidad, los datos personales y abordar la información errónea entre otros aspectos, por lo que es fundamental la aplicación de los principios de justicia y no discriminación.

Es de señalarse que los autores de este libro estamos muy contentos en aportar nuestras visiones a la discusión de temas de derecho administrativo, sabemos que a pesar de que fue una de las primeras ramas del derecho, la introducción de materias novedosas ha hecho que el derecho administrativo no sea considerado tan "moderno", sin embargo, sus conceptos son vitales para el entendimiento de la arquitectura administrativa.

Dra. **Silvia Eugenia Rocha Torres**
Ex-Coordinadora de la Comisión de Derecho Administrativo de la Barra Mexicana, Colegio de Abogados

Palabras clave

Capítulo 1. *La complejidad del derecho administrativo, ¿afecta el estado de derecho?*

#Derecho administrativo complejo
#Regulación administrativa
#Estado de derecho

Capítulo 2. *El derecho a una buena administración pública en el orden constitucional mexicano.*

#Administración Pública
#Buena Administración
#Derechos Humanos

Capítulo 3. *El Derecho Administrativo y la Mejora Regulatoria: Sinergia para una Gobernanza Eficaz en México.*

#Mejora Regulatoria
#Protesta Ciudadana,
#Lenguaje Ciudadano

Capítulo 4. *El solipsismo, la corrupción y la transparencia.*

#Solipsismo
#Corrupción
#Transparencia.

Capítulo 5. *El choque entre lo administrativo y lo penal en materia de responsabilidades.*

#Responsabilidades servidores públicos
#Faltas
#Delitos.

Capítulo 6. *Acta Administrativa de Entrega - Recepción: ¿Es una verdadera rendición de cuentas?*

#Rendición de cuentas
#Entrega-recepción
#Servidor público

Capítulo 7. *Procedimiento administrativo sancionador en materia financiera.*

#Procedimiento administrativo sancionador
#Sanción financiera
#Infracción financiera

Capítulo 8. *Vicisitudes de la Guardia Nacional en México.*

#Guardia Nacional
#Seguridad Pública
#Orden Jurídico

Capítulo 9. *Derecho Administrativo del Trabajo. La función de los centros de conciliación.*

#Derecho Administrativo del Trabajo
#Autoridades Administrativas del Trabajo
#Centros de Conciliación Laboral

Capítulo 10. *La Zona Federal Marítimo Terrestre y los acantilados.*

#Zona federal marítimo terrestre
#Zofemat
#Acantilados

Capítulo 11. *La valoración de la prueba ambiental en sede administrativa y judicial.*

#Solipsismo
#Corrupción
#Transparencia

Capítulo 12. *Algunos apuntes sobre la extradición como un procedimiento administrativo.*

#Cooperación internacional
#Extradición
#Ley de Extradición Internacional

Capítulo 13. *Responsabilidad patrimonial del Estado, un análisis de la legislación y figuras jurídicas en las entidades federativas.*

#Responsabilidad Patrimonial del Estado
#Legislación de los Estados
#Centralización legislativa

Capítulo 14. *Derecho a la Ciudad y Derecho Administrativo Urbanístico.*

#Ciudad
#Espacio público
#Urbanización.

Capítulo 15. *Inteligencia Artificial y Derecho Administrativo: Oportunidades y desafíos emergentes.*

#Inteligencia artificial
#Derecho administrativo
#Justicia y no discriminación

Capítulo 1

La complejidad del derecho administrativo, ¿afecta el estado de derecho?

JOSÉ DE JESÚS MUÑOZ NAVARRO

Sumario: I. Complejidad del derecho administrativo. II. El estado de derecho. III. Conclusiones. IV. Bibliografía.

El derecho administrativo desde su creación ha sido complejo, precisamente porque regula a la administración pública, tanto su organización, funciones y relaciones, entre sí y entre los ciudadanos o particulares, por lo tanto, mientras más funciones administrativas le asignemos al Estado y a sus órganos, independientemente de si pertenecen a alguno de los tres poderes o a los denominados organismos constitucionales autónomos, más complejo se vuelve el derecho administrativo. En este sentido y considerando que conforme a los principios que integran lo que conocemos como estado de derecho, las normas de un país deben ser claras, públicas y estables, de tal forma que garanticen la seguridad jurídica de los individuos, vale la pena preguntarnos si, el camino que ha tomado, en particular, la regulación en materia administrativa afecta negativamente en lo que conocemos como estado de derecho.

I. COMPLEJIDAD DEL DERECHO ADMINISTRATIVO

Desde su nacimiento en Francia con la Revolución Francesa, la teoría de la división de poderes y la resolución del Tribunal de Conflictos francés respecto a que la responsabilidad del estado no podía ser regulada por los principios de responsabilidad establecidos en la legislación civil,[1] el derecho administrativo "*defiende la libertad, y protege a los particulares contra la posible arbitrariedad del poder público, ejercido por la administración pública mediante el desarrollo de sus actividades...*".[2]

Es consenso doctrinal, que el derecho administrativo, "*es el conjunto de normas y principios del derecho público que rigen la estructura, organización y funcionamiento de las diversas áreas de la administración pública, de las relaciones de estas entre sí, así como de sus relaciones con las demás instituciones del Estado y con los particulares*";[3] dicho derecho, ha venido evolucionado y cada país lo ha adaptado a sus circunstancias particulares, dependiendo de las relaciones que surgen derivadas de la legislación propia de cada uno de esos países.

En México, el derecho administrativo tiene su fundamento en la Constitución Política de los Estados Unidos Mexicanos, y no obstante que la constitución que nos rige actualmente se promulgó en 1917, su contenido, especialmente lo que es conocido como su parte orgánica (aquella cuya finalidad es organizar al Estado y sus funciones)[4] ha venido evolucionando de manera drástica e importante.

Inicialmente, el derecho administrativo era considerado como el derecho que regulaba la prestación de los servicios públicos, los cuales constituían la actividad natural y exclusiva del Estado,[5] mediante

---

1 Jorge Fernández Ruiz, *Derecho Administrativo*, México, Secretaría de Gobernación, Secretaría de Cultura, INHERM, UNAM, Instituto de Investigaciones Jurídicas, 2016, p. 69-70. Obtenido de https://biblio.juridicas.unam.mx/bjv/detalle-libro/4455-derecho-administrativo-coleccion-inehrm

2 Jorge Fernández Ruiz, *op. cit.* p. 42.

3 Jorge Fernández Ruiz, *op. cit.* p. 42.

4 ACCIÓN DE INCONSTITUCIONALIDAD. LAS PARTES LEGITIMADAS PARA PROMOVERLA PUEDEN PLANTEAR LA CONTRADICCIÓN DE LAS NORMAS GENERALES FRENTE A LA CONSTITUCIÓN FEDERAL, YA SEA EN RELACIÓN CON SU PARTE DOGMÁTICA U ORGÁNICA, Pleno de la Suprema Corte de Justicia de la Nación [S.C.J.N.], *Semanario Judicial de la Federación y su Gaceta,* Novena Época, t. XII, agosto de 2000, Tesis de jurisprudencia P./J. 73/2000, Registro digital: 191379, p. 484. Obtenido de: https://sjf2.scjn.gob.mx/detalle/tesis/191379.

5 Alfonso Nava Negrete, *Derecho Administrativo,* México, UNAM, Instituto de Investigaciones Jurídicas, 1991, p. 7. Obtenido de: https://archivos.juridicas.unam.mx/www/bjv/libros/1/280/2.pdf.

la administración pública centralizada; después se permitió a los particulares, a través de permisos y concesiones, participar (y lucrar) en la prestación de servicios públicos y también se permitió al estado celebrar contratos, surgiendo así teorías como la de doble personalidad del Estado, pudiendo así el Estado, en ciertas circunstancias, ponerse a la par del gobernado[6] y no sólo ejercer actos de autoridad; surgieron también los organismos públicos descentralizados, e incluso la intervención del Estado en la actividad económica a través de actividades económicas exclusivas o monopolios estatales,[7] para posteriormente, utilizar figuras del derecho mercantil, para crear empresas de participación estatal y convertirse en Estado empresario.[8]

La evolución del derecho administrativo no quedó ahí, la realidad, trajo nuevas problemáticas a las que el Estado tuvo que hacerles frente: crecimiento de la población, urbanismo, contaminación ambiental, desarrollo científico y tecnológico,[9] por lo que surge un Estado regulador de diversas actividades humanas, en las que la autoridad no sólo establece los lineamientos a seguir, sino que también interviene, procurado el interés público.

Ya lo mencionaba el maestro Alfonso Nava Negrete, originalmente "*...era verdad absoluta decir derecho público derecho del Estado, derecho privado derecho de los particulares. Hoy es difícil percibir la frontera entre las dos mitades del derecho*"[10]

Además, no hay que olvidar que, en nuestro país, no sólo el poder ejecutivo lleva a cabo funciones administrativas, sino que también los poderes legislativo y judicial, realizan actos materialmente administrativos, que por dicha razón caen dentro de la esfera de lo que conocemos como derecho administrativo. Lo mismo resulta aplicable para los conocidos organismos constitucionales autónomos, a los cuales, por así establecerlo el constituyente permanente en nuestro país, se les han asignado funciones que originalmente deberían de corresponder a alguno de los tres poderes, pero por su

---

6 Alfonso Nava Negrete, *op. cit.* p. 8.

7 Alfonso Nava Negrete, *op. cit.* p. 9.

8 Alfonso Nava Negrete, *op. cit.* p. 9-10.

9 Alfonso Nava Negrete, *op. cit.* p. 21.

10 Alfonso Nava Negrete, *op. cit.* p. 18.

particular importancia, se han excluido de la esfera de los tres poderes tradicionales.[11]

Así mismo, el Estado Mexicano, es un estado federal, donde convergen también administraciones estatales (con sus tres poderes y organismos autónomos) y municipales, lo que claramente incrementa las relaciones y la regulación administrativa. El derecho administrativo, es padecido por todos los ciudadanos, sin excepción.[12]

Aunado a lo anterior, hay que considerar que cada cambio de administración, es decir, cada sexenio (en el caso del poder ejecutivo federal y estatal) y cada trienio (en el caso municipal), los titulares de la administración quieren imponer su sello y diseño particular a la administración pública, y por lo tanto realizan (en la medida de sus posibilidades), cambios a la legislación administrativa, en ocasiones desde su base constitucional, modificando así lo que las administraciones anteriores, habían plasmado y desarrollado como su modelo de Estado, de administración, sin dejar consolidar el conocimiento y aplicación del derecho administrativo. El derecho administrativo, "*se va formando con leyes y reglamentos elaborados en distintas formas y por diversos órganos y autoridades*",[13] entonces, como lo señalaba Nava Negrete, "*es obra inacabada siempre*", "*es un derecho de momentos políticos*".[14]

Con tantas áreas y aspectos donde interviene el derecho administrativo, lo cual implica, la emisión y existencia de una gran cantidad de normatividad aplicable, iniciando con la Constitución (federal y estatales), legislación reglamentaria, leyes generales, federales, estatales, reglamentos (autónomos y heterónomos[15]), decretos, acuerdos,

---

[11] David Cienfuegos Salgado, "*Los órganos autónomos en el constitucionalismo guerrerense. Revisión y propuesta*", en Gámiz Parral, Máximo N. y Rivera Rodríguez, José Enrique (coords.), *Las aportaciones de las entidades federativas a la reforma del Estado,* México, UNAM, Instituto de Investigaciones Jurídicas, 2005, p. 481. Obtenido de: https://archivos.juridicas.unam.mx/www/bjv/libros/4/1784/28.pdf.

[12] Marcos Vaquer Caballería, *El Discreto Encanto del Derecho Administrativo,* Valencia, Tirant lo Blanch, 2016, p. 7. Obtenido de: https://www-tirantonline-com-mx.ezproxy.iteso.mx/cloudLibrary/ebook/info/9788491197973

[13] Alfonso Nava Negrete, *Estudios administrativos,* México, UNAM, Instituto de Investigaciones Jurídicas, 2016, p. 230. Obtenido de: https://archivos.juridicas.unam.mx/www/bjv/libros/6/2688/10.pdf

[14] Alfonso Nava Negrete, 1991, *op. cit.* p. 13.

[15] Jorge Fernández Ruiz, *op. cit.* p. 74.

normas oficiales,[16] disposiciones administrativas de carácter general (v.g. circulares, reglas, manuales, directrices, etc.[17]), la interpretación de las mismas hecha por los tribunales federales y estatales, etc., misma que tiene que ser cumplida y obedecida por el gobernado, no cabe duda de que el derecho administrativo, es hoy más complejo que en sus orígenes.

Tampoco hay que perder de vista, el lenguaje utilizado en dichos ordenamientos, llenos de tecnicismos, palabras científicas, importadas, o de significado poco usual, difíciles de descifrar, olvidando que la ley esta hecha para el gobernado y deberían estar redactadas en lenguaje sencillo, llano, claro, para que el destinatario de la norma pudiera cumplirla sin error y sin asistencia alguna, con la finalidad de dar certeza y seguridad jurídica a las personas.[18]

Es claro entonces, que estamos ante un derecho administrativo complejo, con múltiples dependencias y autoridades de distintos niveles de gobierno, con la capacidad de emitir ordenamientos que influyen en la esfera jurídica del gobernado en el ámbito de su relación con dichas autoridades o dependencias.

II. EL ESTADO DE DERECHO

El término estado de derecho, es en sí mismo un término complejo, de hecho, es una expresión que está constantemente en la boca de la gente, no sólo juristas, políticos, comunicadores, sino incluso del ciudadano común y corriente, y al igual que Tom Bingham, no estoy seguro de que todos aquellos que usan dicha expresión sepan su significado.[19] La correcta conceptualización de dicho término, no

---

16 Luis José Bejar Rivera, *Curso de derecho administrativo,* México, Oxford University Press, 2007, p. 273.

17 Jorge Fernández Ruiz, *op. cit.* p. 75.

18 Alfonso Nava Negrete, 1991, *op. cit.* p. 12.

19 Tom Bingham, *El estado de derecho,* México, Tirant lo Blanch, 2018, p. 21. Obtenido de: https://www-tirantonline-com-mx.ezproxy.iteso.mx/cloudLibrary/ebook/info/9788491902799

es un mero juego de palabras, sino una apuesta de la que depende, en gran medida, el progreso y bienestar de nuestros países.[20]

No obstante que el término estado de derecho existe desde hace mucho tiempo, ya que su acuñación inicial data de 1885, cuando el Profesor A. V. Dicey, el *Vinerian Professor* de Derecho Inglés en Oxford, la utilizó en su libro "*An Introduction to the Study of the Law of the Constitution*"[21] (aunque algunos otros consideran que nace desde la Grecia antigua con Aristóteles, al referirse a que es mejor un gobierno de las leyes que de los ciudadanos[22]); en los últimos años ha cobrado importancia y ha sido objeto de estudio y un desarrollo importante, y aunque no es el tema principal del presente trabajo, a continuación delimitaremos dicho concepto y sus alcances para cumplir nuestro objetivo.

Para Tom Bingham, el concepto de estado de derecho es:

"*que todas las personas y autoridades dentro de un Estado, sean públicas o privadas, se encuentren obligadas por y legitimadas a los beneficios de las leyes públicas, teniendo efectos (generalmente) hacia el futuro y públicamente aplicadas en los tribunales*"[23]

De la definición anterior, claramente se desprende, que los conceptos principales de lo que se considera estado derecho, está contenido en la parte dogmática de la constitución: no ser juzgado por leyes privativas ni tribunales especiales (artículo 13), el principio de no retroactividad de la ley en perjuicio y de aplicación de leyes expedidas con anterioridad al hecho (artículo 14), y ser juzgado por tribunales previamente establecidos (artículo 17).

Los elementos comunes, que debe abarcar una teoría del estado de derecho, según Pérez González son:

"*el imperio de la ley, como la manifestación de la voluntad del pueblo, la separación de poderes, el sistema de pesos y contrapesos, los límites al ejercicio del poder, y el pleno ejercicio de los derechos y libertades*".[24]

---

[20] Tom Bingham, *op. cit.* p. 18

[21] Tom Bingham, *op. cit.* p. 27

[22] Tom Bingham, *op. cit.* p. 27

[23] Tom Bingham, *op. cit.* p. 37

[24] Edgar Pérez González, *Prólogo,* en Karla Elizabeth Mariscal Ureta, Ruiz Canizales, R., & Pérez González, E. "Derecho, Estado de Derecho y Justicia", México,

La organización no gubernamental World Justice Proyect ("WJP"), lleva más de diez años realizando encuestas en más de ciento cuarenta países para medir desde una perspectiva ciudadana el grado de adhesión de los países evaluados al estado de derecho, creando un índice que ayuda a identificar las debilidades y fortalezas institucionales de cada país, para ayudar a la toma de decisiones basada en evidencia que mejoren las condiciones del estado de derecho[25] . Dicha organización, considera que el estado de derecho "*es un principio de gobernanza en el que todas las personas, instituciones y entidades, están sujetas al cumplimiento de la ley, la cual es respetuosa* (sic) *los derechos humanos y se aplica de forma equitativa, justa y eficientes*".[26]

El propio WJP señala que el "*Estado de Derecho se trata de un sistema de leyes, instituciones, normas y compromiso comunitario, en el cual se cumplen cuatro principios universales: rendición de cuentas, leyes justas, gobierno abierto y justicia accesible e imparcial*"[27]

Para medir la adhesión de los países a dichos principios y al estado de derecho mismo, el marco conceptual y metodológico del WJP está compuesto de ocho factores: límites al poder gubernamental, ausencia de corrupción, gobierno abierto, derechos fundamentales, orden y seguridad, cumplimiento regulatorio, justicia civil, y justicia penal[28] . A su vez, estos factores se dividen en sub-factores, los cuales sirven para profundizar en las fortalezas y debilidades institucionales de los estados en cada uno los factores.[29]

Tirant lo Blanch, 2022, p. 9. Obtenido en: https://www-tirantonline-com-mx.ezproxy.iteso.mx/cloudLibrary/ebook/info/9788411131278

25 World Justice Project, *Índice de Estado de Derecho en México 2022-2023*, World Justice Project, México, 2023, p. 9.

26 World Justice Project, *op. cit.*, p. 18.

27 World Justice Project, *What is the rule of law*, s.f., https://worldjusticeproject.org/about-us/overview/what-rule-law

28 World Justice Project, 2023, *op. cit.*, p. 18.

29 Mario Rodríguez Vigueras, *La corrupción en la seguridad y justicia en México, un obstáculo para el estado de derecho*, en Reyes García, T. E., Zamudio Mainou, R., Pérez Góngora, J. C., & Góngora Pimentel, G. D. "Estado de Derecho. Síntomas de un México impune", México, Tirant lo Blanch, 2023, p. 95. Obtenido en: https://www-tirantonline-com-mx.ezproxy.iteso.mx/cloudLibrary/ebook/info/9788411974097

Me centraré, para efectos del presente trabajo, en el principio que el WJP denomina "leyes justas", el cual establece que "*las leyes son claras, públicas, estables y justas. Además, se aplican de forma equitativa y protegen los derechos fundamentales de toda la población*"[30] , y el cual, para definir si se cumple o no, al llevar a cabo sus evaluaciones y la creación de su índice, toma como base, entre otras, las siguientes preguntas: ¿Es la ley comprensible para todas las personas?, ¿La ley está disponible públicamente y es de fácil acceso?, ¿Es la ley estable y firme?.[31] En otras palabras, dicho principio establece, que las normas en un país deben ser claras, públicas, estables y justas.

Desafortunadamente, de los cuatro principios que según el WJS integran el estado de derecho, el principio de "leyes justas", es probablemente el menos estudiado y medido, especialmente en México.

Así es, el índice global de estado de derecho de WJP, para evaluar el factor de "Gobierno Abierto", incluye cuatro sub-factores a saber: (i) leyes públicas y datos abiertos, (ii) derecho de acceso a la información, (iii) participación cívica, y (iv) mecanismos de quejas, sin embargo para el índice de México, sólo se utilizan dos sub-factores: participación ciudadana (equivalente al sub-factor de participación cívica del índice global), y transparencia (que sería equivalente a los sub-factores de datos abiertos y derecho de acceso a la información"; es decir, se dejan fuera lo concerniente a las "leyes públicas" y a los "mecanismos de quejas".[32]

No obstante que se afirma que el índice de México emplea la Métrica de Gobierno Abierto desarrollada por el Instituto Nacional de Transparencia, Acceso a la Información y Protección de Datos Personales ("INAI") y el Centro de Investigación de Docencia Económicas, A.C. ("CIDE") y que dicho índice incluye un análisis de las normas aplicables a los sujetos obligado (entidades gubernamentales), la realidad es que ese análisis solo cubre la obligación de transparencia establecida en la fracción I del artículo 70 de la Ley General de Transparencia y Acceso a la Información Pública, consistente en:

---

30 World Justices Project, 2023, *op. cit.*, p. 18.

31 World Justices Project, *What is the rule of law*, s.f., https://worldjusticeproject.org/about-us/overview/what-rule-law, traducción libre del autor.

32 World Justices Project, 2023, *op. cit.*, p. 67.

"El marco normativo aplicable al sujeto obligado, en el que deberá incluirse leyes, códigos, reglamentos, decretos de creación, manuales administrativos, reglas de operación, criterios, políticas, entre otros"[33]

Es decir, la Métrica de Gobierno Abierto sólo mide precisamente que el denominado sujeto obligado, haga público el marco normativo aplicable, pero no se verifica si es el marco normativo vigente, publicado en los medios oficiales de divulgación, su claridad y si es justo no, tal y como lo señala el principio de "leyes justas" que el propio WJP señala como principio universal del estado de derecho.

Por lo tanto, no obstante que, conforme al WJP existe un marco teórico y conceptual que establece los principios universales que aplican al estado de derecho y que sienta las bases para la medición de su cumplimiento, el marco metodológico que debe ser usado para dichos efectos, no es tan robusto para poder determinar, si las leyes son claras, públicas, estables y justas.

III. CONCLUSIONES

En este documento se analizó, en términos generales, el nacimiento, evolución y desarrollo del derecho administrativo, y como dicho derecho se ha venido haciendo más complejo, conforme se le asignan más funciones al Estado. Dicho derecho, desde su creación, ha tenido la finalidad de proteger al individuo frente al Estado, brindándole seguridad jurídica, al saber como se organiza, sus funciones y estableciendo un marco legal que evite actuaciones arbitrarias, además de permitir al gobernado sus derechos y obligaciones frente a los actos regulados por el Estado.

Sin embargo, lo que pretende ser un instrumento para brindar seguridad jurídica y establecer reglas claras que protejan al ciudadano, ha venido cambiando y evolucionando, convirtiéndose en un arma de doble filo para el gobernado; son tantas las funciones y órganos del Estado, que realizan funciones que impactan en la esfera jurídica del individuo, que expiden leyes, reglamentos y en general

33 Ley General de Transparencia y Acceso a la Información Pública [LGTAIP], Reformada, Diario Oficial de la Federación [D.O.F.], 2015, México. Obtenida en: https://www.diputados.gob.mx/LeyesBiblio/pdf/LGTAIP.pdf

normatividad aplicable, que el principio jurídico de que "la ignorancia de la ley no exime de su cumplimiento", parece jugar en contra del gobernado.

De hecho, conforme al concepto de estado de derecho analizado, uno de los principios que lo rigen es precisamente el que las leyes sean claras, públicas, estables y justas; la cuestión es, si en un Estado como el mexicano, donde el derecho administrativo es tan complejo, realmente se puede determinar, por lo menos en lo relativo al derecho administrativo, si se cumple con ese principio y por lo tanto se respeta el estado de derecho.

Desafortunadamente, aunque existe herramientas teóricas y metodológicas, que miden la adherencia de un país a los principios que rigen al estado de derecho, tales como el índice de estado de derecho creado por el WJP, en materia del principio de "leyes justas", no existe una metodología que permita, determinar el rango de cumplimiento de México a dicho principio, por lo que no podemos determinar si la complejidad del derecho administrativo impacta realmente en el estado de derecho en México.

Por lo anterior, al no tener una herramienta metodológica clara que permita medir (i) cuales son las características para que una norma sea clara, pública, estable y justa y (ii) si las normas de derecho administrativo en México cumplen con dichas características; no hay forma de saber el impacto real de la complejidad del derecho administrativo en la esfera jurídica del ciudadano y en el estado de derecho.

Parecería aventurado entonces responder a la pregunta planteada en el título del presente trabajo.

Un área de oportunidad sería, crear la metodología para correcta para determinar si las leyes en México, tanto las federales, como las estatales y las municipales, son claras, públicas, estables y justas, y poder aplicar esa metodología a las normas de derecho administrativo, de tal forma que nos permita saber si la complejidad impacta en el estado de derecho y actuar en consecuencia.

IV. BIBLIOGRAFÍA

- Bejar Rivera, Luis José, *Curso de derecho administrativo,* México, Oxford University Press, 2007, p. 273.
- Bingham, Tom, *El estado de derecho,* México, Tirant lo Blanch, 2018, p. 21. Obtenido de: https://www-tirantonline-com-mx.ezproxy.iteso.mx/cloudLibrary/ebook/info/9788491902799
- Cienfuegos Salgado, David "*Los órganos autónomos en el constitucionalismo guerrerense. Revisión y propuesta*", en Gámiz Parral, Máximo N. y Rivera Rodríguez, José Enrique (coords.), *Las aportaciones de las entidades federativas a la reforma del Estado,* México, UNAM, Instituto de Investigaciones Jurídicas, 2005, p. 481. Obtenido de: https://archivos.juridicas.unam.mx/www/bjv/libros/4/1784/28.pdf.
- Fernández Ruiz, Jorge, *Derecho Administrativo,* México, Secretaría de Gobernación, Secretaría de Cultura, INHERM, UNAM, Instituto de Investigaciones Jurídicas, 2016, p. 69-70. Obtenido de https://biblio.juridicas.unam.mx/bjv/detalle-libro/4455-derecho-administrativo-coleccion-inehrm
- Ley General de Transparencia y Acceso a la Información Pública [LGTAIP], Reformada, Diario Oficial de la Federación [D.O.F.], 2015, México. Obtenida en: https://www.diputados.gob.mx/LeyesBiblio/pdf/LGTAIP.pdf
- Nava Negrete, Alfonso, *Derecho Administrativo,* México, UNAM, Instituto de Investigaciones Jurídicas, 1991, p. 7. Obtenido de: https://archivos.juridicas.unam.mx/www/bjv/libros/1/280/2.pdf
- Nava Negrete, Alfonso, *Estudios administrativos,* México, UNAM, Instituto de Investigaciones Jurídicas, 2016, p. 230. Obtenido de: https://archivos.juridicas.unam.mx/www/bjv/libros/6/2688/10.pdf
- Pérez González, Edgar, *Prologo,* en Karla Elizabeth Mariscal Ureta, Ruiz Canizales, R., & Pérez González, E. "Derecho, Estado de Derecho y Justicia", México, Tirant lo Blanch, 2022, p. 9. Obtenido en: https://www-tirantonline-com-mx.ezproxy.iteso.mx/cloudLibrary/ebook/info/9788411131278
- Rodríguez Vigueras, Mario, *La corrupción en la seguridad y justicia en México, un obstáculo para el estado de derecho,* en Reyes García, T. E., Zamudio Mainou, R., Pérez Góngora, J. C., & Góngora Pimentel, G. D. "Estado de Derecho. Síntomas de un México impune", México, Tirant lo Blanch, 2023, p. 95. Obtenido en: https://www-tirantonline-com-mx.ezproxy.iteso.mx/cloudLibrary/ebook/info/9788411974097
- *Semanario Judicial de la Federación y su Gaceta,* Novena Época, t. XII, agosto de 2000, Tesis de jurisprudencia P./J. 73/2000, Registro digital: 191379, p. 484. Obtenido de: https://sjf2.scjn.gob.mx/detalle/tesis/191379

- Vaquer Caballería, Marcos, *El Discreto Encanto del Derecho Administrativo,* Valencia, Tirant lo Blanch, 2016, p. 7. Obtenido de: https://www-tirantonline-com-mx.ezproxy.iteso.mx/cloudLibrary/ebook/info/9788491197973
- World Justice Project, *Índice de Estado de Derecho en México 2022-2023,* World Justice Project, México, 2023, p. 9.

Capítulo 2

El derecho a una buena administración pública en el orden constitucional mexicano

HUGO ENRIQUE HERNÁNDEZ GARCÍA

Sumario: I. Introducción. II. ¿Qué es el derecho a una buena administración? III. El derecho a una buena administración en México. IV. Conclusiones. V. Bibliografía.

I. INTRODUCCIÓN

En una época en que la confianza de los ciudadanos en sus gobiernos se ha ido diluyendo y existe una idea generalizada sobre la crisis de gobernabilidad que solamente ha incrementado la distancia entre la sociedad y los gobernantes, es necesario explorar nuevas formas de interactuar con la administración pública, implementando mecanismos que permitan garantizar la existencia y permanencia de la cohesión social en aras del progreso del Estado y del empoderamiento de los ciudadanos, lo cual sólo puede lograrse en un marco que vincule de manera innovadora el derecho administrativo y los derechos humanos.

Así, ha surgido la idea de modernizar la manera en que se ejerce el poder y se toman las decisiones; la administración del siglo XXI exige el giro de la administración pública hacia la ciudadanía, pasar de una administración posicionada en términos de verticalidad a una gobernanza basada en la horizontalidad de las relaciones, la cooperación directa entre ciudadanos y funcionarios para la mejor toma de decisiones.[1]

---

1 Arroyo Cisneros, E. A. (noviembre, 2015). *La necesidad de constitucionalizar el derecho a la buena administración*. XX Congreso Internacional del CLAD sobre la reforma del Estado y de la Administración Pública. Lima, Perú. Recuperado de: http://www2.congreso.gob.pe/sicr/cendocbib/con4_uibd.nsf/2899EA5E7F17F032052580300053 7916/$FILE/arroycis.pdf

En atención a lo anterior, desde finales de los años 90 y principios de los 2000, viene gestándose una idea impulsada por la propia globalización y democratización para reconocer el poder que tienen los ciudadanos no sólo para elegir a sus gobernantes sino para ser verdaderos tomadores de decisiones en el día a día de la administración pública, por ejemplo, en el año 2000 la Declaración del Milenio de las Naciones Unidas estableció que los Estados no escatimarán esfuerzos para promover la democracia y las libertades de los ciudadanos, en específico, apuntar hacia lograr la plena protección de derechos civiles, políticos, económicos, sociales y culturales de las personas, trabajando con miras en lograr procesos políticos más igualitarios en los que puedan participar cada vez más gente; sin embargo, el cómo conseguir esa aspiración de cooperación efectiva y llevarla a la práctica es uno de los mayores retos a los que se enfrenta esta nueva visión del funcionamiento Estatal.

Si bien han existido importantes avances para la democratización de la administración en México, principalmente en materia de transparencia y acceso a la información, aún existe un amplio margen para implementar nuevos instrumentos jurídicos que permitan al ciudadano hacerse escuchar frente a la administración e involucrarse en el diseño del Estado que quieren y merecen. Para lograrlo, no hay otra forma que hacerlo más que teniendo a la dignidad de la persona como eje central y, en consecuencia, a los derechos humanos. Ello es así puesto que la razón fundamental del Estado y la Administración radica en la sociedad, como colectivo, e individualmente, en la persona, esto es, no puede concebirse un Gobierno sin que se involucre a la persona; en ese sentido, la garantía de darle al ciudadano las herramientas para exteriorizar y proteger su dignidad, participando activamente mediante la exigencia y protección de sus derechos humanos en el moldeo y funcionamiento del Estado, debe ser el pilar fundamental de la actuación administrativa.

El derecho a una buena administración pretende ser un instrumento que convierta dichas aspiraciones a una técnica concreta y particular, pasando de la metafísica a la técnica jurídica[2] que permite

---

[2] García de Enterría, E. (1962) *La lucha contra las inmunidades del poder en el derecho administrativo (poderes discrecionales, poderes de gobierno, poderes normativos)*, conte-

exigir, controlar y evaluar a la administración pública y, por ende, medir al buen gobierno, impactando en la buena gobernanza.

II. ¿QUÉ ES EL DERECHO A UNA BUENA ADMINISTRACIÓN?

Si bien la idea de organizar a las personas en una sociedad gobernada de manera justa, en orden y equilibrio se remonta a la antigua Grecia y ha sido la aspiración de todo Estado legítimo desde entonces, lo cierto es que dicha pretensión más que en un instrumento de exigibilidad ciudadana, se ha traducido históricamente en una centralización del poder sobre un ente que toma las decisiones por sus gobernados.[3] Sin embargo, esa manera de entender la relación entre el Estado y sus ciudadanos, ha ido cambiando paulatinamente; los ciudadanos están exigiendo mayores controles, transparencia e interacción en el actuar estatal, lo que ha llevado al derecho administrativo a comenzar a sufrir cambios significativos en su entendimiento, partiendo ahora de la idea de considerar a la persona, no solo como un receptor de órdenes, sino como un actor principal de la definición de su Estado. Es por ello que la comunidad internacional ha tratado de unir esfuerzos para asegurar el cumplimiento fáctico de tales aspiraciones, mediante la participación activa y cooperativa tanto de las Naciones como de sus ciudadanos. De lo anterior, han nacido los conceptos de *buena gobernanza, buen gobierno* y *buena administración,* mismos que, aunque relacionados, guardan su propio significado e implicaciones.

En primer lugar, la gobernanza implica una manera de gobernar en donde se promueve la equidad, la participación, el pluralismo, la transparencia, la responsabilidad y el estado de derecho, de modo que sea efectivo, eficiente y duradero. Hace referencia también a la

---

nido en la Revista de Administración Pública núm. 38. Recuperado de: http://www.cepc.gob.es/publicaciones/revistas/revistaselectronicas?IDR=1&IDN=38&IDA=22227

3 Rodríguez-Arana, J. (2014). *El derecho fundamental a la buena administración y centralidad del ciudadano en el derecho administrativo.* Recuperado de: http://derecho.posgrado.unam.mx/congresos/ivci_vmda/ponencias/JaimeRodriguezArana.pdf

cooperación que debe existir entre actores públicos y privados en la formulación y aplicación de políticas públicas para asegurar tales cometidos.[4] Por su parte, el buen gobierno se centra en el funcionamiento o ejercicio del poder ejecutivo, es decir, la rectoría en sentido estricto del Estado. La buena administración, en cambio, se refiere a la manera en que la administración pública desarrolla sus tareas administrativas de forma eficaz, eficiente y de calidad.[5]

Tal como se desprende de lo anterior, la buena administración resulta un concepto más restringido que la buena gobernanza, pero no por ello menos relevante y complejo; representa la manera en que la administración llevará a cabo los procedimientos y actos que eventualmente impactarán en la esfera jurídica y vida de los ciudadanos, de ahí su importancia.

Ahora bien, si se traslada el concepto de la buena administración a la aspiración de dar un giro en el funcionamiento Estatal hacia la ciudadanía, necesariamente deben existir instrumentos que permitan a los privados participar directamente en las funciones administrativas del Estado, lo cual puede lograrse gracias al reconocimiento de derechos subjetivos, es decir, potestades establecidas en una norma jurídica que permitan a los sujetos de la misma hacer exigible su contenido, de tal manera, la buena administración debe traducirse en un derecho subjetivo del ciudadano, logrando así una reingeniería del Estado, en donde las personas serán el principal impulsor y control de la actividad pública.

Por lo anterior, en años recientes se ha acuñado el derecho fundamental a una buena administración que pretende ser ese instrumento que vincule a la administración pública con los ciudadanos, en el presente trabajo nos centraremos en lo aplicable al Estado Mexicano, sin embargo, es importante señalar que el primer acercamiento a

---

4 Ponce Solé, J. (noviembre, 2015). *Transparencia y derecho a una buena administración.* XX Congreso Internacional del CLAD sobre la reforma del Estado y de la Administración Pública. Lima, Perú. Recuperado de: http://www2.congreso.gob.pe/sicr/cendocbib/con4_uibd.nsf/E98CB19203DD3F1705258096005F9F77/$FILE/poncejul.pdf

5 *Ibidem*, nota al pie núm. 5.

este derecho se realizó a través de la *Carta de los derechos fundamentales de la Unión Europea* también conocida como *Carta de Niza.*[6]

El contenido del derecho humano a la buena administración representa un deber en el funcionamiento de la administración (la buena administración en sentido estricto) y una exigencia que el ciudadano puede ejercer frente a ella (el derecho a una buena administración).

Desde la perspectiva de la función pública, es un mecanismo de autotutela, un deber en su funcionamiento que le impone la carga u obligación de contar con funcionarios competentes e instituciones imparciales, accesibles —no discriminatorias—, que motiven debidamente sus actuaciones, imponiéndoles también un deber negativo, consistente en no causar daños a las personas.

Por otro lado, desde la óptica del ciudadano, resulta un mecanismo de exigencia puesto que se erige como un derecho subjetivo para demandar que los deberes señalados en el párrafo anterior sean observados, así como para ejercer sus derechos de proteger sus datos personales, acceder a expedientes y no ser dañados injustificadamente por las instituciones.

En ese sentido, "[s]i los derechos valen tanto como las garantías, en el derecho a la buena administración puede decirse que se conjugan ambos elementos, conformando una especie de derecho-garantía o derecho instrumental que propicia la defensa de otros

---

6 **Artículo 41** Derecho a una buena administración:
1. Toda persona tiene derecho a que las instituciones, órganos y organismos de la Unión traten sus asuntos imparcial y equitativamente y dentro de un plazo razonable.
2. Este derecho incluye en particular: a) el derecho de toda persona a ser oída antes de que se tome en contra suya una medida individual que la afecte desfavorablemente; b) el derecho de toda persona a acceder al expediente que le concierna, dentro del respeto de los intereses legítimos de la confidencialidad y del secreto profesional y comercial; c) la obligación que incumbe a la administración de motivar sus decisiones.
3. Toda persona tiene derecho a la reparación por la Unión de los daños causados por sus instituciones o sus agentes en el ejercicio de sus funciones, de conformidad con los principios generales comunes a los Derechos de los Estados miembros.
4. Toda persona podrá dirigirse a las instituciones de la Unión en una de las lenguas de los Tratados y deberá recibir una contestación en esa misma lengua.

derechos".[7] Es por ello por lo que se puede considerar el derecho a una buena administración, en primer lugar, como un derecho *per se* o en estricto sentido, cuyo núcleo esencial consiste en la toma de decisiones administrativas de calidad debidamente motivadas y como resultado de un proceso participativo y, por otro lado, como un abanico de otros sub derechos, dentro de los cuales encontramos, entre otros, los siguientes:

- Derecho al trato imparcial y equitativo.
- Derecho de audiencia.
- Derecho a la tutela administrativa efectiva.
- Derecho a no presentar documentos que obren en poder de la administración pública.
- Derecho a servicios públicos y de interés general de calidad.
- Derecho a opinar sobre el funcionamiento de los servicios de responsabilidad administrativa.
- Derecho a conocer las obligaciones y compromisos de los servicios administrativos.
- Derecho a interponer recursos ante la autoridad judicial derivados de actos administrativos.
- Derecho a ser informado y asesorado en asuntos de interés general.
- Derecho a ser tratado con cortesía y cordialidad.
- Derecho a ser notificado de las resoluciones debidamente motivadas en un plazo razonable.

De tal forma, es importante destacar que el derecho a una buena administración está lejos de representar un catálogo cerrado de sub derechos, lo que significa que resulta un punto de partida que se irá desarrollando conforme el principio de progresividad de los derechos humanos lo vaya permitiendo, de manera que es una prerrogativa, que lejos de estar plenamente definida, está en vías de desarrollarse y permear toda la estructura estatal.

---

[7] Tomás Mallén, B. (2004). *El derecho fundamental a una buena administración*. Madrid, España: Instituto Nacional de la Administración Pública.

III. EL DERECHO A UNA BUENA ADMINISTRACIÓN EN MÉXICO

En México, el derecho a una buena administración no ha llegado a ser ampliamente estudiado ni reconocido, sin embargo, es trabajo de los operadores jurídicos desarrollarlo y garantizarlo pues existen las bases constitucionales y convencionales para ello.

Si bien la Constitución Política de los Estados Unidos Mexicanos no reconoce explícitamente el derecho a una buena administración, el parámetro de regularidad constitucionalidad previsto en el artículo 1 Constitucional, compuesto por esa Carta Magna y los tratados internacionales de los que México es parte permite concluir que este derecho sí es exigible en México, aunque ciertamente deben definirse sus alcances jurisprudencialmente hasta en tanto no exista una inclusión legislativa-constitucional que lo delimite.

Al respecto, la Carta Iberoamericana de los Derechos y Deberes del Ciudadano —de la cual México es suscriptor— reconoce y desarrolla esta prerrogativa del ciudadano que constituye un derecho fundamental de las personas y un principio de actuación para los poderes públicos, con base en el cual se deben generar acciones y políticas públicas orientadas a la apertura gubernamental, a fin de contribuir a la solución de los problemas públicos a través de instrumentos ciudadanos participativos, efectivos y transversales, bajo la observancia de los principios generales que rigen la función pública.

En ese contexto, señala dicha Carta, la buena administración pública también se vincula e interrelaciona con otros derechos, como los derechos a la información, a la transparencia, a la tutela judicial efectiva, de petición y prerrogativas de carácter prioritario. Consecuentemente, los servidores públicos en México deben actuar con la conciencia de que la buena administración pública constituye un derecho fundamental de las personas y un principio de actuación para los poderes públicos que es plenamente exigible ante los tribunales nacionales.[8]

---

8 Véase Tesis Aislada con registro digital 22023930 de rubro "BUENA ADMINISTRACIÓN PÚBLICA. CONSTITUYE UN DERECHO FUNDAMENTAL DE LAS PERSONAS Y UN PRINCIPIO DE ACTUACIÓN PARA LOS PODERES PÚBLICOS (LEGISLACIÓN DE LA CIUDAD DE MÉXICO)", publicada en la Gaceta

Dentro del sistema federal Mexicano, la Ciudad de México ha reconocido expresamente el derecho a una buena administración en el artículo 7 de su Constitución,[9] que señala lo siguiente:

> "**Artículo 7**
> *Ciudad democrática.*
> **A.** *Derecho a la buena administración pública:*
> ***1.*** *Toda persona tiene derecho a una buena administración pública, de carácter receptivo, eficaz y eficiente, así como a recibir los servicios públicos de conformidad con los principios de generalidad, uniformidad, regularidad, continuidad, calidad y uso de las tecnologías de la información y la comunicación.*
> ***2.*** *Las autoridades administrativas deberán garantizar la audiencia previa de los gobernados frente a toda resolución que constituya un acto privativo de autoridad. En dichos supuestos, deberán resolver de manera imparcial y equitativa, dentro de un plazo razonable y de conformidad con las formalidades esenciales del procedimiento.*
> ***3.*** *En los supuestos a que se refiere el numeral anterior, se garantizará el acceso al expediente correspondiente, con respeto a la confidencialidad, reserva y protección de datos personales.*
> ***4.*** *La ley determinará los casos en los que deba emitirse una carta de derechos de los usuarios y obligaciones de los prestadores de servicios públicos. Las autoridades conformarán un sistema de índices de calidad de los servicios públicos basado en criterios técnicos y acorde a los principios señalados en el primer numeral de este apartado."*

Como se puede observar, la disposición en cita establece un derecho subjetivo a favor de los ciudadanos en la Ciudad de México de contar con una administración de calidad, eficaz y eficiente, basada en la innovación y aplicación de nuevas tecnologías, imparcial y equitativa, que proteja el derecho de audiencia de las personas y que garantice el acceso a la información. Además, establece que las leyes secundarias incluirán los parámetros bajo los cuales se podrá evaluar la calidad de los servicios públicos prestados.

Aunado a ello, en su artículo 60 la Constitución de la Ciudad de México establece que el derecho a una buena administración se ga-

---

del Semanario Judicial de la Federación, Libro 8, Diciembre de 2021, Tomo III, página 2225.

9 La Constitución Política de la Ciudad de México fue publicada el 5 de febrero de 2017 y puede consultarse en: http://www.cdmx.gob.mx/storage/app/uploads/public/59a/588/5d9/59a5885d9b2c7133832865.pdf

rantiza contando con un gobierno abierto (basado en la participación ciudadana), integral (asegurando la equidad de género en la administración y la inclusión de personas con discapacidad), honesto y eficiente (siendo austero, moderado y honrado en su actuar), transparente (mediante el acceso a la información y la rendición de cuentas), profesional (contratando personal capacitado y contando con un sistema para el establecimiento de un servicio profesional de carrera en los entes públicos) y resiliente, que procure el interés público y combata directamente la corrupción. Adicionalmente, en la Ciudad de México se creó un Consejo de Evaluación que tiene a su cargo la evaluación de las políticas, programas y acciones implementadas por la administración pública para asegurar una buena administración.

Toda esta innovación legislativa resulta un cambio de paradigma en la capital del país, que busca elevar el nivel de calidad en la actividad administrativa y su interacción frente a los ciudadanos, quienes no quedan indefensos para exigir el cumplimiento del derecho en estudio, pues en la Ciudad de México, pueden interponerse recursos por la violación al derecho humano a una buena administración ante una Sala Especializada del Tribunal de Justicia Administrativa o, como se ha dicho antes, hacer valer tal violación ante los tribunales federales al amparo de los tratados internacionales con base en el bloque de constitucionalidad que protege a los ciudadanos mexicanos.

En un país con tantos problemas de corrupción y malas administraciones, en donde la ciudadanía exige mayores garantías en ese respecto, ha sido muy relevante la aportación de la Ciudad de México pero existe un largo camino por recorrer para su concreción a nivel nacional.

Al respecto, han existido esfuerzos aislados que sin señalarlo expresamente contribuyen a la construcción y protección del derecho a una buena administración, tal es el caso de la creación del Sistema Nacional Anticorrupción, una instancia de coordinación entre autoridades federales y locales, con participación ciudadana, que busca combatir la corrupción mediante el establecimiento de principios, bases generales, políticas públicas y procedimientos para la prevención, detección y sanción de hechos de corrupción, así como para la fiscalización y control de recursos públicos.[10] Asimismo, se ha establecido que el Tribunal Federal de Justicia Administrativa contará con Magistrados especializados en materia de anticorrupción para resolver conflictos que versen sobre tal cuestión.

Estos son intentos muy plausibles para lograr la protección de los ciudadanos frente a la corrupción pero el reconocimiento expreso del derecho a una buena administración a nivel federal —jurisprudencial o constitucionalmente— vendría a aclarar y ordenar el panorama, haciendo más fácil el cumplimiento y exigibilidad de una buena administración (y todos los instrumentos que se han creado para protegerlo), abonando a la interacción más eficiente y cercana de la función administrativa con los ciudadanos.

Por su parte, el máximo intérprete de la Constitución, la Suprema Corte de Justicia de la Nación, aun no se ha pronunciado sobre el reconocimiento claro de este derecho dentro del sistema jurídico Mexicano, sin embargo, elementos como la legalidad, seguridad jurídica, confianza legítima, acceso a la información, proporcionalidad, responsabilidad patrimonial del Estado, entre muchos otros tratados ampliamente por su jurisprudencia, podrían dar lugar a que se pronuncie y construya la existencia del derecho a una buena administración mediante precedentes. No obstante, algunos Tribunales Colegiados de Circuito ya han sentado algunas bases para lograrlo, pues entre otras cuestiones, han reconocido que existen *Principios de Moralidad Administrativa* por los que el Estado debe cumplir con ciertos deberes de buena administración frente al gobernado como es el informar sus actuaciones a los ciudadanos con el fin de lograr la convivencia libre, digna y respetuosa de sus miembros, exigiendo que los servidores públicos actúen de manera ética en sus encargos sobre los principios de honradez, pulcritud, rectitud, buena fe, primacía del interés general y honestidad.[11]

---

10 La página del Sistema Nacional Anticorrupción se puede consultar en sna.gob.mx

11 Noveno Tribunal Colegiado en Materia Administrativa del Primer Circuito (2016). *Amparo Directo 57/2016 de 14 de abril de 2016. Tesis: I.9o.A.28 A (10a.)* Consultable en: https://sjf.scjn.gob.mx/sjfsist/Paginas/DetalleGeneralV2.aspx?Epoca=1e3e10000000000&Apendice=1000000000000&Expresion=PRINCIPIO%2520DE%2520MORALIDAD%2520ADMINISTRATIVA&Dominio=Rubro

De tal manera, el derecho humano a una buena administración debe ser considerada una herramienta eficaz y efectiva para garantizar que en México contemos con servicios y funcionarios públicos de calidad, que velen por el interés general y en plena observancia de los principios y sub derechos que rigen su actuar, con lo que se empodera al ciudadano en la toma de decisiones para lograr un mejor país.

IV. CONCLUSIONES

- Es necesario explorar nuevas formas en que el ciudadano interactúe con la administración pública y pueda exigirle un servicio público de calidad, a la vez que permita a los funcionarios auto tutelarse.
- El derecho humano a una buena administración podría ser la solución, toda vez que su núcleo esencial consiste en la toma de decisiones administrativas de calidad debidamente motivadas y como resultado de un proceso participativo, también amparando una serie de sub derechos para lograr su efectividad.
- Si bien la Constitución Mexicana no reconoce expresamente este derecho humano, los tratados internacionales de los que México es parte sí lo hacen y, por tanto, es exigible ante la administración y los tribunales nacionales, por lo que los ciudadanos mexicanos pueden hacerlo valer en las vías correspondientes para hacerlo cumplir.
- Los operadores jurídicos tienen una tarea y un reto importante para desarrollar el contenido de este derecho en los años que vienen.

,Texto&TA_TJ=2&Orden=1&Clase=DetalleTesisBL&NumTE=2&Epp=20&Desde=-100&Hasta=-100&Index=0&InstanciasSeleccionadas=6,1,2,50,7&ID=2012089&Hit=2&IDs=2016345,2012089&tipoTesis=&Semanario=0&tabla=&Referencia=&Tema=

V. BIBLIOGRAFÍA

- Arroyo Cisneros, Edgar. *La necesidad de constitucionalizar el derecho a la buena administración,* XX Congreso Internacional del CLAD sobre la reforma del Estado y de la Administración Pública. Lima, Perú. Noviembre, 2015.
- García de Enterría, Eduardo. *La lucha contra las inmunidades del poder en el derecho administrativo (poderes discrecionales, poderes de gobierno, poderes normativos),* Revista de la Administración Pública, número 38, 1962.
- Ponce Solé, J. *Transparencia y derecho a una buena administración.* XX Congreso Internacional del CLAD sobre la reforma del Estado y de la Administración Pública. Lima, Perú. Noviembre, 2015.
- Rodríguez-Arana, Jaime. *El derecho fundamental a la buena administración y centralidad del ciudadano en el derecho administrativo,* [sin lugar de edición y editorial], 2014.
- Tomás Mallén, Beatriz. *El derecho fundamental a una buena administración.* Instituto Nacional de la Administración Pública. Madrid, España. 2004.

Capítulo 3

El Derecho Administrativo y la Mejora Regulatoria: Sinergia para una Gobernanza Eficaz en México

LUIS OSWALDO SOSA BALAM

Sumario: I. Introducción. II. La Justicia Administrativa y sus mecanismos de defensa. III. La Protesta Ciudadana como herramienta de cumplimiento. IV. El lenguaje ciudadano en la protesta ciudadana. V. Transparencia en la protesta ciudadana. VI. Conclusiones. VII. Bibliografía.

I. INTRODUCCIÓN

El 5 de febrero de 2017, en el Diario Oficial de la Federación se publicó una reforma constitucional del artículo 25 de nuestra carta magna, añadiéndole un párrafo en la cual se establece la obligatoriedad a todas la autoridades de la administración pública de implementar políticas públicas de mejora regulatoria para la simplificación de regulaciones, trámites, servicios y demás objetivos que establezca la ley general en la materia.

Esta reforma estableció nuevas figuras jurídicas para la protección de los derechos de la ciudadanía, en el área del derecho administrativo se añadió un mecanismo para solventar el silencio administrativo sin tener que recurrir a los medios de impugnación, siendo éste mecanismo una vía más rápida y sencilla para proteger los derechos de la ciudadanía, denominada "Protesta Ciudadana".

Una de las consecuencias de la reforma constitucional, fue la emisión de la Ley General de Mejora Regulatoria y la Estrategia Nacional de Mejora Regulatoria, dichas normativas establecieron las bases para efectuar la Protesta Ciudadana.

La Comisión Nacional de Mejora Regulatoria define a la mejora regulatoria como *"una política pública que consiste en la generación de normas claras, trámites y servicios simplificados, así como instituciones efica-*

ces para su creación y aplicación, que se orienten a obtener el mayor valor posible de los recursos disponibles y del óptimo funcionamiento de las actividades comerciales, industriales, productivas, de servicios y de desarrollo humano de la sociedad en su conjunto".[1]

Por otro lado, el derecho administrativo lo podemos definir como *"el conjunto de valores, principios y normas que regulan la estructura, organización y funcionamiento de la administración pública, así como de sus relaciones con los particulares".*[2]

En consecuencia, podemos afirmar que la Mejora Regulatoria es una pieza fundamental en el derecho administrativo, toda vez que sirve como un mecanismo del correcto cumplimiento de ésta, proporcionando las herramientas jurídicas necesarias para la revisión y justificación de las normativas vigentes. De igual manera, podemos agregar que la mejora regulatoria, al ser implementada efectivamente, contribuye a la optimización de la administración pública al promover la eficacia en la creación y aplicación de normas, trámites y servicios, generando así un entorno más propicio para el desarrollo y bienestar de la sociedad en su conjunto.

Para hablar más a fondo de la protesta ciudadana, tenemos que señalar otra de las herramientas esenciales de la Mejora Regulatoria que está ligada a ella, esa herramienta es el Registro de Trámites y Servicios, siendo éste el conjunto de información sobre los trámites y servicios de cada sujeto obligado perteneciente a la administración pública registrado electrónicamente, con el objeto de brindar transparencia y evitar la discrecionalidad de la autoridad, homologando cada proceso para los ciudadanos, en consecuencia brinda seguridad jurídica a la ciudadanía y facilita el cumplimiento regulatorio, toda vez que la información que contenga dicho registro será vinculante para los sujetos obligados.

---

1 Comisión Nacional de Mejora Regulatoria. (2018). La política y alcance de la Mejora Regulatoria en el contexto del Procedimiento de Mejora Regulatoria. https://conamer.gob.mx/docs-bin/transparencia/2018/guia-abril-junio-2018.pdf

2 Fernández Ruiz, J., & Fernández Ruiz, M. G. (2022). *Derecho administrativo del estado de Colima* (1a ed.). Universidad Nacional Autónoma de México, Instituto de Investigaciones Jurídicas. https://archivos.juridicas.unam.mx/www/bjv/libros/14/6769/18.pdf

Es importante conocer la diferencia entre un trámite y un servicio para entender la funcionalidad de su registro, la Estrategia Nacional de Mejora Regulatoria nos señala que trámite se entiende que es cualquier solicitud o entrega de información que las personas físicas o morales del sector privado realicen ante la autoridad competente, ya sea para cumplir una obligación o, en general, a fin de que se emita una resolución. Por otro lado, la misma Estrategia Nacional nos señala que servicio se entiende que es cualquier beneficio o actividad que los sujetos obligados, en el ámbito de su competencia, brinden a particulares, previa solicitud y cumplimiento de los requisitos aplicables.

Por lo tanto, los sujetos obligados tienen la obligación de realizar la inscripción de cada trámite y servicio con la siguiente información:

- Nombre y descripción del trámite o servicio;
- Homoclave;
- Nombre de la modalidad, en caso de que el trámite o servicio esté dividido en modalidades;
- Descripción con lenguaje claro, sencillo y conciso de los casos en que debe o puede realizarse el trámite o servicio;
- Identificar si es trámite o servicio;
- Beneficio del servicio, en su caso;
- Fundamento jurídico de la existencia del trámite o servicio;
- Sujeto obligado responsable del trámite o servicio y sus datos de contacto oficial;
- Especificar quién puede presentar el trámite o servicio;
- Tipo de trámite o servicio;
- Pasos que debe llevar a cabo el particular para su realización;
- Requisitos para realizar el trámite o servicio, descripción y fundamento jurídico. En caso de que existan requisitos que necesiten alguna firma, validación, certificación, autorización o visto bueno de un tercero se deberá señalar la persona o empresa que lo emita, así como su fundamento jurídico;
- Especificar si el trámite o servicio debe presentarse mediante formato, escrito libre, ambos o puede solicitarse por otros medios;

- El formato o formatos correspondientes, la liga de descarga del formato, homoclave en caso de contar con una, fundamento jurídico, liga de Internet del medio de difusión y última fecha de publicación en el medio de difusión;
- Especificar si es necesario agendar cita con el sujeto obligado para realizar el trámite o servicio, en su caso;
- Cita en línea, proporcionar la liga de Internet en donde se puede agendar;
- En caso de requerir inspección, verificación o visita domiciliaria de manera previa, durante o después de la resolución del trámite o servicio, señalar el nombre, el sujeto obligado que la realiza, objetivo y fundamento jurídico;
- Datos de la autoridad responsable de atender quejas y denuncias;
- Plazo que tiene el sujeto obligado para resolver el trámite o servicio y, en su caso, si aplica la afirmativa o la negativa ficta, así como su fundamento jurídico;
- El plazo con el que cuenta el sujeto obligado para prevenir al solicitante y el plazo con el que cuenta el solicitante para cumplir la prevención, así como el fundamento jurídico de ambos;
- Monto de los derechos o aprovechamientos aplicables, en su caso, o la forma de determinar dicho monto y su fundamento jurídico;
- Método para calcular el monto de pago de derechos o aprovechamiento del trámite o servicio;
- Medios o alternativas para realizar el pago en su caso;
- Vigencia de la línea de captura para realizar el pago en caso de requerirla;
- Especificar el momento en que se debe realizar el pago;
- Vigencia de los avisos, permisos, licencias, autorizaciones, registros y demás resoluciones que se emitan y su fundamento jurídico;
- Condiciones o consideraciones necesarias para dar resolución al trámite o servicio, la metodología llevada a cabo para su resolución y, en su caso, su fundamento legal;

- Canales de atención y los medios por los cuales es posible realizar el trámite o servicio, así como todas las unidades administrativas ante las que se puede presentar o solicitar, incluyendo su domicilio;
- Días y horarios de atención al público;
- Números de teléfono y medios electrónicos de comunicación, así como el domicilio y demás datos relativos a cualquier otro medio que permita el envío de consultas, documentos y quejas;
- La información que deberá conservar para fines de acreditación, inspección y verificación con motivo del trámite o servicio y su fundamento jurídico;
- Cualquier otra información que sea útil para que el interesado realice el trámite

La inscripción y actualización del Registro de Trámites y Servicios es de carácter permanente y obligatorio para todos los sujetos obligados de la administración pública en todos los órdenes del gobierno.

Es importante señalar que la protesta ciudadana no solo es un mecanismo de cumplimiento del registro de trámites y servicios, su ámbito de aplicación también incluye el registro de visitas domiciliarias, por lo cual la autoridad solo podrá actuar de acuerdo a lo inscrito en el catálogo.

II. LA JUSTICIA ADMINISTRATIVA Y SUS MECANISMOS DE DEFENSA

Para Fix Zamudio la justicia administrativa consiste en "un conjunto de instrumentos jurídicos y procesales que tienen como finalidad la tutela de los particulares frente a la administración pública",[3] sin embargo, no hay que perder de vista que los particulares son ciudadanos víctimas de violaciones a sus derechos por parte de una autoridad, por lo que es necesario la existencia de estos mecanismos de defensa, tales como:

---

3 Fix-Zamudio, H., 2005. *Concepto y contenido de la Justicia Administrativa,* en: Estudios En Homenaje a Don Jorge Fernández Ruiz. Universidad Nacional Autónoma de México, pp. 149-210

- Juicio contencioso administrativo: es un procedimiento jurisdiccional, mediante el cual, la ciudadanía puede impugnar decisiones, actos u omisiones de las autoridades administrativas, para que se revisen o se modifiquen las mismas. El objetivo de este mecanismo de defensa es garantizar que la actuación de la autoridad se realice de acuerdo a la legalidad y la protección de los derechos de la ciudadanía.
- Recursos Administrativos: Son medios de defensa que protegen los derechos de la ciudadanía al ser afectados por un acto o resolución de la autoridad. Estos recursos pueden ser presentados ante las mismas autoridades que emitieron los actos administrativos impugnados, con el propósito de que revisen su propio desempeño.

III. LA PROTESTA CIUDADANA COMO HERRAMIENTA DE CUMPLIMIENTO

En la actualidad, ante la inconformidad de los actos administrativos de las autoridades, tales como silencio administrativo o trámites rechazados por requisitos extras sin fundamento o en su caso criterios de resolución pocos claros, la ciudadanía recurre a los diferentes medios de impugnación o inician un procedimiento contencioso administrativo para combatir aquellos actos que la autoridad realiza fuera de lo establecido en las normas. Estos mecanismos de defensa administrativa en la práctica tienen un plazo de resolución prolongado.

La Protesta Ciudadana a pesar de no ser considerado un mecanismo de defensa, tiene el mismo objetivo que un recurso de revocación o revisión, toda vez que se busca la confirmación, revocación o modificación de los actos realizados por los sujetos obligados, entre los actos que son objeto a este mecanismo de cumplimiento se encuentra: el silencio administrativo, inspecciones, visitas domiciliarias y todo lo relacionado con los trámites y servicios.

El beneficio más sobresaliente de este mecanismo es su tiempo de resolución y el plazo en el cual se puede acceder a su solicitud. La persona interesada puede presentar su inconformidad en contra de las acciones u omisiones de servidores públicos encargados de trámites, servicios, inspecciones, verificaciones o visitas domiciliadas, dando respuesta en 7 días hábiles.

La persona solicitante podrá presentar una Protesta Ciudadana cuando con acciones u omisiones el servidor público encargado del trámite o servicio niegue la gestión sin causa justificada, altere o incumpla con la inscripción o actualización de la información inscrita en el Registro de Trámites y Servicios.

Podemos poner un ejemplo, si un emprendedor desea obtener Uso de suelo para la apertura de su negocio y la autoridad en el Registro de Trámites y Servicios inscribió que el plazo de resolución es de 5 días hábiles, sin embargo por alguna razón la autoridad no te responde en el tiempo debido, ya no esperarías los 3 meses que nos señala la legislación sobre el silencio administrativo para que la autoridad pueda darte una resolución, toda vez que gracias a la protesta ciudadana puedes realizar que se atienda tu solicitud a partir del día hábil siguiente de vencer el plazo que marca la autoridad en su Registro de Trámites y Servicios, siendo esto más rápido que realizar un juicio contencioso administrativo.

Ahora, es importante señalar que todos los municipios de los Estados Unidos Mexicanos están obligados a tener un Registro de Trámites y Servicios, de acuerdo a la Ley General de Mejora Regulatoria, incluso también la federación tiene dicha obligación, dándonos el derecho a una mejor gestión de nuestras obligaciones como ciudadanos.

El procedimiento al que deberá sujetarse la Protesta Ciudadana se encuentra establecido en la Estrategia Nacional de Mejora Regulatoria, la cual es la siguiente:

1. La Protesta Ciudadana se podrá presentar en línea o por los medios que para tales efectos disponga la autoridad de mejora regulatoria del orden de gobierno respectivo (municipal, estatal o federal). El medio alternativo más común para la presentación es la presencial, estas opciones brindan a los ciudadanos la flexibilidad necesaria para expresar su inconformidad de manera accesible y eficiente.
2. La autoridad competente o el responsable de mejora regulatoria procederá a la recepción de la Protesta Ciudadana, llevando a cabo la validación exhaustiva de toda la información

presentada por la parte interesada, a la par que verificará el cumplimiento de los supuestos manifestados en la referida protesta.

3. En un plazo no mayor a cinco días hábiles, la autoridad de mejora regulatoria emitirá su opinión sobre la admisión de la protesta ciudadana.
4. En caso de que la Protesta Ciudadana sea admitida, la autoridad de mejora regulatoria procederá a comunicar su resolución a la parte interesada, dándole vista al sujeto obligado, en el cual exhortará al sujeto obligado a atender la solicitud del interesado conforme lo establecido en el Registro de Tramites y Servicios; en este supuesto, también se le deberá dar vista al órgano competente en materia de responsabilidades administrativas.
5. En caso de existir errores u omisiones en la información proporcionada por el interesado en la Protesta Ciudadana, la autoridad de mejora regulatoria prevendrá al interesado, una sola vez, indicando con precisión las causas de la prevención.
6. El interesado deberá subsanar el error u omisión señalada en un plazo de cinco días hábiles contados a partir de que haya surtido efectos la notificación; transcurrido el plazo correspondiente sin atender la prevención, se desechará la Protesta Ciudadana.
7. Para el seguimiento de la atención de la protesta, el sujeto obligado deberá responder en un plazo que no excederá de dos días hábiles al interesado y a la autoridad o encargado de mejora regulatoria.

De igual manera, el interesado tendrá el derecho de solicitar que se deseche la Protesta Ciudadana antes a la emisión de la opinión de la autoridad o encargado de mejora regulatoria.

Acceder a la protesta ciudadana no priva a la ciudadanía de poder optar en otro momento por un medio de defensa administrativo, toda vez que la protesta ciudadana tiene un objetivo similar a cualquier medio de defensa pero en su concepción jurídica no lo toma como tal.

IV. EL LENGUAJE CIUDADANO EN LA PROTESTA CIUDADANA

En todos los procedimientos jurisdiccionales administrativos, el ciudadano afectado se ve en la necesidad de contratar servicios legales para utilizar su derecho de defenderse ante los actos de las autoridades, esto es debido a que la autoridad solicita el uso de lenguaje técnico para el ejercicio de los medios de impugnación.

Lo anterior hace que el ciudadano promedio no pueda tener un fácil acceso a la justicia ni tener conocimiento pleno sobre su asunto. El uso del lenguaje ciudadano promueve la transparencia en los procesos, el acceso a la información y genera que el ciudadano pueda tener un conocimiento pleno sobre su asunto, aumentando la confianza en la ciudadanía sobre los procesos administrativos.

La protesta ciudadana fomenta el empoderamiento de la ciudadanía, utilizando un formato de fácil llenado utilizando el lenguaje ciudadano para lograr una mejor facilidad en accesibilidad a la ciudadanía.

El lenguaje ciudadano es la forma de expresar simple y claramente la información mediante forma oral o escrita. El objetivo de esta forma de lenguaje es que la ciudadanía pueda entender la información otorgada por la administración pública para que éstos puedan realizar cualquier trámite o servicio sin tener que contratar intermediarios.

La solicitud de la protesta ciudadana deberá de contener la siguiente información:

1. Datos de identificación del interesado (Nombre completo, CURP o cualquier otra información de identificación).
2. Correo electrónico para recibir notificaciones.
3. Nombre de trámite, servicio, inspección, verificación o visita domiciliaria objeto de la protesta.
4. Sujeto obligado objeto de la protesta (la dependencia de gobierno).
5. Nombre del servidor público objeto de la protesta (no es obligatorio).

6. Especificar unidad administrativa, en caso de medio electrónico, indicar liga de Internet.
7. Folio, clave, registro o cualquier otro identificador del procedimiento administrativo solicitado por el interesado.
8. Indicar el objeto de la acción u omisión del servidor público, con base en la información publicada en las fichas del catálogo de trámites y servicios.
9. Indicar tipo de protesta: negación de la gestión sin causa justificada, alteración o incumplimiento de lo establecido en el catálogo de trámites y servicios.
10. Descripción de los hechos (en lenguaje ciudadano).
11. Fecha, hora y lugar de los hechos.
12. Evidencia sobre la gestión injustificada, alteración o incumplimiento conforme lo establecido en el catálogo de trámites y servicios (un ejemplo sería anexar el oficio o captura de pantalla de la respuesta del objeto obligado, en caso de tratarse de un trámite en línea).

V. TRANSPARENCIA EN LA PROTESTA CIUDADANA

La mejora regulatoria también facilita y promueve la transparencia y la participación ciudadana en el proceso normativo, no se limita en solo la simplificación de trámites.

En caso de la protesta ciudadana, la opinión de la autoridad o encargado de mejora regulatoria y la respuesta del sujeto obligado son públicas. De la misma manera, el contenido de la Protesta Ciudadana podrá ser pública, con la debida autorización del interesado. La información del solicitante estará protegida por las disposiciones jurídicas aplicables en materia de protección de datos personales.

VI. CONCLUSIONES

En México las herramientas de Mejora Regulatoria enfrentan diversos desafíos que requieren atención y consideración. Uno de ellos, destaca la necesidad de promover el uso de la Protesta Ciudadana y sus beneficios, así como fomentar la confianza en el proceso. Las autoridades deben priorizar la difusión de información en lenguaje ciudadano, en donde prevalezca la comunicación clara y simple sobre los derechos y responsabilidades de los ciudadanos, de ese modo se podrá lograr una participación informada y activa.

La sinergia entre el derecho administrativo y la mejora regulatoria es fundamental para ejercer una gobernanza eficaz en México, en donde las autoridades respeten y protejan los derechos de la ciudadanía.

La Protesta Ciudadana es un mecanismo ágil y eficiente para impugnar acciones u omisiones de la administración pública, además que está proporcionando a la ciudadanía un medio expedito para salvaguardar sus derechos sin necesidad de intermediarios, utilizando el lenguaje ciudadano para darle accesibilidad a la ciudadanía. Este mecanismo contribuye a la mejora regulatoria y a la optimización de la administración pública.

En resumen, la implementación de la Protesta Ciudadana representa una figura innovadora para la protección de los derechos y cumplimiento de las obligaciones de la ciudadanía.

VII. BIBLIOGRAFÍA

➢ Comisión Nacional de Mejora Regulatoria. (2018). La política y alcance de la Mejora Regulatoria en el contexto del Procedimiento de Mejora Regulatoria. https://conamer.gob.mx/docs-bin/transparencia/2018/guia-abril-junio-2018.pdf

➢ Fernández Ruiz, J., & Fernández Ruiz, M. G. (2022). *Derecho administrativo del estado de Colima* (1a ed.). Universidad Nacional Autónoma de México, Instituto de Investigaciones Jurídicas. https://archivos.juridicas.unam.mx/www/bjv/libros/14/6769/18.pdf

Capítulo 4

El solipsismo, la corrupción y la transparencia

CARLOS FERNANDO MATUTE GONZÁLEZ

Sumario: I. Solipsismo y crisis de la democracia. II. ¿Qué es la corrupción? III. Transparencia y solipsismo colectivo. IV. A manera de conclusiones. V. Bibliografía.

El derecho administrativo es más que el orden normativo de la estructura subordinada a los órganos del Estado para que estos cumplan con sus fines concretos o más que un conjunto de principios, normas, procedimientos o reglas operativas que protegen a las personas de la acción del poder. El derecho administrativo es una forma de organizar jurídicamente la convivencia y solidaridad humanas para garantizar la libertad y el desarrollo incluyente y sustentable en un Estado históricamente determinado.

En esa lógica, su esencia es crear, aplicar e interpretar un orden normativo inspirado por el interés general, que supere las insuficiencias del acuerdo entre las personas y la autonomía de la voluntad como fuente de las obligaciones con base en categorías de análisis distintas a las propias del derecho común y que requieren de una semántica compartida para que sean útiles en la regulación de la conducta.

Los conceptos jurídicos indeterminados, explorados a profundidad en el derecho administrativo por su relación con el orden público, se han extendido en la normatividad estatal en todos sus niveles y ello implica que los interesados determinen, en primera instancia, su alcance, el que puede diferir del que otras personas involucradas le atribuyan. Esto origina juicios de valor sobre el alcance correcto y que se atribuyan conductas indebidas a todo aquel que no comparta la interpretación que una persona considera adecuada.

Este capítulo tiene como propósito analizar y explicar la forma en que esta característica propia del derecho administrativo, que exige que sus operadores sean empáticos a la diversidad de visiones de los actores que participan en lo público, se puede convertir, en un giro perverso, en un instrumento de descalificación y exclusión del que piensa diferente.

I. SOLIPSISMO Y CRISIS DE LA DEMOCRACIA

El vitalismo, el nihilismo y la fenomenología son corrientes filosóficas que otorgan valor relevante a la experiencia humana, a lo empírico y la intuición como elementos significativos en los procesos cognoscitivos que van más allá de la razón. Estas formas de pensamiento fueron una reacción al excesivo racionalismo y positivismo del siglo XIX y tienen, entre sus principales exponentes, a Bergson, Nietzsche, Husserl, Scheler, Heidegger y Paul Sartre. También son, paradójicamente, el sustento para conformar el aparato ideológico de movimientos en los extremos políticos desde el anarquismo marxista hasta el nacional socialismo y el fascismo.

Por supuesto, los filósofos que los concibieron no necesariamente hubieran apoyado o apoyaron los extremismos militantes, pero una hiper simplificación de sus principios condujo a la consideración que la fuerza vital, el instinto o la experiencia social son las fuentes únicas de la integración del poder y su ejercicio y con ello se legitimó la justicia del más fuerte. En ese sentido, no importa la razón jurídica válida, ni el argumento político democrático, ni la tolerancia, sino que lo trascendente es quien puede imponer su "razón" sobre los demás en un momento histórico determinado y cómo es capaz de prolongar dicha imposición en plazos extendidos por la fuerza a través de estructuras autoritarias.

Estas formas de pensamiento fueron una reacción contra las estructuras religiosas o cientificistas que limitaban la libertad del individuo y sofocaban las potencialidades sociales en los ambientes conservadores de finales del siglo XIX e inicios del XX, sin embargo, las secuestraron movimientos intolerantes que provocaron que su motor original, que era la libertad humana, pasara al rincón de los trebejos y su expresión más primitiva, la voluntad de poder, se apoderó de los aparatos estatales por la vía democrática o revolucionaria y provocaron la mayor conflagración de la historia y un genocidio en dos guerras mundiales.

En este tipo de ambiente de intolerancia y radicalismo en el mundo y en Europa, en particular, la verdad científica sufrió una minusvalía significativa en los centros de investigación y tomó fuerza una corriente gnoseológica, que surgió desde lo profundo del racionalismo, denominada solipsismo, que pregonaba que todo es relativo, que solo existe la conciencia del yo y su conocimiento limitado y que todo lo que se conoce es producto de la imaginación. De tal forma que para esta visión filosófica no hay postulado verdadero alguno. Por lo tanto, Dios y la Justicia son una creación humana y lo que es existe porque hay una fuerza vital o una experiencia humana que lo impone a los demás.[1]

Ciertamente, la posesión de la verdad absoluta es una pretensión vana, pero esta realidad no debiera conducir, sin mayor reflexión al otro extremo, en el que nada existe, salvo lo que pienso yo. En esta lógica la validez de la verdad depende de que convenza a los demás de mi verdad para imponerla como única interpretación de la realidad y su permanencia requiere que se destruya cualquier vía de crítica mediante el uso de la fuerza política, económica o social.

La tolerancia es la oposición al pensamiento radical excluyente derivado de un solipsismo compartido. La tolerancia se erige como el principal valor de la vida colectiva que abre los espacios a la libertad y a la igualdad de oportunidades frente a la justicia del más fuerte o la imposición de las ideas o los proyectos políticos.

Las sociedades post industriales de finales del siglo XX e inicios del XXI aparentemente habían aprendido la lección y superado la intolerancia de los movimientos radicales. Sin embargo, el aumento de la complejidad y la ampliación de lo público y la estrategia de gestionar lo público con apoyo de los particulares en casi todos los aspectos de la vida individual y social; así como el desarrollo tecnológico y la globalización de los mercados ocasionó la relativización de los procesos de conocimiento y gobierno.

---

1 Federico Nietzsche. *Así hablaba Zaratustra.* 10ª edición, Porrúa, México, 2022.

En esta dinámica se crearon compartimentos estancos incomunicados y silos de verdades a medias, así como grandes grupos poblacionales excluidos de los avances de la humanidad atrapados en una lucha por el control de los aparatos de poder que pusieron en crisis a las democracias representativas y pluralistas de occidente.

Lo anterior se explica porque un neoconservadurismo demócrata liberal, similar al victoriano e imperialista europeo-occidental del siglo XIX, consolidó un pluralismo acotado y dirigido por estructuras políticas y sociales excluyentes, que multiplicó las interpretaciones de la realidad opuestas e irreconciliables por su "solipsismo deóntico o colectivo".

En este tipo de solipsismos la única forma de conocer es un "yo colectivo", que utiliza valores y reglas racionales compartidos para construir falacias que pretenden ser incuestionables y todo aquel individuo o grupo que se salga de la pauta es etiquetado de corrupto.

En ese sentido, los conceptos jurídicos indeterminados, así como la pluralidad normativa y la política que reconoce diversas fuentes de legitimidad de la elaboración, interpretación y aplicación de las reglas de convivencia; la argumentación jurídica basada en la hermenéutica con raíces en la fenomenología; el modelo de gobierno abierto, cuya propuesta es la no verticalidad de las decisiones, y la globalización del orden constitucional democrático multiplicaron los "yo colectivos". Estos últimos perciben a los otros como corruptos cuando no comparten su explicación de la realidad, ni sus estrategias para cambiarla.

Bajo este análisis, la percepción social de que existen altos grados de corrupción tiende a crecer significativamente debido a la propia institucionalidad de las sociedades plurales y democráticas, y esto preocupa porque, entonces, la democracia es cuestionada por grandes grupos poblacionales, especialmente los marginados, que visualizan a la libertad y la tolerancia como rutas inviables para salir de su pobreza y ponen en duda que el arreglo social representativo sea el más adecuado para mejorar el bienestar individual y colectivo. La democracia se concibe como un riesgo.

La pluralidad, paradójicamente, es una oportunidad para que sectores radicales consoliden un discurso cerrado y único que propone la destrucción de la pluralidad y su sustitución por regímenes centrados en un líder apoyado en movimientos sociales amorfos con propuestas de cambio no fundadas en la realidad, sino en una idea que se nutre a sí misma con reflexiones circulares, plagadas de falacias de autoridad, ad *populum*, ad *personam* y de petición de principio, como ha sucedido últimamente en países con democracias avanzadas en Europa y Norteamérica.

A pesar de las debilidades del pluralismo, los índices de percepción de la corrupción de las sociedades autoritarias son mayores que los de las democráticas representativas, en la medida que las primeras son más excluyentes. En un autoritarismo, todos quienes no comparten los valores, intereses y beneficios del grupo dominante son relegados y paulatinamente la esperanza de obtener alguna ventaja real se desvanece. Entonces, la percepción sobre la corrupción crece, aunque ya es demasiado tarde para corregirla con base en la promoción de la participación ciudadana por la erosión de las instituciones que la promueven e incorporan.

En este sentido, los índices de corrupción miden indirectamente la legitimidad del gobierno y del régimen político en su conjunto.[2] Hay una relación inversamente proporcional entre legitimidad y corrupción, a mayor la primera, menor percepción de corrupción y a menor la legitimidad mayor percepción de corrupción.

Los solipsismos colectivos en sociedades democráticas y los autoritarismos son la principal fuente del aumento de la percepción de corrupción. Esta percepción es baja inicialmente en los autoritarismos, pero aumenta conforme su naturaleza intolerante excluye a grupos y debilita el consenso social.

II. ¿QUÉ ES LA CORRUPCIÓN?

La corrupción es el uso abusivo de un poder delegado en beneficio propio.[3] Esta noción posee varios términos jurídicamente inde-

---

2 Bañón, Rafael y Carrillo, Ernesto. *La nueva administración pública*. Alianza, Madrid, 1997.

3 Transparencia internacional. *¿Qué es la corrupción?*, 2016. Y Banco Mundial. *Ayudar a los países a combatir la corrupción: el papel del Banco Mundial*. Washington, DC: Banco Mundial, 1997.

terminados, por lo que procede preguntarse cuáles son los alcances respecto a: a) Uso abusivo, b) Poder delegado y c) Beneficio propio.

Estos alcances están sujetos a interpretaciones que operan conforme al solipsismo deontológico o colectivo a los que me he referido. En concreto, ¿qué actos son ejemplos de corrupción? Propongo las preguntas siguientes para la reflexión.

¿Un viaje al extranjero de un servidor público para representar a una organización pública es abusiva por realizarse en una aeronave oficial o con mayor comodidad?

¿La ejecución incorrecta de una autorización pública como la que se proporciona a las instituciones financieras es ejercicio de un poder delegado?

¿Una ganancia x de contratista o concesionario públicos es un beneficio propio indebido?

¿Un salario superior al medio del mercado producto de la ponderación de un conocimiento experto es corrupción?

¿Todo aquello que no se conozca, diagnostique, ejecute, controle o resuelva desde la perspectiva deóntica, experiencia, valores, ideología o idiosincrasia propia es corrupción?

La multiplicidad de respuestas a estas preguntas y otras similares abre el debate sobre la construcción de los índices de medición de la corrupción,[4] que en su mayoría se enfocan a la percepción. Los divulgadores de estos indicadores no hacen énfasis en que éstos son producto de pensamientos personales o sociales que auto justifican sus propios errores, su falta de perseverancia, sus carencias organizacionales, su actuación inoportuna o en el mejor de los casos, en visiones de la realidad que son excluyentes de otras. Los resultados de los índices se divulgan restándole importancia a quienes son los encuestados o muestreados en el proceso de su levantamiento, qué variables se incluyen y cómo se formulan las preguntas.

En estas condiciones, los indicadores de percepción de la corrupción suelen utilizarse por los yo colectivos para victimizar o victimi-

---

4 Dussauge, Mauricio. *Combate a la corrupción y rendición de cuentas: avances, limitaciones, pendientes y retrocesos*, en José Luis Méndez (coord.), *Los grandes problemas de México: XIII Políticas Públicas*, México, El Colegio de México, 2010.

zarse. Bajo esta lógica, se puede afirmar que el solipsismo colectivo está institucionalmente estructurado, es formal e informal, es compartido por un grupo social que no puede escapar de su circunstancia y tiene que justificarse a si mismo su modus vivendi. Esto provoca que el Yo individual o el Nosotros colectivo sólo considere al Otro corrupto y se exculpe sin importar lo que el Yo o el Nosotros haga, ni el respeto que este tenga al orden jurídico, ni el daño que provoque o no a los demás.

Este pensamiento cerrado se presenta claramente en frases sin ningún sustento fáctico, ideológico y gregario en dos extremos: Todo lo privado es eficiente o todo proceso de privatización genera corrupción.

Un ejemplo de lo anterior, es el personaje que aparta lugares de estacionamiento en la vía pública y cobra una cantidad por el uso del mismo bajo la tolerancia, incluso supervisión, de la policía que obtiene parte de los ingresos de esta actividad fuera del ordenamiento positivizado. Es una institución fuera de la ley tolerada por diversas razones, legítimas o no, que son un hecho de corrupción, pero no lo es para quien hace este trabajo que se auto justifica su modo de vida y sólo considera corrupto al policía o a las autoridades municipales o de la alcaldía, que flexibilizan la ley para permitirle trabajar a cambio de una cuota. Lo mismo sucede conforme se va preguntando la percepción a todos los que participan, directa o indirectamente y activa o pasivamente, en esta cadena. Los solipsistas privatizadores concluyen que lo público en sí mismo es ineficiente y corrupto y los estatizantes sostienen lo contrario. Ambos sin fundamento comprobable alguno.

Cuando este modelo se sustituye por parquímetros, los solipsistas estatistas, afirman que la corrupción estructural existe, sólo por el hecho de que un particular gestiona lo público y obtiene una ganancia. Además, la cadena que utilizaba al franelero para obtener ganancias se queja de que las empresas se enriquecen con la explotación de la vía pública, que antes hacían ellos, entonces, el modelo es corrupto.

Ambos juicios son sesgados y alejados de la realidad. En sociedades complejas como la nuestra, la cooperación y coordinación entre lo público y lo privado, entre el gobierno y la ciudadanía, es inevitable y cuando lo importante es el bienestar social, quien gestione, por ejemplo, una planta potabilizadora pasa a un segundo plano y lo significativo es que la población reciba agua suficiente, oportuna y con calidad al más bajo costo social posible.

III. TRANSPARENCIA Y SOLIPSISMO COLECTIVO

La transparencia es una forma de ser y se logra formalmente con el cumplimiento de las obligaciones de la materia y se avanza con la proactividad, es decir, ir más allá de lo establecido normativamente.

La transparencia es una condición necesaria, pero no suficiente. Esta permite revisar la estructura del pensamiento que impone el más fuerte, pero no lo justifica en todas sus manifestaciones, que suelen ser contradictorias, por la dosis de pragmatismo al que recurre a quien lo ejerce para mantenerse en él o conquistarlo. Los ejemplos históricos sobran, no son exclusivos de un partido o una ideología, y esto se demuestra con una lectura sencilla de los discursos de los gobernantes y políticos en los distintos momentos de su trayectoria.[5]

El procedimiento es una garantía formal de actuación correcta de la autoridad. Da certeza jurídica porque permite conocer cualquier posible afectación a los derechos de una persona con anticipación y que se le otorgue el derecho de audiencia, de publicidad, e igualdad a los involucrados. El procedimiento previo es un elemento de la transparencia y es una condición necesaria del buen gobierno, pero tampoco es suficiente.

La falta de respeto de los procedimientos y de las competencias de las áreas responsables provoca que el jefe —el formal o el informal— no tenga elementos objetivos para la evaluación del desempeño de la organización. En esas circunstancias, el líder avanza dando palos de ciegos y sólo corrige el rumbo cuando escucha la queja de quien grita más fuerte y no suele ser lo mejor para la organización

---

[5] Los ejemplos contemporáneos son numerosos y prefiero dejar al lector que haga su selección. Mi afirmación la compruebo con tres biografías de personajes políticos. Confr. André Maurois. Disraeli. 16ª. ed. Espasa-Calpe, Argentina, 1968. No. 2, colección austral, Auguste Baily, Mazarino, Espasa-Calpe, España, 1969. No. 1444, colección austral y Crane Brinton, *Las vidas de Talleyrand*, Espasa-Calpe, España, 1966. No. 1384, colección austral.

o la población que debe atender o gobernar y, entonces, la regla de conducta previa, propia del Estado de derecho, es suplida con la pretensión de que la voluntad de poder es suficiente para lograr la armonía social y el bienestar.

La actuación no sujeta a procedimientos es pura política efectista, en la que parece que un problema se resuelve, pero la realidad es que este se deja al garete después de que los reflectores de la opinión pública iluminan otra acción o reacción más atractiva para el consumidor de noticias o el electorado. Además, este oportunismo —que va más allá del pragmatismo político— pone en riesgo la certeza jurídica y las garantías de los gobernados que no saben cómo se toman las decisiones y quién es la autoridad responsable de los asuntos en particular. La transparencia devela este juego perverso en el que el interés general, la seguridad nacional o el secreto de Estado sirven para ocultar las intenciones de los gobernantes o políticos.

La transparencia proporciona los otros datos a la ciudadanía que permiten contrastar la realidad con el discurso o narrativa y verificar las promesas con base en resultados e indicadores de desempeño. Esta es una más de las formas de prevenir la corrupción a través de una estrategia para prevenir el solipsismo colectivo, que se reproduce en la opacidad de la información y en la cancelación del debate crítico abierto.

En México, se construyeron instituciones en el periodo 1982-2018 (36 años), descentralizó el manejo de las estadísticas estatales, lo que significa que una entidad subordinada al Ejecutivo Federal, recopila datos con autonomía sin la misión de justificar la acción del gobierno, sino mostrar la realidad para que las cifras sean útiles en la evaluación de su desempeño.

Las instituciones que hemos construido en un Estado de las autonomías (Matute, 2018), basadas en el modelo de gobierno abierto y la gobernanza, como son el INEGI, el Banco de México, el INAI y el CONEVAL, permiten que se conozcan las acciones poco ortodoxas de los gobiernos, que no pueden ocultar —maquillar en el mejor de los casos— los datos. Los gobiernos exitosos deben rendir resultados con independencia de su ideología y el solipsismo colectivo pierde sustento argumentativo, cuando los datos son abiertos recabados con metodología conocida y publicados periódicamente en forma consistente (encuestas del INEGI y análisis de la pobreza del CONEVAL).

Lo anterior facilita que las personas, las comunidades y las organizaciones no gubernamentales cuenten con cifras fidedignas generadas por estructuras profesionalizadas no dependientes del Poder Ejecutivo Federal y con un alto grado de inserción en un mundo globalizado. En la tercera década del siglo XXI en contraste con la institucionalidad de la segunda mitad siglo XX, existe un Poder Judicial fuerte, renovado en sus cuadros judiciales, ya que la mayoría de los jueces y magistrados federales han accedido al cargo por concurso y con administraciones públicas separadas del gobierno, como el Banco de México, más de 25 años de ejercer su autonomía constitucional fijando la política monetaria con independencia de la política fiscal de la Secretaría de Hacienda y Crédito Público.

La sociedad pluralista se basa en la existencia y consolidación de numerosos centros de poder que expresen los intereses de los múltiples actores políticos, económicos y sociales. Esto es el sustento de la gobernanza que es, por definición inclusiva, y que se opone al gobierno concentrado en la burocracia jerarquizada el Poder Ejecutivo que es excluyente, tiende al autoritarismo y se justifica en un discurso auto referenciado.

Lo trascendente para superar los solipsismos colectivos es que haya a disposición de la ciudadanía datos fidedignos, levantados y registrados con metodologías con rigor científico, que dificulten el auto engaño o descubran las falsedades de la demagogia. En los gobiernos típicos en Latinoamérica de la post guerra, que condujeron a la región a la peor crisis política, económica y moral en la llamada década perdida de los ochenta del siglo pasado, no existían otros datos a los que el gobierno generaba y divulgaba, lo que Orwell y la información sólo la tenía el gobierno y todas las entidades públicas técnicas estaban subordinadas al Presidente. No era posible conocer con certeza, aunque se intuía una realidad distinta a la que divulgaba el aparato estatal.

Esto es un cambio democrático sustancial que algunos gobiernos no reconocen bajo el argumento que la mayoría política es principio y fin de la determinación del rumbo de una sociedad y para ello se apoyan en solipsismos colectivos que destierran a numerosos grupos de la participación en el debate sobre el contenido y alcance del interés general. Esto conduce a una ética pública cerrada que aparentemente elimina la corrupción, porque la definición de lo que debe entenderse por uso abusivo o beneficio personal corresponde a la misma instancia que revisa que las conductas se ajusten a ella, que es la misma que aplica la sanción. La corrupción y quien es corrupto se determina por línea política.

En ese sentido, las sociedades plurales se perciben más corruptas porque no hay una alineación del pensamiento al poder, que es sometido constantemente a crítica, y una de las principales es que es corrupto en la medida que difiere en lo ideológico del grupo que lo critica. Así, un gobierno de izquierda será corrupto para uno de derecha por el simple hecho de no pensar igual y viceversa. Este proceso de rechazo, natural en la lucha política, puede ser contenido y, eventualmente, superado en la medida que las obligaciones de transparencia se cumplan por los entes públicos gubernamentales (titular del poder ejecutivo y su estructura dependiente) y entes públicos no gubernamentales (los partidos políticos).

Las sociedades autoritarias, que reducen lo público a lo estatal y que excluyen a los privados de la gestión pública y prefieren la opacidad de la información, generan las condiciones para que la corrupción se reproduzca, aunque haya una percepción social, en una primera etapa, de que ésta es menor mientras el líder tenga popularidad, puesto que el poderoso es quien define al corrupto, lo exhibe públicamente y lo sentencia en la palestra sin dar oportunidad que el acusado se defienda.

La transparencia y el Estado de derecho en una sociedad cerrada con organizaciones excluyentes sólo reproducen la desigualdad social y los rezagos ancestrales. La transparencia se transforma en una simulación y el Estado de derecho en una herramienta para legitimar un statu quo injusto. En este contexto, se apuntalan las vanguardias iluminadas que pretende superar todos los problemas de la sociedad con el uso de la soberbia cognoscitiva, es decir, con la defensa de lo único verdadero es lo que pienso yo, pero ese pensamiento es tan pobre que sólo es capaz de destruir. Estos son los escenarios que se han reproducido en el siglo XXI con la emergencia de los populismos de derecha y de izquierda.

Los Yo transparentes, pero intolerantes, utilizan el poder delegado en beneficio propio porque en su mundo cerrado todo se merecen, nada les está prohibido y sólo el otro es corrupto. Por lo tanto, el beneficio propio es lo que el otro debe querer porque en la mente solipsista su bien es el colectivo y que el otro no lo quiera lo hace corrupto.

La superación del solipsismo colectivo parte de la idea que la realidad es más de lo que conoce el Yo y que éste para conocer y transformar su realidad debe ser capaz de comprender que la verdad se construye colectivamente reflexionando en la pluralidad de valor e intereses con información suficiente proveída con datos abiertos y confiables.

IV. A MANERA DE CONCLUSIONES

Los solipsismos colectivos en sociedades democráticas y los autoritarismos son la principal fuente del aumento de la percepción de corrupción. Esta percepción es baja inicialmente en los autoritarismos, pero aumenta conforme su naturaleza intolerante excluye a grupos y debilita el consenso social.

A manera de conclusión, el solipsismo colectivo en un Código de Ética para las organizaciones públicas es un instrumento de los autoritarismos, en la medida que pone énfasis en los aspectos ideológicos (la conservación del poder por un grupo) y relega los valores propios de la Función Pública.

El Código de Ética de las personas servidores públicas del Gobierno Federal, elaborado por la Secretaría de la Función Pública, publicado el 5 de febrero de 2019 en el Diario Oficial de la Federación, con base en los lineamientos emitidos por el Comité Coordinador del Sistema Nacional Anticorrupción es un ejemplo de solipsismo corporativa y más que una guía de actuación que debe contener y desarrollar los principios, las directrices y los valores que debe asumir, respetar y cumplir una persona servidora pública era un texto, que pretendía la imposición de un proyecto, en la que se separa a las personas servidoras públicas en dos grupos: los adversarios y los aliados.

Los primeros serán inmorales por sus nexos con el pasado obscuro y tenebroso de los últimos treinta años de gestión pública, salvo que hayan hecho un acto de constricción y hayan sido graciosamente perdonados, y los segundos serán angelicales y honestos y disponibles para ocupar cualquier cargo público sin importar perfiles de puestos o capacidades y habilidades requeridas.

Esto es un solipsismo colectivo ejercido desde la voluntad de poder, que tiende hacia la intolerancia en el más puro vitalismo bergsoniano, pero que se visualizaba como algo útil para impulsar un cambio social en un sentido centralmente determinado y, por ese motivo, incurría en la contradicción de desplazar, por la lógica de la acción política, los valores que pretende promover entre las personas servidoras públicas, como son la honestidad, la eficiencia, la legalidad y el profesionalismo.

El 8 de febrero de 2022 se publicó, en el Diario Oficial de la Federación, el cuarto Código de Ética de la Administración Pública Federal, segundo del gobierno 2018-2024, que también hace énfasis en la austeridad republicana como guía de la ética pública, pero no menciona la palabra transformación y, en contraste el anterior, desarrolla los principios de la gestión pública establecidos en la constitución y el artículo 7 de la LGRA.[6]

El solipsismo colectivo vinculado con la voluntad de poder se abandona parcialmente en este Código de Ética e invita a anteponer el interés público a las ambiciones personales o del grupo político, de tal manera que pone énfasis en la importancia de reflexionar antes de tomar una decisión pública en la que haya varias soluciones posibles y de ponderar ventajas y desventajas de las mismas con base en principios y valores no ideológicos.

Una forma de evitar el aislamiento cognoscitivo en materia de corrupción al interior del sector púbico ampliado es crear legislativa y administrativamente consensos mínimos respecto a lo que debe entenderse para efectos determinados del alcance el concepto. Los códigos de ética y conducta son un proceso de parametrización de con-

---

[6] "Artículo 7. Los Servidores Públicos observarán en el desempeño de su empleo, cargo o comisión, los principios de disciplina, legalidad, objetividad, profesionalismo, honradez, lealtad, imparcialidad, integridad, rendición de cuentas, eficacia y eficiencia que rigen el servicio público. Para la efectiva aplicación de dichos principios, los Servidores Públicos observarán las siguientes directrices:..."

ductas, pero no son suficientes. Durante los últimos cuarenta años se ha avanzado en los mecanismos de prevención extendiendo la obligación de presentar tres declaraciones (patrimonial, de intereses y fiscal) a todas las personas servidoras públicas, que complementan a aquellos relacionados con los principios, valores, directrices, reglas de integridad que deben orientar la conducta de los individuos vinculados directa e indirectamente con la gestión pública.

El formalismo administrativo parte del supuesto que hay que seguir normas preestablecidas como son los procedimientos, que son los que permiten el control y verificación de resultados de la acción pública, y, por lo tanto, la desviación de las conductas de las personas servidoras públicas. Sin embargo, la racionalidad pura es insuficiente para valorar la orientación de la acción, cuando está se desarrolla dentro de un marco normativo. La intuición de que algo está mal es parte de la percepción sobre la corrupción.

Los ejemplos de fraude a la ley o de personas que cumplen con puntualidad la norma, pero que se aprovechan de sus lagunas o de su ambigüedad sobran, como sucedió en México en la competencia por la presidencia en 2023, en el proceso de selección interna de las coaliciones, en donde hubo candidatos que no eran candidatos, participando en campañas que no eran campañas. También hubo una violación abierta y sistemática a la ley electoral, pero que las instituciones toleraron por conveniencia, impotencia, imparcialidad o incapacidad. Todo esto afecta la ética pública, erosiona el consenso social en las instituciones, deslegitima a los gobiernos y crea un campo fértil para los solipsismos colectivos excluyentes.

En este contexto, la transparencia, que es un antídoto para la corrupción, pierde efectividad en la proliferación de los solipsismos colectivos. En estas condiciones, la pluralidad política tiende a conglomerarse en polos que se rechazan y, entonces, en la transparencia del Otro encuentran la explicación de la corrupción, en la medida que constatan que las argumentaciones del Otro, que los conducen a sus verdades, son distintas a las propias. Esto último, la simple diferencia de ideas y enfoque, es motivo para que el Yo entronizado (el poder mayoritario) perciba al Otro corrupto y pretenda la desaparición de los mecanismos de transparencia para evitar que el Otro obtenga información para exhibir la corrupción del poder. Esto explica que los gobiernos electos democráticamente, para conservar el poder, recurran al desmantelamiento o a la cooptación de los órganos garantes de la transparencia.

La clave para mejorar la percepción colectiva de que puede haber menos corrupción es necesariamente la empatía y la tolerancia del otro y su saber. En este proceso la transparencia en piedra angular, siempre y cuando, todos los sujetos obligados cumplan y haya una institucionalidad autónoma de los poderes políticos, económicos y sociales que lo garantice y posea legitimidad.

V. BIBLIOGRAFÍA

- André Maurois. Disraeli. 16ª. ed. Espasa-Calpe, Argentina, 1968. No. 2, colección austral.
- Auguste Baily, Mazarino, Espasa-Calpe, España, 1969. No. 1444, colección austral.
- Bañón, Rafael y Carrillo, Ernesto. *La nueva administración pública.* Alianza, Madrid, 1997.
- Crane Brinton, *Las vidas de Talleyrand,* Espasa-Calpe, España, 1966. No. 1384, colección austral.
- Dussauge, Mauricio. *Combate a la corrupción y rendición de cuentas: avances, limitaciones, pendientes y retrocesos,* en José Luis Méndez (coord.*), Los grandes problemas de México: XIII Políticas Públicas,* México, El Colegio de México, 2010.
- *Economía informal crece en 2T23 (sic) y hay 16.5 millones de trabajadores: INEGI.* El Financiero. 29 de noviembre de 2023.
- El foro Económico Mundial. Davos 2024: Discurso especial de Javier Milei, presidente de Argentina, 19 de enero de 2014. https://es.weforum.org/agenda/2024/01/davos-2024-discurso-especial-de-javier-milei-presidente-de-argentina/
- INEGI. *Encuesta nacional de ocupación y empleo. Tercer trimestre de 2023.* 27 de noviembre de 2023.
- Ley Federal de Austeridad Republicana, publicada en el Diario Oficial de la Federación el 19 de noviembre de 2019. Declaratoria de invalidez de artículos por Sentencia de la SCJN notificada al Congreso de la Unión para efectos legales el 06-04-2022 y publicada DOF 02-09-2022.
- Ley General de Responsabilidades Administrativas, publicada en el Diario Oficial de la Federación el 18 de julio de 2016.
- Matute González, Carlos F. *El Estado de las autonomías y el buen gobierno.* Tirant lo Blanch, México, 2018; (Coord.) *La transparencia en el Estado mexicano.* Tirant lo Blanch, México, 2018.; y Gándara Ruíz Esparza, Alberto (Coords.) *La responsabilidad administrativa en el Estado mexicano.* Tirant

lo Blanch, México, 2022; *¿Cómo se combate la corrupción? El huracán Otis y el FONDEN. Parte 1.* La Crónica de Hoy. 28 de octubre de 2023; *La irracionalidad administrativa: los fideicomisos del PJF y el Fonden.* El Universal, 27 de octubre de 2023.

- Nietzsche, Federico. *Así hablaba Zaratustra.* 10ª edición, Porrúa, México, 2022.
- Programa Nacional de Combate a la Corrupción y la Impunidad de Mejora de la Gestión Pública de 2018-2024, publicado en el Diario Oficial de la Federación el 30 de agosto de 2019.
- Transparencia internacional. *¿Qué es la corrupción?*, 2016. Y Banco Mundial. *Ayudar a los países a combatir la corrupción: el papel del Banco Mundial.* Washington, DC: Banco Mundial, 1997.
- Valls Hernández, Sergio y Matute González, Carlos F. *Nuevo derecho administrativo.* 7ª edición, Porrúa, México, 2022.

Capítulo 5

El choque entre lo administrativo y lo penal en materia de responsabilidades

MIGUEL ÁNGEL SULUB CAAMAL

Sumario: I. Introducción. II. Régimen de responsabilidades para los servidores públicos. III. Responsabilidades penales y administrativas. IV. El choque de lo administrativo y lo penal. V. Conclusiones. VI. Bibliografía.

I. INTRODUCCIÓN

La corrupción si bien es el fenómeno global en nuestros tiempos, es antiguo como la propia historia de la humanidad. Hoy, en menor o mayor medida, ningún país —sea en el sector público o privado— escapa de ella.

Por tal motivo podemos afirmar que la existencia de disposiciones que regulen la investigación, determinación de responsabilidades e imposición de sanciones a los empleados y funcionarios públicos en el marco jurídico mexicano, no es una inquietud reciente.

Los primeros antecedentes lo encontramos en el Decreto Constitucional para la Libertad de la América Mexicana o Constitución de Apatzingán de 1814 en donde se establecieron prohibiciones a conductas que hoy conocemos bajo la denominación de abuso de autoridad, desvío de poder y nepotismo; alusiones a los delitos de estado y que comprendían los de infidencia, concusión y dilapidación de los caudales públicos; y procedimientos como el juicio de procedencia o desafuero.

El Reglamento Provisional Político del Imperio Mexicano de 1823 dispuso que cualquier mexicano podía acusar el soborno, el cohecho y prevaricato de los magistrados y jueces, otorgando competencia al Supremo Tribunal de Justicia para conocer de las responsabilidades de los funcionarios públicos.

La Constitución Federal de los Estados Unidos Mexicanos de 1824, las Siete Leyes Constitucionales de 1836, las Bases de la Organización Política de la República Mexicana de 1843, el Acta Constitutiva y de Reformas de 1847, el Estatuto Orgánico Provisional de la República Mexicana de 1856, cada una en su contexto, establecieron disposiciones relativas a la responsabilidad y sanciones para los empleados y funcionarios, e incluso en 1853 se expidió la Ley Penal para los Empleados de la Hacienda, misma que puede considerarse como la primera disposición jurídica secundaria en materia de responsabilidades de los servidores públicos, que si bien por su denominación se considera de naturaleza penal, en su contenido también se previeron disposiciones y figuras de carácter administrativo.

Sin embargo, coincidimos con José Trinidad Lanz Cárdenas, jurista campechano, quien señala que las responsabilidades en el ámbito del servicio público deben entenderse de manera adecuada y acudir de primera instancia al tenor de lo establecido en la Constitución de 1857 y la Constitución Político Social de 1917, atendiendo también de forma sustancial a la reforma constitucional que se realizó en el año de 1982 con sus subsiguientes modificaciones en la materia,[1] porque fue a partir de esos textos constitucionales en que se inició el diseño y se construyeron las bases del régimen de responsabilidades de servidores públicos en México, mismas que se describieron y empezaron a considerar desde 1857 en el Título Cuarto de la Carta Magna y que se han actualizado gradualmente, conforme a los tiempos y circunstancias que imperan en el país.

Conforme a lo establecido en el marco constitucional de 1857 se expidieron y tuvieron vigencia la Ley del Congreso General sobre Delitos de los Altos Funcionarios de la Federación expedida en 1870, la Ley Reglamentaria de los artículos 104 y 105 de la Constitución Federal de 1896, que se complementaron con las disposiciones relativas del Código Penal de 1871.

Asimismo, ya bajo la Constitución de 1917 se expidieron los Códigos Penales Federales de 1929, que en su apartado "De los delitos

---

1 José Trinidad Lanz Cárdenas, *"Las responsabilidades en el servicio público (Teoría, Antecedentes y Legislación comentada"*, Instituto Nacional de Administración Pública, México, 2008, página 162.

cometidos por funcionarios públicos" consideró cuatro tipos penales, y el actual de 1931 que, a través de su Título Décimo denominado "Delitos cometidos por funcionarios públicos",[2] estableció al expedirse seis tipos penales; así como la Ley de Responsabilidades de los Funcionarios y Empleados de la Federación y del Distrito y Territorios Federales y de los Altos Funcionarios del Estado expedida en 1940 por el Ejecutivo Federal en uso de las facultades extraordinarias que le fueron otorgadas mediante decreto publicado en el Diario Oficial de la Federación el 31 de diciembre de 1936, y la Ley de Responsabilidades de los Funcionarios y Empleados de la Federación y del Distrito y Territorios Federales y de los Altos Funcionarios de los Estados expedida en 1979.

Con la reforma constitucional realizada en el año de 1982, bajo la premisa de que el Estado tiene la obligación ineludible de prevenir y sancionar la inmoralidad social, la corrupción, toda vez que afecta los derechos de otro, de la sociedad y los intereses nacionales,[3] se realizaron reformas al Código Penal Federal de 1931 que permitieron la existencia de doce tipos en el apartado que se renombró "Delitos cometidos por servidores públicos". De igual forma, se expidió la Ley Federal de Responsabilidades de los Servidores Públicos para reglamentar los procedimientos en materia de juicio político y declaración de procedencia, así como lo relativo a las obligaciones y responsabilidades administrativas, con lo cual se estructuraron, clarificaron y concretizaron ideas que desde 1917 se habían esbozado pero sin llegar a la precisión que se requería en materia de responsabilidades de los servidores públicos.

En el año 2002 se expidió la Ley Federal de Responsabilidades Administrativas de los Servidores Públicos, que regula específicamente para el ámbito federal lo relativo a la materia administrativa, y la Ley

---

2 Mediante Decreto publicado en el Diario Oficial de la Federación el 18 de julio de 2016 se modificó su denominación para quedar como "Delitos por hechos de corrupción".

3 Exposición de motivos de la iniciativa de reforma constitucional publicada en el Diario Oficial de la Federación el 28 de diciembre de 1982, Constitución Política de los Estados Unidos Mexicanos de 5 de febrero de 1917, Compilación Cronológica de sus modificaciones y procesos legislativos, Poder Judicial de la Federación, México, 2017.

Federal de Responsabilidades de los Servidores Públicos continuó aplicándose en dicha materia a los servidores públicos de los órganos ejecutivo, legislativo y judicial del entonces Distrito Federal, manteniéndose también vigente, como hasta la fecha, en lo relativo al juicio político y a la declaración de procedencia.

Teniendo como antecedente el marco normativo existente, así como la exigencia ciudadana para establecer mecanismos de control que permita la debida prevención y combate a la corrupción que cada vez se ha incrementado, en el año 2015, el gobierno federal impulso una reforma constitucional estructural que modificó catorce artículos de la Constitución Política de los Estados Unidos Mexicanos, para concebir el denominado Sistema Nacional Anticorrupción, siendo que el decreto de reformas fue publicado en el Diario Oficial de la Federación el 27 de mayo de 2015.

La reforma constitucional se complementó con la expedición de diversas leyes y la modificación de otras. Entre las nuevas disposiciones que se expidieron se encuentra la Ley General de Responsabilidades Administrativas que entró en vigor el 18 de julio de 2017 y, entre las reformas aprobadas, las realizada en el contenido de los Títulos Décimo y Décimoprimero del Código Penal Federal.

II. RÉGIMEN DE RESPONSABILIDADES PARA LOS SERVIDORES PÚBLICOS

Ha quedado claro que, en el devenir del tiempo, el sistema jurídico mexicano ha procurado construir un régimen de responsabilidades para los servidores públicos, con independencia de la denominación que se le dé (empleado, funcionario, alto funcionario, entre otros), existiendo a la fecha las modalidades siguientes:

- Responsabilidad política.
- Responsabilidad penal.
- Responsabilidad administrativa.
- Responsabilidad civil.
- Responsabilidad laboral.

La responsabilidad política opera para ciertas categorías de servidores públicos de alto rango, principalmente de elección popular, por la comisión de actos u omisiones que redunden en perjuicio de los intereses públicos fundamentales o de su buen despacho.

La responsabilidad penal se imputa a los servidores públicos que incurren acciones u omisiones consideradas como un delito, con independencia de la denominación del empleo, cargo o comisión que desempeñen.

La responsabilidad administrativa es para quienes en su carácter de servidores públicos falten a los principios que rigen a la función pública, como lo son la legalidad, honradez, lealtad, imparcialidad y eficiencia, mismos que buscan la calidad en el desempeño de quienes sirven al Estado en sus actividades en beneficio de los intereses colectivos.

La responsabilidad civil o resarcitoria, se determina para los servidores públicos que con su actuación ilegal o ilícita causen daños o perjuicios patrimoniales al Estado, lo cual genera una obligación de resarcimiento.

Miguel Alejandro López Olvera, en su obra "La responsabilidad administrativa de los servidores públicos en México" establece una diferencia entre la responsabilidad civil y la resarcitoria. Señala que la responsabilidad civil *"no se contrae a sus actos en tanto particulares, sino también a todos aquellos que, en el desempeño de su cargo o con motivo del mismo, dolosa o culposamente causen algún daño y/o perjuicio al patrimonio de una persona en su carácter de particular."*[4] y la vincula con lo dispuesto en la Ley Federal de Responsabilidad Patrimonial del Estado en donde se establece que el Estado podrá repetir de los servidores públicos la cantidad que haya pagado por concepto de indemnización a un particular; y la responsabilidad resarcitoria la define como *"aquella en la que incurren los servidores públicos que produzcan un daño o perjuicio, o ambos, estimables en dinero, a la hacienda pública federal o, en su caso, al patrimonio de los entes públicos federales o de las entidades paraestatales federales."*[5] A nuestro juicio en ambos casos los efectos son los mismos, toda vez que en ambos casos existe a consecuencia de una

---

4 Miguel Alejandro Olvera López, *"La responsabilidad administrativa de los servidores públicos en México,* Serie Doctrina Jurídica, Núm. 665, Instituto de Investigaciones Jurídicas, UNAM. México, 2013, páginas 41 y 42.

5 *Ibid.* Página 43

actuación del servidor público un daño o perjuicio a la hacienda pública, con independencia de la forma en que se haya generado, ante lo cual es dable exigir el resarcimiento a favor del Estado.

La responsabilidad laboral aplica considerando al servidor público en su carácter de trabajador, dado que efectúa una especial prestación de servicios de forma subordinada.

En el diseño inicial sólo existían las responsabilidades de carácter político y penal. En materia administrativa, fue con la Ley de Responsabilidades de los Funcionarios y Empleados de la Federación, del Distrito y Territorios Federales, y de los Altos Funcionarios del Estado de 1940 en que se empieza a establecer un catálogo de faltas, diferenciándose de las conductas relativas a la materia política, pero considerándose en algunos casos conductas que ya estaban previstas en la materia penal; sin embargo, es la Ley de Responsabilidades de los Funcionarios y Empleados de la Federación, del Distrito Federal, y de los Altos Funcionarios de los Estados de 1980 en donde se precisó de forma clara que las faltas oficiales eran aquellas *"infracciones que afecten de manera leve los intereses públicos y del buen despacho y no trasciendan al funcionamiento de las Instituciones y del Gobierno, en que incurran los funcionarios o empleados durante su encargo o con motivo del mismo"*,[6] pero sin considerarse un catálogo; y en 1982, con la expedición de la Ley Federal de Responsabilidades de Servidores Públicos, es cuando se genera con más claridad y precisión la modalidad administrativa, que se fortalece al promulgarse en el año 2002 la Ley Federal de Responsabilidades Administrativas de los Servidores Públicos, porque con este nuevo producto legislativo la Ley Federal de Responsabilidades de los Servidores Públicos de 1982, en esencia, pasó a regular lo relativo al juicio político y al procedimiento de declaración de procedencia.

La vertiente laboral de responsabilidades podemos decir que surge al promulgarse en 1963 la Ley Federal de los Trabajadores al Servicio del Estado, Reglamentaria del Apartado B) del Artículo 123 Constitucional, disposición que describe en el Capítulo V de su Tí-

---

6 Artículo 4 de la Ley de Responsabilidades de los Funcionarios y Empleados de la Federación, del Distrito Federal y de los Altos Funcionarios de los Estados publicado en el Diario Oficial de la Federación el 4 de enero de 1980.

tulo Segundo, las obligaciones que tienen los trabajadores en el servicio público.

La responsabilidad resarcitoria, surge con claridad, al expedirse la Ley de Fiscalización Superior de la Federación en el año 2000, disposición que previó en su contenido el fincamiento de responsabilidades resarcitorias a los servidores públicos por actos u omisiones que causen daño o perjuicio estimable en dinero al Estado y que al abrogarse dicha ley en el año 2009 con la emisión de la Ley de Fiscalización y Rendición de Cuentas de la Federación subsiste en los mismos términos; sin embargo, en 2016 al promulgarse una nueva Ley de Fiscalización y Rendición de Cuentas de la Federación, dicha responsabilidad pasó a ser uno de los alcances que se persigue al promoverse el fincamiento de responsabilidades por faltas administrativas principalmente de naturaleza grave ante el Tribunal Federal de Justicia Administrativa[7] o, en su caso, ante las Secretarias y Órganos de Control Interno.

III. RESPONSABILIDADES PENALES Y ADMINISTRATIVAS

Derivado de las modificaciones constitucionales publicadas en el Diario Oficial de la Federación el 27 de mayo de 2015 en materia de combate a la corrupción, el 18 de julio de 2016 se promulgaron los decretos por el que se reformaron, adicionaron y derogaron diversas disposiciones del Código Penal Federal en materia de Combate a la Corrupción y por el que se expidió la Ley General de Responsabilidades Administrativas.

Algunas de las modificaciones realizadas al Código Penal Federal, consistieron en:

- El cambio de nombre al Título Décimo del Código, siendo que de llamarse “Delitos cometidos por Servidores Públicos” pasó a denominarse “Delitos por Hechos de Corrupción”;

---

[7] Ver los artículos 68 y 67 fracciones I y II de la Ley de Fiscalización y Rendición de Cuentas de la Federación publicado el 18 de julio de 2016 en el Diario Oficial de la Federación.

Si bien se adicionaron algunas modalidades y/o descripciones de conductas, se mantuvo la existencia de 12 tipos penales,[8] a decir: 1. Ejercicio ilícito del servicio público antes. Ejercicio indebido del servicio público; 2. Abuso de autoridad, 3. Coalición de servidores públicos; 4. Uso ilícito de atribuciones y facultades; 5. Concusión; 6. Intimidación; 7. Ejercicio abusivo de funciones; 8. Tráfico de influencias; 9. Cohecho; 10. Cohecho a servidores públicos extranjeros; 11. Peculado, y 12. Enriquecimiento ilícito; y

- Se modificó y/o mejoró la descripción de las modalidades que ya estaban establecidas en el artículo 225 relativo a los "Delitos cometidos por los servidores públicos contra la administración de justicia".

A su vez, entre los aspectos esenciales de la nueva Ley General de Responsabilidades Administrativas, destacan:

- El establecimiento de un régimen, como su nombre lo indica, general de responsabilidades administrativas para los servidores públicos de los tres órdenes de gobierno, cumpliéndose con lo dispuesto en la fracción XXIX-V del artículo 73 constitucional;
- Que su objeto comprende también actos u omisiones de particulares vinculados con faltas administrativas graves;
- La existencia de un catálogo de faltas no graves a través de su artículo 49; y
- El diseño de un modelo de faltas graves, cuya forma de descripción cerrada es de gran similitud y acercamiento a los tipos de naturaleza penal.

El modelo de faltas graves[9] consideró las conductas siguientes:

---

[8] A la fecha son 13 tipos penales considerando que mediante la reforma publicada en el Diario Oficial de la Federación el 12 de abril de 2019 se estableció el delito de remuneración ilícita.

[9] Mediante las reformas publicadas en el Diario Oficial de la Federación el 12 de abril de 2019 y 22 de diciembre de 2021 se amplió el número de faltas graves al adicionarse los relativos a la simulación de actos jurídicos, nepotismo, las violaciones a las disposiciones sobre fideicomisos establecidas en la Ley Federal de

a) **De los servidores públicos.**

1. Cohecho; 2. Peculado; 3. Desvío de recursos; 4. Utilización indebida de información privilegiada; 5. Abuso de funciones; 6. Conflicto de intereses; 7. Enriquecimiento ilícito; 8. Tráfico de influencias; 9. Encubrimiento; 10. Desacato; 11. Obstrucción de la justicia.

b) **De particulares.**

1. Soborno; 2. Participación ilícita en procedimientos administrativos, 3. Tráfico de influencias; 4. Utilización de información falsa; 5. Colusión; 6. Uso indebido de recursos públicos; 7. Contratación indebida de exservidores públicos.

Considerando lo antes señalado y de lo contenido en las descripciones de las faltas y delitos existentes, se vislumbra que a tres faltas graves se les dio la misma denominación que se otorga a conductas descritas en el Código Penal Federal. Asimismo, en la descripción de las conductas previstas para cada una de las faltas graves cometidas por servidores públicos o particulares, si bien no tienen una redacción idéntica, comprenden la esencia del mismo hecho o conducta que se considera en los diversos tipos penales y se configura una analogía.

Esta circunstancia, a nuestro juicio, representó un retroceso que ya había sido superado en 1980, cuando en la Ley de Responsabilidades de los Funcionarios y Empleados de la Federación, del Distrito Federal, y de los Altos Funcionarios de los Estados se estableció una clara diferencia entre lo que debería entenderse por delito oficial que generaba responsabilidad política y por falta oficial[10] que ori-

---

Austeridad Republicana, la omisión de enterar cuotas en materia de seguridad social.

10 Ley de Responsabilidades de los Funcionarios y Empleados de la Federación, del Distrito Federal, y de los Altos Funcionarios de los Estados en sus artículos 3 y 4 estableció lo siguiente: ***ARTÍCULO 3.-*** *Son delitos oficiales los actos u omisiones de los funcionarios o empleados de la Federación o del Distrito Federal cometidos durante su encargo o con motivo del mismo, que redunden en perjuicio de los intereses públicos y del buen despacho. Redundan en perjuicio de los intereses públicos y del buen despacho: I.- El ataque a las instituciones democráticas; II.- El ataque a la forma de gobierno republicano representativo federal; III.- El ataque a la libertad de sufragio; IV.- La usurpación de atribuciones; V.- Cual-*

ginaba responsabilidad administrativa, y si bien en su contenido no se expresó una definición específica sobre lo que se entendería por actos u omisiones de carácter delictuoso o delitos comunes, a la luz de señalado en la parte final de la fracción VIII de su artículo 4, se entiende que son las conductas contenidas en la disposición penal. Asimismo, en esta ley se estableció un catálogo de delitos oficiales; el catálogo de faltas que consideraba la ley anterior fue eliminado y en el caso de los delitos comunes subsistieron los previstos en el Código Penal Federal,

Bajo este orden de ideas, podemos afirmar que en nuestro marco jurídico mexicano existía una clara diferenciación de lo que corresponde a las modalidades política, administrativa y penal en el régimen de responsabilidades, y que hacía prevalecer lo que bien sostiene el Magistrado Alberto Gándara Ruiz Esparza *"delito es delito y falta es falta, no tendría caso su coexistencia en leyes diversas si tuvieran la misma esencia"*. Dicha situación se mantuvo hasta la expedición de la Ley General de Responsabilidades Administrativas que entró en vigor el 18 de julio de 2017.

IV. EL CHOQUE DE LO ADMINISTRATIVO Y LO PENAL

Por lo señalado en el apartado anterior, podemos afirmar que hoy en día existe un choque entre lo administrativo y lo penal en materia de responsabilidades, cuyos alcances por un lado, generan el riesgo de no concretizar en términos reales un régimen efectivo

---

quiera infracción a la Constitución o a las leyes federales, cuando causen perjuicios graves a la Federación o a uno o varios Estados de la misma o motiven algún trastorno en el funcionamiento normal de las instituciones; VI.- Las omisiones de carácter grave en los términos de la fracción anterior; VII.- Por las violaciones sistemáticas a las garantías individuales o sociales; VIII.- En general los demás actos u omisiones en perjuicio de los intereses públicos y del buen despacho, siempre que no tengan carácter delictuoso conforme a otra disposición legal que los defina como delitos comunes. Los delitos a que se refiere este artículo no se cometerán mediante la expresión de las ideas. **ARTÍCULO 4.-** *Son faltas oficiales las infracciones que afecten de manera leve los intereses públicos y del buen despacho y no trasciendan al funcionamiento de las Instituciones y del Gobierno, en que incurran los funcionarios o empleados durante su encargo o con motivo del mismo.*

de responsabilidades que permita sancionar debidamente a quienes con sus actos u omisiones lesionan o menoscaban la actividad que la administración pública y a quienes incurren en conductas que atentan contra los intereses generales de la sociedad y, por otro, que el despliegue incorrecto del *ius* puniendi del Estado ocasione circunstancias de impunidad.

La determinación y sanción de responsabilidades administrativas y penales son, sin duda, dos manifestaciones de la actividad punitiva del Estado, pero no obstante a lo anterior hay que reconocer que la naturaleza de una falta o infracción administrativa y de un delito son distintas.

Esta circunstancia obliga a establecer, entre el contenido de la Ley General de Responsabilidades Administrativas y lo contenido en los Títulos Décimo y Décimoprimero del Código Penal Federal, así como en las respectivas legislaciones locales sobre las mismas materias, una relación de progresión que tenga como punto de partida el reconocer que no es lo mismo una falta o infracción administrativa que un delito, toda vez que la primera deriva netamente del incumplimiento de deberes formales, la omisión de actuación administrativa, o la actuación ilegal que vulnera al interior de la administración pública los principios de legalidad, honradez, lealtad, imparcialidad y eficiencia, pero que no precisamente configura un ilícito penal; mientras que el delito tiende a proteger bienes jurídicos colectivos, siendo que sólo cuando esos bienes son lesionados y se genera una afectación real y cuantificable es cuando se está frente a una conducta que puede encuadrarse en un tipo penal establecido y vigente.

A manera de ejemplo y para ilustrar esa relación de progresión que se expresa, pueden tomarse como referencia dos figuras, el desvío de recursos y el peculado, que se enuncian prácticamente como una conducta similar, pero que precisando las distinciones en sus alcances, una pudiera considerarse como falta administrativa grave y la otra como delito, a decir:

- El desvío de recursos pudiera considerarse como el autorizar, solicitar o realizar actos para la asignación o uso de determinados recursos públicos, sean materiales, humanos o financieros, sin fundamentos jurídico, en fines que no son debidos o permitidos por la norma jurídica que regula su destino, pero que en todo caso no implica un apoderamiento para fines particulares del propio servidor público o de cualquier otra persona, por lo cual sólo implica una irregularidad, desorden o anormalidad administrativa, que debe ser sancionado para evitar prácticas que pongan en riesgo a la administración pública en el correcto manejo de los recursos públicos a su cargo u ocasionar una lesividad real y cuantificable al interés público, por lo cual sería una falta en el ámbito administrativo/disciplinario.

Un ejemplo claro de lo anterior es cuando en la administración pública se utilizan recursos públicos pertenecientes a algún fondo que por mandato de ley tiene un fin o destino específico, pero que en un momento determinado los recursos de ese fondo se aplican en rubros diversos pero que atienden necesidades inherentes a la propia administración, es decir, no para fines o beneficios particulares del servidor público o de terceros.

- Mientras que el peculado sí implica en todo caso, distraer de su objeto recursos públicos con el propósito de usarlos o apropiarse de ellos para fines particulares, ocasionando un daño real y cuantificable que atenta contra la hacienda pública, es decir, el patrimonio colectivo, razón por la cual debe ser considerado y establecido como un tipo penal.

Hacer lo antes señalado, permitiría generar disposiciones en materia de responsabilidades administrativas y penales que no se contrapongan; sino que delimiten con solidez sus ámbitos de regulación, definiéndose con precisión y claridad las obligaciones, conductas, figuras y sanciones a establecer en cada materia conforme a su naturaleza teleológica.

Se requiere entonces establecer un criterio que permita delimitar con mayor claridad esa línea delgada que divide lo administrativo de lo penal, es decir, que sólo cuando se genere una afectación al orden o interés público establecido o un beneficio real y cuantificable de parte del servidor público, se estará en presencia de un delito y de no darse este supuesto se quedaría el acto u omisión en el ámbito administrativo disciplinario, lo cual estaría ayudando a ejercer el poder punitivo del Estado en materia penal en la medida estrictamente necesaria, es decir, como última ratio.

Como bien sustentó el Pleno de la Suprema Corte de Justicia de la Nación al resolver la acción de inconstitucionalidad 51/2018 *"el principio de mínima intervención implica que el derecho penal debe ser el último recurso de la política social del Estado para la protección de los bienes jurídicos más importantes frente a los ataques más graves que puedan sufrir. De ahí que la intervención del derecho penal en la vida social debe reducirse a lo mínimo posible."*

En consecuencia, si en el régimen de responsabilidades de servidores públicos en México existe la modalidad de responsabilidad administrativa, sin duda es posible evitar una duplicidad o choque con lo penal, estableciéndose una dinámica de progresión entre las faltas que se prevean en la Ley General de Responsabilidades Administrativas y los tipos que se establezcan en el Código Penal en su apartado de delitos por hechos de corrupción y, en su caso, en los delitos cometidos por los *servidores públicos contra la administración de justicia.*

Es preciso, como argumenta Nieves Sanz Mulas, distinguir entre las ilegalidades administrativas, y las que, trascendiendo el ámbito administrativo, suponen la comisión de un delito.

Lo anterior sin duda, representa un área de oportunidad que el legislador debe considerar para generar un régimen de responsabilidades que, regulando y utilizando adecuadamente las modalidades con que cuenta, sea eficaz para perseguir el fin legítimo de proteger la actividad o funciones a cargo del Estado y para proteger los bienes jurídicos fundamentales de los ataques más graves que los dañen o pongan en peligro.

Hacerlo representa una condición indispensable para tener una legislación que tienda a ser más clara, precisa y sólida en el establecimiento del respectivo régimen o modalidad de responsabilidades administrativas y penales, en donde no se mezclen irregularidades administrativas con tipos penales de forma indiscriminada, como hoy en día acontece, sino que por al contrario prevalezca, como ya se ha comentado, una relación de progresión entre ambos ámbitos de responsabilidades.

V. CONCLUSIONES

1. La existencia de disposiciones que regulen la investigación, determinación de responsabilidades e imposición de sanciones a los empleados y funcionarios públicos en el marco jurídico mexicano, no es una inquietud reciente.
2. El marco jurídico mexicano ha procurado construir un sistema de responsabilidades en el servicio público, entre las cuales se encuentran las de naturaleza administrativa y penal.
3. Hoy en día existe un choque entre lo administrativo y lo penal en materia de responsabilidades generado por la similitud de las faltas administrativas graves cometidas por servidores públicos o particulares que prevé la Ley General de Responsabilidades Administrativas con los tipos establecidos por el Código Penal Federal en sus títulos décimo y décimo primero.
4. Es preciso tener claro que no es lo mismo una falta o infracción administrativa que un delito.
5. Si bien es una línea muy delgada que las divide, al ser ambas manifestaciones del *ius puniendi* del Estado, al ámbito administrativo le corresponde asegurar y mantener el normal funcionamiento de la administración pública y, al penal cuidar y proteger los bienes jurídicos colectivos encomendados.
6. Es posible evitar una duplicidad o choque de lo administrativo con lo penal, estableciéndose una dinámica de progresión entre las faltas que se prevean en la Ley General de Responsabilidades Administrativas y los tipos que se establezcan en el Código Penal en su apartado de delitos por hechos de corrupción y, en su caso, en los delitos cometidos por los servidores públicos contra la administración de justicia.
7. Existe un área de oportunidad que el legislador debe considerar para generar un régimen de responsabilidades que, regulando y utilizando adecuadamente las modalidades con que cuenta, sea eficaz para perseguir el fin legítimo de proteger la actividad o funciones a cargo del Estado y para proteger los bienes jurídicos fundamentales de los ataques más graves que los dañen o pongan en peligro.

VI. BIBLIOGRAFÍA

a) Libros

- Lanz Cárdenas José Trinidad, *"Las Responsabilidades en el Servicio Público: Teoría, Antecedentes y Legislación Comentada"*, Instituto Nacional de Administración Pública A.C., México, 2006.
- Olvera López Miguel Alejandro, *"La responsabilidad administrativa de los servidores públicos en México,* Serie Doctrina Jurídica, Núm. 665, Instituto de Investigaciones Jurídicas, UNAM. México, 2013.
- Constitución Política de los Estados Unidos Mexicanos de 5 de febrero de 1917, Compilación Cronológica de sus modificaciones y procesos legislativos, Poder Judicial de la Federación, México, 2017.

b) Artículos

- Ruiz Esparza Alberto Gándara, *"La indebida penalización del derecho administrativo disciplinario en el Sistema Nacional Anticorrupción"*, La Responsabilidad Administrativa en el Estado Mexicano, Tirant lo Blanch, México, 2023.
- Sanz Mulas Nieves, *"El Delito de Prevaricación Administrativa (Art. 404 CP)"*, Tratado de Responsabilidades Penales en la Administración Local, Fundación Cosital, España, 2015.

c) Leyes

- Constitución Política de los Estados Unidos Mexicanos. Decreto por el que se reforman, adicionan y derogan diversas disposiciones de la Constitución Política de los Estados Unidos Mexicanos, en materia de combate a la corrupción publicado en el Diario Oficial de la Federación el 27 de mayo de 2015.
- Ley General de Responsabilidades Administrativas publicado en el Diario Oficial de la Federación el 18 de julio de 2016.
- Ley de Fiscalización y Rendición de Cuentas de la Federación publicado en el Diario Oficial de la Federación el 18 de julio de 2016. Ley de Fiscalización Superior de la Federación publicado en el Diario Oficial de la Federación el 29 de diciembre del 2000.
- Ley Federal de Responsabilidades Administrativas de los Servidores Públicos publicado en el Diario Oficial de la Federación el 13 de marzo de 2002. Ley Federal de Responsabilidades de los Servidores Públicos publicado en el Diario Oficial de la Federación el 13 de marzo de 2002.
- Ley de Responsabilidades de los Funcionarios y Empleados de la Federación, del Distrito Federal y Territorios Federales y de los Altos Funcionarios de los Estados, publicado en el Diario Oficial de la Federación el 21 de febrero de 1940.

- Ley de Responsabilidades de los Funcionarios y Empleados de la Federación, del Distrito Federal y de los Altos Funcionarios de los Estados, publicado en el Diario Oficial de la Federación el 4 de enero de 1980.
- Ley Federal de los Trabajadores al Servicio del Estado, Reglamentaria del Apartado B) del Artículo 123 Constitucional publicado en el Diario Oficial de la Federación el 28 de diciembre de 1963.

Capítulo 6

El acta administrativa de entrega - recepción. ¿Es una verdadera rendición de cuentas?

LUCÍA ILEANA VILLALÓN TRUJILLO

Sumario: I. Introducción. II. De la rendición de cuentas en el servicio público. III. De la regulación en materia de actas de entrega - recepción. IV. De los instrumentos de rendición de cuentas. V. Conclusiones. VI. Bibliografía.

I. INTRODUCCIÓN

En México, los servidores Públicos incurren en una falta administrativa cuando "*no rinden cuentas sobre el ejercicio de sus funciones*" en términos de las normas aplicables, sin embargo, la pregunta que nos hacemos es: realmente ¿esas normas aplicables implican una verdadera rendición de cuentas? O, más bien, se trata de una entrega de despacho en el caso de las actas de entrega-recepción o de prevención de actos de corrupción, en el caso de los "instrumentos de rendición de cuentas".

En términos generales, rendir cuentas es exponer una situación, hecho o acción a una persona que tiene derecho a conocerlos. En materia civil, es el derecho que tiene el mandante frente al mandatario de que le informe su gestión, en materia mercantil en particular, por cuanto hace a los derechos de los accionistas o socios de una sociedad, es el derecho que estos tienen respecto de la actuación de los administradores, en materia administrativa y respecto del servicio público es el derecho que tienen los gobernados de conocer la situación, hecho, omisión o acción llevada a cabo por los servidores públicos en el ejercicio de su cargo, empleo o comisión.

Sin embargo, conforme a las normas aplicables a los servidores públicos pertenecientes a la Administración Pública Federal y, en particular, por cuanto hace al procedimiento de rendición de cuentas individual, la "rendición de cuentas" tiene lugar únicamente al separarse de su empleo, cargo o comisión y consiste básicamente en 1. La elaboración del acta de entrega-recepción individual de recursos presupuestarios, financieros, humanos y materiales que le fueron asignados, o bien, 2. La elaboración de un informe de gestión individual. Lo anterior, de conformidad con el nivel o grupo jerárquico al que pertenezca el servidor público.

Aparentemente y de acuerdo con la norma aplicable que fue recientemente publicada en el Diario Oficial de la Federación,[1] la rendición de cuentas que se traduce en el Acta de Entrega-Recepción o elaboración de un Informe según, sea el caso, se realiza únicamente cuando el servidor público finaliza su empleo, cargo o comisión, no antes, y tampoco establece un mecanismo y/o procedimiento de rendición de cuentas a solicitud expresa de un gobernado, o bien, respecto de un asunto. De igual manera, conforme a la normativa, la "rendición de cuentas" la realiza para el servidor público que recibe o bien para el superior jerárquico, según sea el caso, para la unidad administrativa a la cual estaba adscrito el servidor público y para el órgano fiscalizador. Por otra parte, la verificación del contenido del Acta Administrativa de Entrega Recepción Individual y del Informe de Gestión Individual correspondiente, según la norma aplicable, deberá realizarse por la persona servidora pública entrante, por el superior jerárquico o por la persona designada por este último para recibir el despacho.

Si consideramos que la rendición de cuentas por parte de los servidores públicos en lo individual es un derecho que tienen los gobernados, es decir, si los gobernados tienen derecho a que se les informe la situación, hechos, omisiones o acciones llevadas a cabo por los servidores públicos en el ejercicio de su cargo, empleo o comisión, pareciera que el procedimiento establecido en la normatividad aplicable no cubre esa expectativa, ya que dicha rendición de cuentas se queda en el ámbito de la entidad administrativa a la que perteneció el servidor público, toda vez que sin perjuicio del derecho a la trans-

---

1 Lineamientos Generales para la regulación de los procedimientos de rendición de cuentas de la Administración Pública Federal publicados en el Diario Oficial de la Federación el 11 de julio de 2023.

parencia, no existe un mecanismo que publicite de manera inmediata esta información, limitando el conocimiento a la gestión pública.

Por lo expuesto, en este trabajo se pretende hacer un análisis de la función y utilidad de las Actas de Entrega-Recepción a la luz de la rendición de cuentas derivada del Servicio Público.

II. DE LA RENDICIÓN DE CUENTAS EN EL SERVICIO PÚBLICO

En México, todo poder público dimana del pueblo y se instituye para beneficio del pueblo. Es el pueblo mexicano el que tiene en todo tiempo el inalienable derecho de alterar o modificar la forma de su gobierno.[2]

El artículo 39 de nuestra Constitución establece dos aspectos fundamentales por cuanto hace a los servidores públicos: el primero es que todos aquellos que ejercen el poder público deben ser legítimos porque cuentan con el respaldo del pueblo, ya sea a través de una elección democrática de manera directa o bien, a través del otorgamiento de un cargo, empleo o comisión por quien en última instancia fue designado de manera democrática (legitimidad de origen) y, la segunda, es que el servidor público realice sus funciones en beneficio del pueblo (legitimidad de ejercicio).

Es precisamente la legitimidad en el ejercicio de las funciones del servidor público la que da origen al derecho de solicitar la rendición de cuentas, ya que si bien es cierto como dice Luis Carlos Ugalde que: "*Todos los regímenes políticos, incluso los autoritarios y unipersonales, rinden cuentas de "algo" a "alguien" —sea un grupo de electores, en el caso de la democracia representativa, o sea un grupo de generales, notables, o la propia divinidad, tratándose de sistemas menos abiertos—.*"[3]

---

2 Artículo 39 de la Constitución Política Mexicana. - La soberanía nacional reside esencial y originariamente en el pueblo. Todo poder público dimana del pueblo y se instituye para beneficio de éste. El pueblo tiene en todo tiempo el inalienable derecho de alterar o modificar la forma de su gobierno".

3 Ugalde Luis Carlos *Rendición de cuentas y democracia. El caso de México*. Cuadernos de divulgación de la cultura democrática, INE, Edición 202 P. 22.

No es la democracia representativa el elemento central de la rendición de cuentas de los servidores públicos, sino más bien, el beneficio —o no— al pueblo que resulta precisamente del ejercicio del Poder Público.

Por lo anterior, coincidimos plenamente con la opinión de Andreas Schelder en el sentido de que "*La rendición de cuentas presupone el ejercicio del poder*"[4] y más aún, presupone la obligación de responder en caso de que dicha gestión no sea en beneficio del pueblo, así de claro lo establece nuestra Constitución, ya que el poder público debe ser utilizado en beneficio del pueblo.

En efecto, la facultad que tienen los servidores públicos de tomar o no tomar decisiones implica el derecho que tenemos como gobernados de exigir la rendición de cuentas y más aun, de atribuir responsabilidades por el ejercicio de ese poder cuando dicho ejercicio no sea en beneficio del pueblo y afecte la legalidad, honradez, lealtad, imparcialidad, eficacia y eficiencia, lo anterior, en virtud de que si bien el ejercicio del poder público encuentra su limitante en el abuso del poder, —ya sea por acción u omisión— la forma de determinar la existencia o no de algún abuso es, precisamente, a través de la rendición de cuentas.

Sin embargo, haciendo un análisis de las leyes, decretos, acuerdos, lineamientos y demás normativa emitida para la "rendición de cuentas" de los servidores públicos en lo individual, nos encontramos que hasta el día de hoy dicha normativa se encuentra orientada a regular por una parte la entrega y recepción del despacho por parte del servidor público saliente al entrante y, consecuentemente, a preservar la memoria institucional, o bien, reducir la curva de aprendizaje y, por la otra, a regular la información relativa a la evolución patrimonial de los servidores públicos, a la declaración de posibles conflictos intereses y a la presentación y pago de sus impuestos, aspectos todos ellos que no necesariamente implican la regulación de la forma y términos en que se deberá llevar a cabo el informe relativo

---

4 SHEDLER, Andreas. *¿Qué es la rendición de cuentas?* Cuadernos de Transparencia. Instituto Federal de Acceso a la Información Pública. Primera Edición, agosto de 2004.

a la actuación llevada a cabo por los servidores públicos en el ejercicio de su cargo, empleo o comisión.

En efecto, si consideramos que en materia administrativa la rendición de cuentas implica en última instancia un contrapeso al abuso del poder ya que involucra el derecho a solicitar y recibir información respecto a la gestión pública realizada (ejercicio del poder público), así como la correspondiente obligación de entregar la información requerida, el derecho a solicitar la justificación de los actos u omisiones informados así como la obligación de justificar la actuación y, en última instancia, avalar o sancionar los actos u omisiones no justificados, resulta claro que los llamados "instrumentos de rendición de cuentas",[5] los cuales se enfocan en regular la información relativa a la evolución patrimonial de los servidores públicos, a la declaración de posibles conflictos de intereses y a la presentación y pago de sus impuestos representan, en mi opinión, medidas de control para prevenir y sancionar el enriquecimiento inexplicable, el conflicto de intereses o bien, la evasión de impuestos y no una rendición de cuentas.

III. DE LA REGULACIÓN EN MATERIA DE ACTAS DE ENTREGA - RECEPCIÓN

Uno de los primeros actos y quizá el último acto que realiza un servidor público al iniciar o terminar su cargo, empleo o comisión es precisamente suscribir el acta de entrega recepción, sin embargo, por increíble que parezca, este proceso administrativo fue exigido y regulado por primera vez hace apenas 40 años.

Tanto la Constitución de 1957 como la de 1917 contienen en términos prácticamente iguales el artículo 39 que establece lo siguiente:

"Artículo 39. La soberanía nacional reside esencial y originariamente en el pueblo. Todo poder público dimana del pueblo y se instituye para beneficio

---

5 Ver Capítulo III De los instrumentos de rendición de cuentas Titulo Segundo Mecanismos de Prevención e Instrumentos de Rendición de Cuentas de la Ley General de Responsabilidades Administrativas, Artículos 26 al 48.

de este. El pueblo tiene en todo tiempo el inalienable derecho de alterar o modificar la forma de su gobierno."

Sin embargo, es hasta 1982 cuando a través de un decreto, el Presidente José López Portillo[6] emite, 8 días antes de que se termine su mandato presidencial el "*Decreto mediante el cual se ordena que los titulares de las Dependencias y Entidades de la Administración Pública Federal y los funcionarios en ejercicio de facultades delegadas deberá elaborar un informe de los asuntos que de su competencia se encuentren en trámite, a fin de que sea entregado a quien lo sustituya en el cargo."*[7]

Menciona dicho Decreto en los considerandos "*Que la responsabilidad asignada…adquiere especial relevancia, dado el carácter de intermediarios de los requerimientos de la población, obligándolos en esta medida no solo a actuar con eficacia y eficiencia, conforme a la legislación, si no también a rendir cuenta detallada al término de su gestión respecto de la cual no puede ni debe entenderse relevado hasta en tanto se acepte su renuncia y justifique el cumplimiento de los objetivos, así como el correcto destino de los medios y los recursos bajo su administración*"[8]

En efecto, el citado Decreto establecía por primera vez en la historia de México la obligación de los Titulares de las Dependencias y Entidades de la Administración Pública Federal y funcionarios en ejercicio de facultades delegadas a elaborar un informe de los asuntos de su competencia que se encuentren en trámite, sin que abarcara asuntos que hubiera concluido y que de alguna manera fueran relevantes para la "población".

---

6 José López Portillo fue presidente Constitucional del 1 de diciembre de 1986 al 30 de noviembre de 1982, acuño la frase "Defendamos nuestro peso, Esa es la estructura que conviene al país. Esa es la estructura a la que me he comprometido a defender como perro" cuando salió ante los medios a dar declaraciones acerca de la caída del precio del Petróleo el 17 de agosto de 1981 y anunció la nacionalización de la Banca el 1 de septiembre de 1982 mencionando: "es ahora o nunca. México no se ha acabado. ¡No nos volverán a saquear!".

7 Publicado en el Diario Oficial de la Federación el 22 de noviembre de 1982.

8 Párrafos primero y segundo de los considerandos del Decreto mediante el cual se ordena que los titulares de las Dependencias y Entidades de la Administración Pública Federal y los funcionarios en ejercicio de facultades delegadas deberá elaborar un informe de los a asuntos que de su competencia se encuentren en trámite, a fin de que sea entregado a quien lo sustituya en el cargo.

Por otra parte, el decreto establecía que dicho informe sería entregado a la persona que sustituyera en el cargo al servidor público obligado a través de un acta de entrega y recepción que describiera de manera general el estado que guardara la Dependencia, la cual debía contener los elementos que fueran señalados por la entonces Secretaría de Programación y Presupuesto.[9]

En este sentido, la normativa en comento regulaba una mecánica de transmisión de conocimientos ordenada ante el inminente cambio de administración gubernamental.

Posteriormente, tres meses antes de que finalizara su mandato el Presidente Miguel de la Madrid, emitió el *"Decreto por el que los titulares de las dependencia y entidades de la Administración Pública Federal y servidores públicos hasta el nivel de director general en el sector centralizado o su equivalente en el sector paraestatal, deberán rendir al separarse de sus empleos, cargos o comisiones un informe de los asuntos de sus competencia y entregar los recursos financieros, humanos y materiales que tengan asignados para el ejercicio de sus atribuciones legales a quienes los sustituyan en sus funciones".*[10]

La intención del citado informe tenía por objeto garantizar la preservación de los documentos, valores, programas estudios y proyectos existentes, así como comprobar el resultado de los objetivos trazados y el correcto destino de los medios y recursos bajo la administración de los titulares, para que las personas que los sustituyan cuenten con los elementos necesarios que les permitan cumplir cabalmente con sus tareas y compromisos.

Por su parte, el Acuerdo emitido por la entonces Contraloría General de la Federación[11] estableció de manera más detallada y puntual

---

9 Acuerdo mediante el cual se comunican las disposiciones que se aplicaran en la entrega del despacho a cargo de los titulares de las Dependencia y Entidades de la Administración Pública Federal (en adelante APF) y los funcionarios en ejercicio de facultades delegadas, a partir del nivel jerárquico correspondiente al Director General, Gerente o su equipo Publicado en el Diario Oficial de la Federación el 24 de noviembre de 1982.

10 Publicado en el Diario Oficial de la Federación el 2 de septiembre de 1988.

11 Acuerdo mediante el cual se establecen las disposiciones que se aplicarán en la entrega y recepción del despacho de los asuntos a cargo de los titulares de la dependencias y entidades de la Administración Pública Federal y de los servidores

la forma y términos en que se debía rendir un informe por escrito de los asuntos de su competencia y entregar los recursos financieros, humanos y materiales asignados al separarse de su cargo empleo o comisión a la persona que lo sustituya.

Es importante mencionar que la finalidad de la normatividad en comento era regular la entrega de recursos asignados al servidor público que sustituye en el cargo, situación que sin duda contribuye a un mejor ejercicio del poder público pero que de ninguna manera puede entenderse como una rendición de cuentas.

17 años después, el 14 de septiembre de 2005 al final del su mandato, el presidente Vicente Fox Quezada emitió el "*Decreto para realizar la entrega-recepción del informe de los asuntos a cargo de los servidores públicos y de los recursos que tengan asignados al momento de separarse de su empleo, cargo comisión.*"[12]

El citado decreto es claro en su objetivo, el cual radica en garantizar la continuidad en la prestación de los servicios públicos y el aprovechamiento de los recursos financieros, humanos y materiales como se describe en el párrafo tercero de los Considerandos "*...para transparentar el uso y aplicación de los recursos federales de que disponen los titulares de las dependencias y entidades de la Administración Pública Federal, así como los servidores públicos en el desempeño de sus funciones, es necesario que los mismos rindan un informe de los asuntos a su cargo y del estado que guardan y formalicen la entrega-recepción de los recursos públicos que tuvieren asignados al separarse de sus empleos, cargos o comisiones, con el objeto de que los servidores públicos que los sustituyan en sus obligaciones, cuenten con los elementos necesarios que les permitan cumplir con las tareas y compromisos inherentes al desempeño de su función*".

En julio de 2017, nuevamente al final de su mandato y teniendo como sustento el Plan Nacional de Desarrollo 2013-2018, el cual, a través del "Programa para un Gobierno Cercano y Moderno 2013-2018" que tenía por objetivo impulsar un Gobierno abierto que "fomente la rendición de cuentas en la Administración Pública Federal" y la creación del llamado Sistema Nacional Anticorrupción, el presi-

públicos hasta nivel de director general en el sector centralizado, gerente o sus equivalentes en el sector paraestatal.

12 Publicado en el Diario Oficial de la Federación el 14 de septiembre de 2005.

dente Enrique Peña Nieto emitió el *"ACUERDO por el que se establecen las bases generales para la rendición de cuentas de la Administración Pública Federal y para realizar la entrega-recepción de los asuntos a cargo de los servidores públicos y de los recursos que tengan asignados al momento de separarse de su empleo, cargo o comisión"*[13].

El citado ACUERDO planteó con mayor exactitud, en mi opinión, una estrategia de rendición de cuentas "de la gestión gubernamental", diferenciándola de la actividad de entrega recepción individual. Es decir, por una parte determina la obligación de elaborar informes que muestren datos indicativos respecto el resultado, logro o grado de cumplimiento de objetivos en la ejecución de programas, proyectos y estrategias y, por otra, establece el procedimiento de entrega recepción de recursos e información por parte de los servidores públicos en lo individual, sin mencionar que se trata de una rendición de cuentas individual, lo cual es correcto.

De hecho, los Lineamientos Generales[14] que emanaron del mencionado Acuerdo definen, por primera vez, el término Acta Administrativa de Entrega-Recepción como "*El documento que debe presentar el servidor público que concluye un empleo, cargo o comisión, <u>en el que se hace constar la entrega-recepción de los recursos asignados</u>, <u>los asuntos a su cargo y el estado que guardan; así como la información documental</u> que tenga a su disposición de manera directa, junto con sus anexos respectivos, <u>a quien legalmente deba sustituirlo o a quién su superior jerárquico designe</u>; con la intervención del Órgano Interno de Control o la Auditoría Interna de las empresas productivas del Estado y de testigos de asistencia, para su validación*". Situación acorde a la naturaleza jurídica del acto regulado ya que como vemos, tratándose de servidores públicos en lo individual, al estar obligados a entregar los recursos humanos, materiales y financieros a las personas que los sustituyan y rendir un informe del estado que guardan las cosas no puede considerarse una rendición de cuentas, sino una entrega de despacho.

---

13 Publicado en el Diario Oficial de la Federación el 6 de julio de 2017.

14 Lineamientos Generales para la regulación de los procesos de entrega-recepción y de rendición de cuentas de la Administración Pública Federal Publicados en el Diario Oficial de la Federación el 24 de julio de 2017.

No obstante la claridad obtenida con las normas a que se ha hecho referencia, el pasado 5 de junio de 2023 el Presidente Andrés Manuel López Obrador publicó el "*ACUERDO por el que se establecen las bases generales para los procedimientos de rendición de cuentas, individuales e institucionales de la Administración Pública Federal*", las cuales regulan el procedimiento de rendición de cuentas institucional al término de cada administración gubernamental y el procedimiento de rendición de cuentas individual, de las personas servidoras publicas al momento de separarse de su empleo, cargo o comisión.

La normativa recién emitida si bien abona en la transparencia y rendición de cuentas en la gestión gubernamental a nivel institucional, incurre nuevamente en el error que se venía cometiendo de confundir la entrega del despacho al sucesor o a quien el superior jerárquico designe y lo profundiza al regular "un procedimiento de rendición de cuentas" consistente en la formalización de un acta administrativa de entrega-recepción de recursos presupuestarios, financieros, humanos y materiales e informe de asuntos a su cargo,[15] o bien, un informe de gestión individual con una relación de asuntos según el nivel del servidor público de que se trate.

IV. DE LOS INSTRUMENTOS DE RENDICIÓN DE CUENTAS

En 2017 fue publicada la Ley General de Responsabilidades Administrativas, misma que si bien establece diversos principios y directrices del actuar de los servidores públicos, regula los llamados "*instrumentos de rendición de cuentas*",[16] los cuales se enfocan en regular

15 Artículos Décimo Tercero y Décimo Cuarto del ACUERDO por el que se establecen las bases generales para los procedimientos de rendición de cuentas, individuales e institucionales de la Administración Pública Federal", las cuales regulan el procedimiento de rendición de cuentas institucional al término de cada administración gubernamental y el procedimiento de rendición de cuentas individual, de las personas servidoras públicas al momento de separarse de su empleo, cargo o comisión.

16 Ver Capítulo III De los instrumentos de rendición de cuentas Titulo Segundo Mecanismos de Prevención e Instrumentos de Rendición de Cuentas de la Ley General de Responsabilidades Administrativas, Artículos 26 al 48.

la información relativa a la evolución patrimonial de los servidores públicos, a la declaración de posibles conflictos de intereses y a la presentación y pago de sus impuestos lo cual, en mi opinión, no implica la regulación de la forma y términos en que se deberá llevar a cabo el informe relativo a la actuación llevada a cabo por los servidores públicos en el ejercicio de su cargo, empleo o comisión.

Por último, considerando que los servidores públicos incurrirán en falta administrativa NO GRAVE cuando incumplan o transgredan con la obligación que tienen de rendir cuentas de acuerdo con la normatividad aplicable,[17] resulta claro que la normatividad aplicable en México no está diseñada para informar de manera clara, comprensible, concluyente y comprobable la gestión pública de los servidores públicos, es decir, para rendir cuentas, sino que está diseñada para:

1. La continuidad de la función pública del uso y aprovechamiento de los recursos públicos.
2. Prevenir el enriquecimiento inexplicable de los servidores públicos.
3. Prevenir que estos antepongan sus intereses personales a los de los gobernados.
4. Prevenir que no paguen impuestos.

V. CONCLUSIONES

Si consideramos que en materia administrativa la rendición de cuentas implica en última instancia el derecho a solicitar y recibir información respecto la gestión pública realizada, a solicitar la justificación de los actos u omisiones informados y, finalmente, avalar o sancionar los actos u omisiones no justificados, pareciera que los instrumentos de rendición de cuentas previstos en nuestra legislación resultan insuficientes ya que la entrega de los recursos asignados,

---

17 Ver Artículo 49. Incurrirá en Falta administrativa no grave el servidor público cuyos actos u omisiones incumplan o transgredan lo contenido en las obligaciones siguientes: VII. Rendir cuentas sobre el ejercicio de las funciones, en términos de las normas aplicables; Ley General de Responsabilidades Administrativas.

información documental, así como de los asuntos, y el estado que guardan, a quien legalmente deba sustituir al servidor público respectivo o al superior jerárquico, es precisamente eso, una entrega de despacho y no una rendición de cuentas.

Entonces, ¿cómo exigir la rendición de cuentas de los servidores públicos en lo individual si no tenemos conceptos claros respecto los "instrumentos de rendición de cuentas"?, lo anterior, en virtud de que la rendición de cuentas no consiste simplemente en exhibir y relacionar diversa información y entregarla al sustituto, sino en elaborar una exposición ordenada, clara, comprensible, concluyente y comprobable de las acciones efectuadas por el servidor público durante el desempeño de su cargo, empleo o comisión.

En efecto, como podemos observar, en los últimos años nuestro país ha avanzado mucho en materia de transparencia de información y de rendición de cuentas integral, pero ¿qué pasa cuando el servidor público encargado de tomar una decisión en beneficio del Pueblo, como lo es por ejemplo, el uso obligatorio de cubrebocas ante una pandemia, no lo hace a tiempo? Ni el acta de entrega-recepción, ni los instrumentos de rendición de cuentas resultan suficientes para justificar su actuación.

Por lo que, se debe continuar trabajando en la mecánica de rendición de cuentas individual, que nos permita a los gobernados determinar el beneficio al pueblo en la toma de decisiones de aquéllos que ejercen el poder público. Hacer pública y accesible la herramienta tecnológica que hoy en día automatiza los procedimientos de entrega-recepción individuales y, por ende, el repositorio de las actas-entrega de la Administración Pública Federal abona en la transparencia del ejercicio del poder público.

VI. BIBLIOGRAFÍA

- Cejudo Ramírez Guillermo Miguel y Ríos Cazarez, Alejandra. *La rendición de cuentas de los gobiernos estatales en México,* CIDE, División Administrativa, Colección Documento de trabajo, 2009
- López, Ayón Sergio y Merino Mauricio. *La rendición de cuentas en México Perspectivas y Retos,* Instituto de Investigaciones Jurídicas de la UNAM

- Shedler, Andreas. *¿Qué es la rendición de cuentas?*, Cuadernos de Transparencia. Instituto Federal de Acceso a la Información Pública. Primera Edición, agosto de 2004.
- Ugalde Luis Carlos. *Rendición de cuentas y democracia. El caso de México.* Cuadernos de divulgación de la cultura democrática, INE, Edición 2022.

Capítulo 7

Procedimiento administrativo sancionador en materia financiera

SILVIA EUGENIA ROCHA TORRES

Sumario: I. Introducción. II. Procedimiento administrativo sancionador. III. Fase del procedimiento administrativo sancionador. Instrucción. IV. Fase del procedimiento administrativo sancionador. Resolución. V. Fase del procedimiento administrativo sancionador. Ejecución. VI. Conclusiones. VII. Bibliografía.

I. INTRODUCCIÓN

En el estudio del derecho financiero en México, en sus divisiones público (en beneficio de la colectividad), privado (con fines de lucro) y social (sin fines de lucro) y entendido como el conjunto de normas jurídicas aplicables a la actividad financiera, que considera las diversas autoridades, sus participantes y sus usuarios, las relaciones entre los mismos, así como la regulación, constitución, autorización, operación, supervisión y sanción de sus participantes en el ámbito financiero, uno de los temas menos desarrollados ha sido el del procedimiento administrativo sancionador en materia financiera.

Entre las actividades que desarrollan las autoridades financieras dentro del sistema financiero mexicano destacan las supervisión y sanción, esta última completa todo el círculo de la autoridad y constituye la manera de defender la integridad del sistema financiero en contra de las actividades que pudieran desestabilizarlo.

En el caso de México, las autoridades financieras que actúan dentro del sistema financiero mexicano, a saber: Secretaría de Hacienda y Crédito Público (SHCP), dependencia del Ejecutivo Federal que regula y supervisa el sistema financiero mexicano; Banco de México, organismo constitucional autónomo defensor del poder adquisitivo de la moneda; Comisión Nacional de la Defensa de los Usuarios de Servicios Financieros, organismo descentralizado del gobierno federal orientador y defensor de los usuarios; Instituto Bancario de

Protección al Ahorro, organismo descentralizado del gobierno federal, participante en procesos de liquidación bancaria y seguro de depósito; Comisión Nacional Bancaria y de Valores (CNBV), órgano desconcentrado de la SHCP encargado de los sectores bancario, no bancario, bursátil, organizaciones auxiliares del crédito y tecnología financiera; Comisión Nacional de Seguros y Fianzas (CNSF), órgano desconcentrado de la SHCP encargado de los sectores de seguros y fianzas y Comisión de Ahorro para el Retiro (CONSAR), órgano desconcentrado de la SHCP, encargado de los administradoras de fondos para el retiro, tienen todas facultades específicas en materia sancionatoria.

En realidad, no existe una definición en la normatividad de lo que se entiende por sistema financiero mexicano, más bien lo que tenemos es el detalle de las entidades financieras que lo integran. Una definición doctrinal que podemos considerar de sistema financiero es:

"El conjunto de autoridades que lo regulan y supervisan; entidades financieras que intervienen generando, captando, administrando, orientando y dirigiendo tanto el ahorro como la inversión; instituciones de servicios complementarios, auxiliares o de apoyo a dichas entidades; de agrupaciones financieras que prestan servicios integrados; así como otras entidades que limitan sus actividades a información sobre operaciones activas o prestan servicios bancarios con residentes en el extranjero".[1]

En este sentido, el sistema financiero mexicano incluye autoridades, entidades y usuarios. Las entidades financieras según señala la Ley para Regular las Instituciones de Tecnología Financiera de 2018, la última de las leyes financieras que ha sido emitida, se consideran como:

"Entidades Financieras, a las sociedades controladoras y subcontroladoras de grupos de fondos de inversión, sociedades distribuidoras de acciones de fondos de inversión, uniones de crédito, organizaciones auxiliares del crédito, casas de cambio, sociedades financieras de objeto múltiple, sociedades financieras populares, sociedades financieras comunitarias con niveles de operaciones I a IV, organismos de integración financiera rural, sociedades cooperativas de

---

1 De la Fuente Rodríguez, Jesús, *Tratado de Derecho Bancario y Bursátil*, tomo 1, 6ª edición, Porrúa, México, 2010, pp. 83

ahorro y préstamo con niveles de operación I a IV, instituciones para el depósito de valores, contrapartes centrales de valores, instituciones calificadoras de valores, sociedades de información crediticia, instituciones de seguros, instituciones de fianzas, sociedades mutualistas de seguros, administradoras de fondos para el retiro, así como otras instituciones y fideicomisos públicos que realicen actividades respecto de las cuales la CNBV, la CNSF o la CONSAR ejerzan facultades de supervisión;".[2]

En la regulación específica de todo este universo de entidades financieras, vamos a encontrar un apartado que aborda en particular el tema de las sanciones, en donde las autoridades tienen facultades para aplicarlas a entidades financieras a través de un procedimiento administrativo específico, en beneficio del funcionamiento del sistema financiero y sus usuarios. En este sentido, la autoridad financiera ejerce su potestad disciplinaria con el fin de restaurar el orden financiero.

II. PROCEDIMIENTO ADMINISTRATIVO SANCIONADOR

El derecho administrativo sancionador puede ser considerado como un conjunto de normas jurídicas que ordenan la potestad sancionadora del Estado para dar seguridad jurídica al gobernado. En particular, Góngora Pimentel señala que este tipo de derecho "*estudia lo relativo a la potestad sancionadora de la administración que implica la acción punitiva del Estado (ius puniendi)".*[3]

El derecho administrativo sancionador encuentra su origen en el *ius puniendi* del Estado, es decir, en la facultad potestativa del Estado para castigar incumplimiento a las leyes dictadas por una autoridad administrativa. Se define como "*la competencia otorgada a sus órganos por un ordenamiento jurídico para imponer sanciones a las acciones y omisio-*

---

2 Artículo 4º, fracción XII de la Ley para Regular las Instituciones de Tecnología Financiera. https://www.diputados.gob.mx/LeyesBiblio/pdf/LRITF.pdf

3 Góngora Pimentel, Genaro David, *El reconocimiento del derecho administrativo sancionador en la jurisprudencia mexicana*, en Biblioteca Jurídica Virtual del Instituto de Investigaciones Jurídicas de la UNAM, [en línea], https://archivos.juridicas.unam.mx/www/bjv/libros/6/2564/17.pdf, p. 257 [consulta 18 de noviembre de 2023].

nes antijurídicas, con el objeto de mantener el orden público, el Estado de derecho y garantizar a la sociedad el desarrollo correcto y normal de las actividades reguladas y protegidas por las leyes administrativas".[4] Dicha definición contiene elementos esenciales que caracterizan al derecho administrativo sancionador, como son:

- Debe realizarse por órganos considerados competentes para aplicar la sanción.
- Facultad para sancionar debe estar prevista en un ordenamiento jurídico.
- Tiene por objeto procurar el orden público y el Estado de derecho.
- Garantiza el desarrollo correcto y normal de las actividades reguladas y protegidas por las leyes.

El procedimiento administrativo es en realidad la forma en la que se conducen los órganos administrativos según su alcance y competencia produciendo actos administrativos.

El procedimiento administrativo en México a nivel federal está regulado en su propia Ley, es decir, la Ley Federal de Procedimiento Administrativo publicada en el Diario Oficial de la Federación el 4 de agosto de 1994, cuya aplicación es sobre los actos, procedimientos y, las resoluciones de la Administración Pública Federal respecto de los actos de autoridad, así como los servicios que el Estado preste de forma exclusiva.

El procedimiento administrativo es entonces el que se efectúa entre la autoridad y el gobernado, en donde la autoridad tiene la facultad de actuar como juez y parte dentro del mismo y antes de emitir una resolución debe examinar, recibir y valorar los alegatos y/o pruebas. Para los efectos de la aplicación del procedimiento administrativo, en el ámbito financiero le es aplicable el título tercero, apartado A de la Ley Federal de Procedimiento Administrativo, según el artículo primero de la propia ley.

La Suprema Corte de Justicia de la Nación definió el procedimiento administrativo sancionador, como: *"el conjunto de actos o for-*

---

[4] Velázquez Tolsá, Francisco Eduardo, *Derecho Administrativo Sancionador Mexicano*, Bosch, México, p. 39.

malidades concatenados entre sí en forma de juicio realizados por autoridad competente, con el objeto de conocer irregularidades o faltas, ya sean de servidores públicos o de particulares y cuya finalidad, en todo caso, será imponer alguna sanción."[5]

En este contexto, el objetivo principal del procedimiento administrativo sancionador es identificar y sancionar las conductas que se pudieran considerar contrarias a las leyes y normas aplicables. Este procedimiento requiere incluir una inspección y una recopilación de pruebas, así como el respeto a los principios de legalidad y justicia para asegurar la oportunidad de defensa y el debido proceso.

El derecho sancionador puede abordarse desde el ámbito administrativo y el ámbito penal, por lo que muchas veces genera gran confusión, por este motivo hay que dejar en claro que las sanciones en el ámbito administrativo no se generan de un acto delictivo.

El Diccionario Panhispánico del Español Jurídico indica que el procedimiento administrativo sancionador es el *"conjunto de trámites ordenados que la Administración ha de realizar en el ejercicio de su potestad sancionadora con el fin de garantizar los derechos de defensa del acusado y el acierto de su decisión"*.[6]

En el caso específico de México, tenemos diversas leyes financieras especializadas que regulan el derecho administrativo sancionador, que establecen un régimen especial para regular las sanciones para quienes se colocan en supuestos de incumplimiento de esas disposiciones. Se encuentran secciones precisas para sanciones en la Ley de Instituciones de Crédito, la Ley del Mercado de Valores, la Ley de Ahorro y Crédito Popular, la Ley de Instituciones de Seguros y Fianzas, la Ley de los Sistemas de Ahorro para el Retiro, entre otras, aplicables para el ámbito financiero y, en el caso de que no exista un procedimiento especial o, se presenten situaciones no contempladas

---

5 Registro digital: 31647, Semanario Judicial de la Federación, disponible en: https://sjfsemanal.scjn.gob.mx/detalle/ejecutoria/31647 consultado el 25 de noviembre de 2023 a las 12:40 pm.

6 Diccionario Panhispánico del Español, *Procedimiento administrativo sancionador*, 2023 [en línea], https://dpej.rae.es/lema/procedimiento-administrativo-sancionador [consulta: 2 de noviembre de 2023]

por esa ley especial, tendría que aplicarse supletoriamente la Ley Federal de Procedimiento Administrativo.[7]

El derecho administrativo sancionador parte del supuesto de que existen principios y valores consagrados en el marco jurídico financiero que resulta vital conservar, como son la preservación de la integridad y estabilidad del sistema financiero, la promoción a la competencia, la protección al consumidor, la prevención de operaciones ilícitas, la transparencia, entre otros, y si se dan situaciones que pongan en riesgo los mismos es necesario sancionar para inhibir las conductas.

La aplicación del procedimiento administrativo sancionador es uno de los ejemplos más claros de la utilización de normas de derecho público, específicamente administrativas, en actividades financieras. Es donde realmente se ve el imperio del Estado en el ejercicio de sus funciones sobre todo de supervisión. La sanción puede ir desde una simple amonestación hasta la mayor de las sanciones que es la revocación de las autorizaciones o, en su caso de la concesión otorgada, por un incumplimiento grave al marco legal.

Tradicionalmente, el procedimiento administrativo sancionador se lleva por escrito, se inicia con una investigación y culmina con la imposición de sanciones a personas físicas o morales, que al haber realizado una infracción al marco legal, se han colocado en situaciones constitutivas de sanciones.

---

[7] Ley Federal de Procedimiento Administrativo. "Artículo 1.- Las disposiciones de esta ley son de orden e interés públicos, y se aplicarán a los actos, procedimientos y resoluciones de la Administración Pública Federal centralizada, sin perjuicio de lo dispuesto en los Tratados Internacionales de los que México sea parte.- El presente ordenamiento también se aplicará a los organismos descentralizados de la administración pública federal paraestatal respecto a sus actos de autoridad, a los servicios que el estado preste de manera exclusiva, y a los contratos que los particulares sólo puedan celebrar con el mismo.- Este ordenamiento no será aplicable a las materias de carácter fiscal, responsabilidades de los servidores públicos, justicia agraria y laboral, ni al ministerio público en ejercicio de sus funciones constitucionales.- En relación con las materias de competencia económica, prácticas desleales de comercio internacional y financiera, únicamente les será aplicable el título tercero A." https://www.diputados.gob.mx/LeyesBiblio/pdf/112_180518.pdf

El procedimiento administrativo sancionador se rige por diversos principios, emanados del derecho penal, entre los que destacan el de legalidad (fundamentación y motivación), tipicidad (conductas previamente definidas en ley para ser sancionadas), presunción de inocencia (trato como inocente hasta que no se demuestre lo contrario), debido proceso (requisitos que se tienen que seguir en los procedimientos para que imponga una sanción), proporcionalidad (infracciones leves, graves y muy graves, así como consideración de atenuantes o agravantes) y responsabilidad (que puede ser de las personas físicas y/o de las personas morales), entre otros.

En el caso de que existan infracciones tipificadas por el derecho penal y el administrativo, tiene prioridad el derecho penal, ya que la normatividad establece que ninguna persona puede ser castigada dos veces por el mismo delito. Una vez declarada la sentencia en el ámbito penal puede darse una condena que incluya la infracción administrativa, una absolución total o una absolución que determina no hay delito y se puede iniciar el procedimiento administrativo sancionador.

El procedimiento administrativo sancionador puede iniciarse ya sea porque la autoridad lo decida, un órgano superior se lo requiera, otra autoridad pida su cooperación o reciba una denuncia. En este contexto, resulta importante tomar en cuenta que no exista una caducidad, que generalmente son 5 años, plazo que tiene la autoridad para iniciar el procedimiento administrativo sancionador, contado a partir del día hábil siguiente a aquel en que se realizó la conducta o se actualizó el supuesto de infracción.

Las fases del procedimiento administrativo sancionador pueden variar según la regulación financiera específica, pero cuenta con fases generales que parte de una serie de actos procedimentales y tienen como finalidad acreditar la infracción; acreditar la responsabilidad de la persona involucrada e imponer las sanciones.

III. FASE DEL PROCEDIMIENTO ADMINISTRATIVO SANCIONADOR. INSTRUCCIÓN

La etapa de instrucción es donde la autoridad tiene como objetivo buscar pruebas y elementos para determinar la existencia o no de la infracción, así como precisar la identidad y la responsabilidad del presunto infractor.

El procedimiento administrativo sancionador se puede considerar iniciado con la detección de la infracción por parte de la autoridad y su notificación al presunto infractor.

La detección de una infracción en el ámbito financiero puede ocurrir de diversas formas y constituir el punto de partida para el inicio de un procedimiento administrativo sancionador, por ejemplo: denuncias y quejas presentadas por personas o entidades que tengan conocimiento de irregularidades financieras; auditorías internas que ayuden a asegurarse del cumplimiento o incumplimiento de la normatividad; auditorías regulatorias por parte de las autoridades para evaluar cumplimiento normativo y su solidez financiera; investigaciones internas cuando hay sospecha o conocimiento de posibles infracciones; operaciones sospechosas en el ámbito de la prevención del lavado de dinero; informes de terceros de los que se desprendan irregularidades; análisis de datos a través de uso de tecnología o utilización de información pública, entre otros.

En el ámbito financiero, dada la complejidad y especialidad de la normatividad, es indispensable que tanto las autoridades en la integración de los casos que puedan desencadenar procedimientos de presunta responsabilidad como los integrantes del sistema financiero, conozcan las particularidades de la normatividad para que los expedientes se integren adecuadamente si es que hay infracciones y los jugadores del sistema financiero, no incurran en actividades que puedan desencadenar sanciones.

La notificación de la presunta infracción se realiza a través de una comunicación escrita emitida por la autoridad, que según lo que establezca la normatividad respectiva, puede ser entregada personalmente, enviada por correo certificado o notificada electrónicamente y la autoridad debe cerciorarse de que realmente la notificación se realiza correctamente para que la misma tenga validez. La manera de comunicarse entre la autoridad y el presunto infractor durante el procedimiento administrativo sancionador es muy importante, ya que puede ser un elemento fundamental para que el procedimiento avance.

La comunicación al presunto infractor debe tener una descripción clara y detallada de las infracciones, con una referencia precisa a la normatividad aplicable, precisión del tiempo en el que se dieron las infracciones, las circunstancias y hechos que dieron lugar a la presunta infracción, así como la evidencia o prueba si se tiene en ese momento y las sanciones a las que se haría acreedor el presunto infractor de ser encontrado responsable.

La normatividad financiera fue construida considerando las formas tradicionales de notificación, con la época de la pandemia (aproximadamente 2020 a 2023) surgieron acuerdos administrativos que incluyeron mecánicas de notificación por correo electrónico, sin embargo, en el caso de las sanciones la tendencia ha sido no utilizar esta forma de notificación para no comprometer la validez de las notificaciones ante algún juez que considere no se han seguido los pasos adecuados.

El presunto infractor tiene el derecho fundamental a la defensa y a ser escuchado en el procedimiento administrativo sancionador, esto es, mostrar su versión de los hechos, por lo que se le concede un plazo para que presente argumentos en su defensa (contestación de la notificación y alegatos) y ofrezca pruebas, que pueden incluir la presentación de documentos, testimonios y cualquier otra evidencia que respalde su posición, además de que tiene derecho a acceder a la información que está siendo utilizada para determinar su presunta responsabilidad y a que sus datos personales estén protegidos.

La autoridad debe haber realizado también actividades de investigación para contar con pruebas que respalden los cargos presentados como puede ser recopilación de evidencias, entrevistas, revisiones de documentos, resultados de auditorías o análisis de información y registros financieros o de fuentes externas, así como cooperación de otras autoridades, que le permita evaluar la gravedad de la infracción y la graduación que le deben dar a la sanción.

Desde el punto de vista de la autoridad es importante que se cuente con una óptica legal desde la integración del expediente por el área supervisora, si es que el asunto se deriva de actividades de supervisión, ya que si el expediente no está bien integrado se corre el riesgo que cuando llegue al área de sanciones no se cuenten con los elementos suficientes para iniciar el procedimiento administrativo sancionatorio.

IV. FASE DEL PROCEDIMIENTO ADMINISTRATIVO SANCIONADOR. RESOLUCIÓN

En la etapa de resolución la autoridad emite una resolución que debe ser fundada (con la identificación precisa de la normatividad) y motivada (precisión de las circunstancias de tiempo, modo y lugar que dieron lugar a la infracción con un razonamiento lógico-jurídico), en la que declara si existe o no la infracción. También incluye un resumen de los antecedentes, la sanción que corresponda y el plazo para cumplirla o, en su caso, el sobreseimiento del procedimiento si se encontró una causal para el mismo.

La resolución puede contener medidas preventivas y/o correctivas además de la propia sanción y debe notificarse al infractor y a los terceros interesados, así como contener los recursos que procedan contra dicha resolución. También debe hacer referencia a la protección de los datos personales y a la posibilidad si lo contempla la normatividad de que se publicite la sanción.

La sanción puede variar según la gravedad de la infracción y las leyes y regulaciones aplicables, e incluir desde multas, suspensión de licencias o actividades, publicación de la sanción hasta revocación de autorizaciones, entre otras medidas.

La sanción es el efecto jurídico del incumplimiento de un deber del obligado y su aplicación busca mantener la observancia de las normas jurídicas, reponer el orden jurídico violado y reprimir las conductas contrarias al mismo. Una sanción es un acto administrativo mediante el cual la autoridad ejercita legalmente su poder sobre un gobernado que se negó a obedecer de forma voluntaria las normas jurídicas.

La notificación de la sanción debe contener su cuantía (si hay multas), medidas correctivas en su caso, el plazo de cumplimiento y la manera de hacerlo.

Es importante que la normatividad considere el plazo que tiene la autoridad para emitir la resolución. En reconocimiento de esta situación, se publicaron en enero de 2024 modificaciones a diversas leyes financieras, entre otros aspectos, para contemplar la previsión de plazos específicos para emitir y notificar resoluciones en el procedimiento administrativo sancionador, ya que por ejemplo, en el caso de la CONDUSEF no se establecía de manera clara y precisa el plazo máximo para que dictará y notificará la resolución del procedimiento administrativo sancionador y ya había recibido fallos en su contra.[8]

Las autoridades financieras que tienen la facultad de sancionar para ser más eficientes, se han organizado para que las sanciones de mayor monto sean decididas por sus órganos de gobierno supremos, mientras que las de menor cuantía, mediante acuerdo administrativo publicado en el Diario Oficial de la Federación, puedan ser deter-

---

8 Diario Oficial de la Federación de 24 de enero de 2024, edición matutina. https://www.dof.gob.mx/index.php?year=2024&month=01&day=24&edicion=MAT#gsc.tab=0
Esta reforma incluyó cambios a la Ley de Transparencia y Ordenamiento de los Servicios Financieros (notificaciones del Banco de México, firma electrónica y procedimientos administrativos sancionadores); Ley de Protección y Defensa al Usuario de Servicios Financieros (notificaciones electrónicas y sanciones administrativas); Ley de Instituciones de Crédito (mejorar los procedimientos administrativos y claridad en revocación de concesiones y sanciones administrativas); Ley del Mercado de Valores (procedimientos administrativos para revocación de concesiones y autorizaciones y sanciones); Ley para Regular las Agrupaciones Financieras (procedimientos administrativos sancionadores y revocación de autorizaciones para sociedades controladoras); Ley General de Organizaciones y Actividades Auxiliares del Crédito (derechos de audiencia, procedimientos de revocación de autorizaciones y sanciones administrativas); Ley para Regular las Sociedades de Información Crediticia (ajustar procedimientos de revocación de autorizaciones y sanciones administrativas); Ley de Fondos de Inversión (procedimientos de supervisión, revocación de concesiones y sanciones administrativas); Ley de Ahorro y Crédito Popular (derechos de audiencia y procedimientos administrativos para revocación de autorizaciones y sanciones); Ley para Regular las Actividades de las Sociedades Cooperativas de Ahorro y Préstamo (procedimientos de revocación y sanciones administrativas); Ley de Uniones de Crédito (procedimientos administrativos sancionadores y de revocación); Ley para Regular a las Instituciones de Tecnología Financiera (procedimientos de revocación y sanciones administrativas); Ley de Instituciones de Seguros y Fianzas (procedimientos para revocación de autorizaciones y sanciones administrativas), así como Ley de los Sistemas de Ahorro para el Retiro (procedimientos administrativos sancionadores y de revocación de concesiones).

minadas por unidades administrativas inferiores, como Direcciones Generales.

El presunto infractor tiene el derecho de apelar la decisión y la sanción impuesta ante una instancia superior, según lo establecido por la ley y dentro de un plazo específico. El proceso de apelación es fundamental para garantizar la revisión independiente y la protección de los derechos de las partes involucradas.

V. FASE DEL PROCEDIMIENTO ADMINISTRATIVO SANCIONADOR. EJECUCIÓN

En la etapa de ejecución la autoridad, cuando la resolución ya es firme, hace efectiva la sanción impuesta al infractor, ya sea mediante el cobro de multas, el decomiso de bienes, la suspensión o revocación de autorizaciones, entre otras medidas que pudieran haber sido ordenadas en apego a la normatividad. Es importante que la autoridad respete los derechos del infractor y los principios de ejecución forzosa.

Para determinar el tipo de sanción que se impondrá hay que revisar con cuidado lo señalado por la ley particular y tomar en cuenta el marco general que establece el artículo 70 de la Ley Federal de Procedimiento Administrativo que señala: *"Las sanciones administrativas deberán estar previstas en las leyes respectivas y podrán consistir en: I. Amonestación con apercibimiento; II. Multa; III. Multa adicional por cada día que persista la infracción; IV. Arresto hasta por 36 horas; V. Clausura temporal o permanente, parcial o total; y, VI. Las demás que señalen las leyes o reglamentos."*

El recurso contra la resolución que impone la sanción debe contener una copia de la decisión que se está impugnando; los fundamentos legales y argumentos que respaldan la apelación, incluyendo aquellos que refutan la decisión original; evidencia adicional que respalde la posición del sancionado y requerimientos específicos como anular la sanción o reducir la misma. En una audiencia se escuchan los argumentos y el revisor emite un fallo, confirmando la decisión original, modificándola o anulándola. Una vez que se emite el fallo de la apelación, las partes deben cumplir con la decisión.

Después de que se impone una sanción, las autoridades financieras pueden seguir supervisando de manera puntual a quien fue sancionado para garantizar que se cumplan las medidas preventivas y/o correctivas que se hayan incluido en la resolución y que no se repitan las infracciones, a efecto de salvaguardar el buen funcionamiento del sistema financiero. Si el sancionado no cumple con la sanción en el plazo establecido, pueden enfrentar consecuencias adicionales. En ciertos casos, las autoridades pueden requerir que el sancionado presente un informe de cumplimiento con la evidencia correspondiente que detalle las acciones tomadas para cumplir con la sanción.

Uno de los puntos fundamentales para que se inhiban las conductas que pueden generar infracciones y, por tanto sanciones, es el seguimiento que deben hacer las autoridades financieras de las medidas correctivas impuestas, así como que las diversas áreas que integran la autoridad financiera compartan información entre ellas para cerciorarse que se está actuando en apego a la normatividad.

Las autoridades regulatorias generalmente desarrollan un plan de supervisión que establece los procedimientos y la periodicidad con la que se llevará a cabo la supervisión. En el caso por ejemplo de la CNBV, se cuenta con un Reglamento de Supervisión en donde se clasifica la supervisión en extra situ (vigilancia) o in situ (inspección) y en ordinaria, especial y de investigación y un punto importante para tomar en cuenta en la planeación, es determinar si se trata de una entidad financiera que ha tenido sanciones, las ha cumplido o no y si es reincidente.

Las autoridades también aplican administración de riesgos para determinar la supervisión que se le debe hacer a las entidades financieras, a efecto de evaluar continuamente los riesgos asociados con la entidad sancionada, lo que puede incluir la revisión de sus operaciones, prácticas de gestión de riesgos y cumplimiento normativo para garantizar que no surjan nuevas amenazas. Inclusive la autoridad puede considerar la emisión de un informe de cumplimiento final, en donde se confirme que la entidad sancionada ha cumplido con todas las sanciones, medidas correctivas impuestas y evaluación de riesgos.

VI. CONCLUSIONES

1. La aplicación de sanciones es una forma de actuar del Estado que busca el bien común en la sociedad. La finalidad que persigue la autoridad al imponer una sanción administrativa a entidades financieras es tanto preventiva como correctiva y se traduce en mantener la observancia de las normas, reponer el orden jurídico violado y reprimir las conductas antisociales contrarias al mandato legal, así como servir de ejemplo para el resto de las entidades que conformen a este sector.
2. Las sanciones que pueden emitir las autoridades financieras son de carácter administrativo y siempre van encaminadas a la corrección de las faltas o a la subsanación de las omisiones en las que haya incurrido la entidad financiera de que se trate, sin dejar de lado que, las autoridades del sistema financiero mexicano están obligadas a coadyuvar con el Ministerio Público en caso de detectar la posible comisión de un delito.
3. El procedimiento administrativo sancionador que implementan las autoridades financieras es un instrumento vital para garantizar la estabilidad, el sano desarrollo y la integridad del sistema financiero mexicano, el buen funcionamiento de los sistemas de pagos y la protección de los intereses del público ya que, a través del mismo, se sanciona los incumplimientos de las entidades financieras.
4. Durante el desarrollo del procedimiento administrativo sancionador las autoridades financieras deben cumplir las formalidades esenciales de todo procedimiento, directriz constitucional y conforme a los criterios de la Suprema Corte de Justicia de la Nación, debe protegerse y respetarse los derechos de los presuntos responsables, en cumplimiento a los principios de legalidad, imparcialidad y transparencia, entre otros.
5. Las leyes financieras prevén con antelación a la comisión de las conductas, el tipo administrativo, por lo cual se cumple con los principios del derecho administrativo sancionador, ya que se establece la conducta antijurídica y la consecuencia en caso de actualizarse. Las modificaciones de enero de 2024 vinieron a reforzar varios supuestos para hacer más sólido el procedimiento administrativo sancionador.

6. El procedimiento administrativo sancionador de las autoridades financieras tiene como acciones previas, el ejercicio de facultades de supervisión e inspección. A través de estas facultades, se realiza una investigación en la cual se recopilan pruebas y se analizan las posibles infracciones cometidas para arribar a la conclusión de si hay elementos para aplicar una sanción.
7. Los presuntos responsables tienen en todo momento del procedimiento administrativo sancionador la oportunidad de defenderse, puesto que pueden presentar las pruebas que estimen convenientes y formular los alegatos correspondientes.
8. Las entidades financieras deben contar con la certeza jurídica respecto de la forma en que las autoridades administrativas del sistema financiero ejercen sus facultades de inspección y vigilancia, las cuales deberán ser previstas en la norma jurídica, ya que sin estas facultades, las autoridades carecerían de los medios coercitivos para hacer que las entidades financieras cumplan con el contenido de la norma.
9. La falta de coordinación entre las autoridades financieras en la imposición de sanciones puede causar confusión a las entidades financieras y personas sujetas al procedimiento, lo que también, podría provocar lentitud.

VII. BIBLIOGRAFÍA

- Diccionario Panhispánico del Español, Procedimiento administrativo sancionador, 2023 [en línea], https://dpej.rae.es/lema/procedimiento-administrativo-sancionador [consulta: 2 de noviembre de 2023]
- De la Fuente Rodríguez, Jesús, *Tratado de Derecho Bancario y Bursátil*, tomo 1, 6ª edición, Porrúa, México, 2010.
- Góngora Pimentel, Genaro David, *El reconocimiento del derecho administrativo sancionador en la jurisprudencia mexicana*, en Biblioteca Jurídica Virtual del Instituto de Investigaciones Jurídicas de la UNAM, 20pp. [en línea], https://archivos.juridicas.unam.mx/www/bjv/libros/6/2564/17.pdf, [consulta 18 de noviembre de 2023].
- Ley para Regular las Instituciones de Tecnología Financiera https://www.diputados.gob.mx/LeyesBiblio/pdf/LRITF.pdf
- Ley Federal de Procedimiento Administrativo. https://www.diputados.gob.mx/LeyesBiblio/pdf/112_180518.pdf

- Registro digital: 31647, Semanario Judicial de la Federación, disponible en: https://sjfsemanal.scjn.gob.mx/detalle/ejecutoria/31647 consultado el 25 de noviembre de 2023 a las 12:40 pm.
- Velázquez Tolsá, Francisco Eduardo, *Derecho Administrativo Sancionador Mexicano*, primera edición, Bosch, México,
- Diario Oficial de la Federación de 24 de enero de 2024, edición matutina. https://www.dof.gob.mx/index.php?year=2024&month=01&day=24&edicion=MAT#gsc.tab=0

Capítulo 8

Vicisitudes de la Guardia Nacional en México

RUBÉN IGNACIO MOREIRA VALDEZ

I. INTRODUCCIÓN

La Guardia Nacional representa, en una gran parte de los países, un componente de reserva crucial dentro del aparato de las fuerzas armadas de una nación, capaz de ser movilizada y desplegada tanto por el gobierno nacional como por las autoridades estatales y locales. En México, desde 2019 se redefinió el concepto de Guardia Nacional y esta reflexión examinará y analizará la nueva institución y algunas de sus vicisitudes legales y fácticas.

II. CONCEPTO

Como concepto general, la Guardia Nacional comprende un cuerpo formado por personal militar a tiempo parcial que mantiene simultáneamente profesiones y vidas civiles, la Guardia Nacional proporciona un grupo capacitado que se somete a obligaciones de entrenamiento y ejercicios periódicos para mantenerse preparado. Dentro de los Estados Unidos, las unidades de la Guardia Nacional se organizan y administran a nivel estatal, pero también pueden ser llamadas al servicio activo federal por decreto presidencial. Numerosos países de todo el mundo, incluidas grandes potencias como India, China y Rusia también han establecido fuerzas de reserva similares que complementan el ejército en servicio activo a tiempo completo.

En México, sin embargo, su naturaleza diseñada en el Siglo XIX fue alterada en 2019, cuando se les dieron funciones de una institución de seguridad pública de carácter civil con alcances de policía federal.[1]

III. ANTECEDENTES

Los inicios de esta Institución se podrían remontar a la Edad Media, en donde todos los súbditos se vieron obligados a prestar servicio militar para defender al reino y al monarca. Por lo tanto, era natural que dicha obligación se estableciera en sus colonias, las llamadas Indias, citando como ejemplo una Real Cédula del 13 de noviembre de 1535, en la que se refería a la Ciudad de México, dando lugar a la creación de milicias, tanto provinciales, como urbanas.[2]

En la Nueva España, nunca se habían formado unidades provinciales disciplinadas, en lugar de estas existían en todo el virreinato diversas compañías de infantería y caballería separadas, las cuales no tenían organización uniforme, no estaban entrenadas, les faltaban armas, uniformes y demás pertrechos. Su función era proteger y patrullar las respectivas ciudades en casos de emergencia. Las milicias se conformaban con todo tipo de personas, excepto indios.[3]

La Constitución de Cádiz de 1812 influye en el sentido de que el Poder Ejecutivo es el que dispone de las milicias, llamadas nacionales por dicha Constitución, dentro del territorio por cada provincia, pero también en el caso de que se requiera movilizarlas hacia sus fronteras, para sofocar sublevaciones o invasiones que pongan en peligro la integridad nacional; no obstante, se necesitaba la autorización de las Cortes (artículo 365). En las constituciones mexicanas se plasmó este principio, pero con la autorización de la Cámara de Diputados,

---

1 Artículo 21 de la Constitución Política de los Estados Unidos Mexicanos.

2 Cfr. García Gallo Alfonso, *El Servicio Militar en Indias*, Estudios de Historia del Derecho Indiano, Madrid, Instituto Nacional de Estudios Jurídicos, 1972, p. 801.

3 Cfr. AcAlister, Lyle N., *El fuero militar en la Nueva España, (1764-1800)*, trad. de José Luis Soberanes (tomada de la 2a. Green Goodpress, 1972), México, UNAM, 1982, p. 8.

hasta la restauración del Senado en 1874, cuya participación pasó a esta Cámara.[4]

Durante el Siglo XIX, la defensa del país recayó fundamentalmente en la milicia, ante la falta de recursos para mantener un permanente, suficiente y numeroso ejército. Quizá la primera vez que se ejerció la facultad de movilizar a distintas guardias, fue la autorización otorgada por el Congreso a Guadalupe Victoria, el 23 de febrero de 1827, para que pudiera utilizar 4 mil milicianos de Coahuila, Nuevo León, Tamaulipas y Nuevo México, para afrontar desórdenes ocurridos en Texas.[5]

Otro ejemplo es la autorización del 5 de agosto de 1851, para que el presidente pudiera disponer de la guardia de Chiapas en sublevaciones ocurridas en Oaxaca.[6]

Esta figura quedó en la Constitución de 1917 como una opción que, en la práctica, cayó en desuso. Sin embargo, el gobierno del presidente Andrés Manuel López Obrador recurrió a la antigua denominación para construir un cuerpo de seguridad.

El uso discursivo del término Guardia Nacional generó las primeras confusiones y a ellas se han sumado otras, producto de la intención del gobierno de subordinar al ejército a la figura de mando civil que señala los artículos 21, 73, 76 y 89 de la Constitución.

IV. LA GUARDIA NACIONAL EN EL MUNDO

La denominación Guardia Nacional es bastante común en el mundo, entendida como una organización para respaldar en temas de soberanía internacional a los ejércitos. En el caso concreto la tensión se presenta al usar la denominación para una corporación de seguridad pública, con un encuadre militar.

---

4 Manuel González Oropeza, *Movilización de la Guardia Nacional, Capítulo Sexto de las Facultades del Senado de la República*, México, Instituto Universitario de Investigaciones Jurídicas, p. 368.

5 José Manuel Villalpando César, *La evolución histórico-jurídica de la guardia nacional en México*, en Memoria del IV Congreso de Historia de Derecho Mexicano. En prensa.

6 Manuel González Oropeza, *op. cit.*, p. 368.

Para realizar las tareas de seguridad pública, la mayor parte de los países opta por instituciones de carácter civil. Contrario a lo que sucede en el mundo, México avanza en sentido contrario y busca militarizar la seguridad pública.

El 67 por ciento de los países cuenta con policías civiles para las tareas de seguridad pública y entre ellos se encuentran las democracias más avanzadas del mundo.

El investigador Víctor Manuel Sánchez Valdés nos refiere que el modelo mexicano avanza a las latitudes en las cuales se encuentran países como Corea del Norte, Camboya, Tailandia o Yemen. Naciones donde la seguridad pública se deposita en las fuerzas militares o en corporaciones con una dependencia directa a los departamentos de defensa.

Es común escuchar, a manera de argumentación, al titular del Ejecutivo Federal y a opinadores cercanos al régimen, que la Guardia Nacional mexicana se construye a partir de las experiencias de Francia y España; sin embargo, eso es inexacto, pues la reforma del 2022 buscó subordinarla a la Secretaría de la Defensa Nacional.

V. CONFIGURACIÓN DE LA GUARDIA NACIONAL EN MÉXICO

La Guardia Nacional ha tenido históricamente distintas etapas; detallar cada una de ellas rebasaría el alcance del presente trabajo. Sin embargo, desde la campaña del titular del Ejecutivo Federal, y posteriormente su equipo de transición en los meses de julio a noviembre de 2018, antes de tomar protesta, reactivaron la propuesta de reavivar esta corporación para brindar seguridad pública.

La iniciativa fue presentada el 20 de noviembre de 2018, y en la Cámara de Diputados dio un importante giro al modificar el sentido y las funciones de esta corporación, mediante la reforma a 13 artículos constitucionales y 5 transitorios.

Soberanes Fernández destaca de manera pormenorizada los principales aspectos de la reforma:

Primero. En México, la Policía Federal la desempeña una corporación llamada “Guardia Nacional”.

Segundo. Dicha corporación policial está totalmente militarizada,

Tercero. El artículo segundo transitorio establece una coordinación operativa interinstitucional formada por representantes de las Secretarías del ramo de Seguridad, de la Defensa Nacional y de Marina.

Cuarto. Este mismo artículo transitorio establece que la Guardia Nacional empezará a operar con elementos de la policía federal, la policía militar y la policía naval.

Quinto. El artículo sexto transitorio con relación al plazo de 5 años en que se faculta al presidente para disponer de la Fuerza Armada en tareas de seguridad pública "de manera extraordinaria, regulada, fiscalizada, subordinada y complementaria".

Sexto. El artículo cuarto transitorio es muy importante, ya que establece los lineamientos fundamentales de cuatro leyes sustanciales: la Ley General del Sistema Nacional de Seguridad Pública, la Ley de la Guardia Nacional, la Ley Nacional sobre el Uso de la Fuerza y la Ley Nacional del Registro de Detenciones.[7]

Samuel Storr[8] nos señala que, desde su creación, una gran proporción de su personal en realidad son soldados y marinos que prestan servicios en la Guardia de manera temporal, mientras que los demás son: a) nuevos reclutas adscritos a las Fuerzas Armadas, b) personal de la anterior Policía Federal y c) personal adscrito a la administración y otras funciones en la institución.

Un estudio detallado y sistemático, donde Samuel Storr incorpora información tanto cualitativa como cuantitativa, nos muestra claramente el proceso de capacitación y adiestramiento, en donde se puntualiza que para uso de la fuerza hay 90 horas, divididas entre: armamento y prácticas de tiro (30), restablecimiento del orden público

---

7 Y aunque en dicho precepto transitorio dice que los integrantes de la GN no deberían de encontrarse en servicio activo de la fuerza armada permanente, ello no significa que dejen de ser militares. Véase Soberanez Fernández Jose Luis, *op. cit.*, pp. 31 y ss.

8 Véase Storr Samuel, *¿Qué es la Guardia Nacional? (en 2023)*, Dirección de Incidencia, Programa de Seguridad Ciudadana, publicado el 18/04/2023. Disponible en: https://seguridadviacivil.ibero.mx/2023/04/18/que-es-la-guardia-nacional-en-2023/

(30), uso legítimo de la fuerza (20), y el uso del bastón PR-24 para el control de personas. Apenas 50 horas están dedicadas a temas de derechos humanos, género y acciones de proximidad ciudadana,[9] sin duda tema prioritario para la sociedad, sobre todo por tratarse de un cuerpo de seguridad tan importante.

Este proceso de formación, en teoría, sería suficiente, para el cumplimiento de los principios de la Guardia Nacional de legalidad, objetividad, eficiencia, profesionalismo, honradez y respeto a los derechos humanos reconocidos en la Constitución Política de los Estados Unidos Mexicanos y en los tratados internacionales de los que el Estado mexicano sea parte.[10]

Existe una variedad de cursos para formación de los miembros de la Guardia Nacional, 104 cursos de actualización y 112 de especialización, lo que nos muestra la amplia diversidad de funciones asignadas a la Guardia Nacional: desde el curso de proximidad turística hasta el curso de comando de operaciones especiales. Cabe resaltar que durante el 2021, 13 mil 281 efectivos completaron un curso de especialización y 10 mil 153 de actualización.

En julio de 2023, un informe elaborado por Causa en Común y el Observatorio, Guardia y Fuerzas Armadas reveló que solo un 62% de los elementos han recibido alguna capacitación. Lo que no resulta extraño si partimos de que la corporación se nutre de personal del Ejército y en realidad queda muy poco claro el tránsito entre una y otra corporación.[11]

La cercanía institucional de la Guardia Nacional con la Secretaría de la Defensa Nacional, no solo se manifiesta en el abrumador uso de personal de la segunda para las tareas encomendadas a la primera, además el Colegio Militar hoy forma en licenciatura a cientos de estudiantes que se incorporan como mandos para las tareas de seguridad.

---

9 Storr, Samuel, *Ídem.*

10 Ley de Seguridad Nacional, art. 8, publicada en el DOF el 27 de mayo de 2019.

11 https://www.forbes.com.mx/guardia-nacional-cumple-4-anos-de-militarizacion-mexico-sin-mejorar-seguridad-ongs/

VI. VICISITUDES CONSTITUCIONALES DE LA GUARDIA NACIONAL EN MÉXICO

El ahora presidente Andrés Manuel López Obrador, en sus tiempos de opositor, se negaba a la militarización de las corporaciones de seguridad pública; sin embargo, desde el inicio de su gobierno estableció una estrecha relación con las fuerzas armadas en muchos campos de la administración pública. La seguridad no ha sido la excepción y ello es evidente en las vicisitudes que vive la Guardia Nacional, hagamos un recuento:

1) En una lectura detenida de la reforma constitucional publicada el 26 de marzo de 2019, se descubre el fuerte contenido militar de la corporación recién creada. Los artículos transitorios son muy claros al respecto, en ellos se establece el tránsito de personal militar y naval a la Guardia Nacional.
2) Igual sucede, pero en términos superlativos, con la fallida reforma de 2022 a la Ley Orgánica de la Administración Pública Federal: "Manejar el activo del Ejército y la Fuerza Aérea, y ejercer el control operativo y administrativo de la Guardia Nacional, conforme a la Estrategia Nacional de Seguridad Pública que defina la Secretaría de Seguridad y Protección Ciudadana".
3) Los partidos políticos de oposición reaccionaron ante la intentona del Ejecutivo Federal de poner bajo el control militar a la Guardia Nacional y acudieron a la Suprema Corte de Justicia.
4) La resolución del máximo tribunal era fácil de predecir, la propuesta es notoriamente contraria a lo previsto por el artículo 21 de la Constitución General de los Estados Unidos Mexicanos. Así las cosas, la fracción IV a la que me refiero y otras normas fueron declaradas inválidas por sentencia de la Suprema Corte de Justicia de la Nación en la Acción de Inconstitucionalidad publicada en el Diario Oficial de la Federación el 20 de septiembre de 2023.
5) El enredo no termina allí, pues resulta que la sentencia ordena un completo deslinde de la Guardia Nacional con la Secretaría de la Defensa Nacional y eso implica la separación definitiva del personal militar con la dependencia de origen.
6) Para enfrentar la emergencia, en diciembre pasado, el Congreso de la Unión, en uso de la facultad de interpretación prevista

en el artículo 72 de la Carta Magna, aprobó el decreto que determina el alcance del Artículo Tercero Transitorio de la reforma Constitucional en materia de Guardia Nacional.

Con esa medida, se dejan a salvo los intereses laborales y de carrera militar del personal que fue transferido a la Guardia Nacional. Sin embargo, el contenido castrense en la corporación se mantiene e incluso fortalece.

VII. CENSO NACIONAL DE SEGURIDAD PÚBLICA FEDERAL 2023 (INEGI)

Al cierre de 2022, un total de 104,207 personas estaban adscritas o asignadas a la Guardia Nacional. Según su institución de adscripción o asignación, 68.4% del personal correspondió a la Secretaría de la Defensa Nacional (SEDENA), 17.7% a la Guardia Nacional (GN) y 13.9%, a la Secretaría de Marina (SEMAR). Cabe resaltar la participación de las mujeres en este grupo de seguridad, ya que el 81.9% correspondió a hombres y 18.1% a mujeres. Además, con respecto a 2021, el personal aumentó 3.9% en 2022.

Durante 2022, la GN realizó 90,332 puestas a disposición de objetos y 2,814 puestas a disposición de personas. En contraste con el 2021, las puestas a disposición de objetos aumentaron 709.6%, en tanto que las puestas a disposición de personas disminuyeron un 59.9% en 2022.

En 2022, la GN rescató a 177,166 personas en contexto de movilidad, registró 15,214 accidentes en carreteras y puentes federales, en el 68.6% solo hubo daños materiales, el 19.2% fueron no fatales y 12.2% fueron fatales. Asimismo, se reportaron 7,265 personas lesionadas y 2,309 personas fallecidas.

La mayoría de sus integrantes están enfocados a funciones operativas (93.3%), el 3.7% está destinado a servicios y solo el 3% del personal llevó a cabo funciones administrativas.[12]

---

12 Censo Nacional de Seguridad Pública Federal 2023, Instituto Nacional de Estadística y Geografía (INEGI), Comunicado de Prensa 664/23, 17 de noviembre

Cabe resaltar que de las nueve academias o centros de adiestramiento encargados de la profesionalización del personal adscrito o asignado a la GN registrados en 2022, siete estuvieron a cargo de la SEDENA y dos a cargo de la GN. En el mismo periodo, ingresaron 20,783 personas a los programas de formación inicial para guardias de las academias o centros de adiestramiento: egresaron 19,662 y desertaron 1,121. Líneas arriba se comentó la participación del Colegio Militar en la formación de mandos para la Guardia Nacional.

En relación con el presupuesto ejercido por la GN, durante 2022 se reportó un total de 25,880,486,921 pesos. Del total de presupuesto ejercido, 67.9% correspondió al Capítulo 1000 correspondiente a servicios personales. No obstante, es difícil saber el monto total de presupuesto usado por la institución, habida cuenta, las trasferencias de personal, equipo e instalaciones que realiza la Secretaría de la Defensa Nacional.

El esfuerzo del gobierno federal por consolidar la Guardia Nacional se enfrenta a la tensión de su indefinida naturaleza civil o militar, tensión que se materializa en intentos legislativos que resultan contrarios a la Constitución, así como resoluciones de la Corte e interpretaciones del Congreso.

VIII. DESPLIEGUE DE LA GUARDIA NACIONAL EN MÉXICO

De acuerdo a normas internacionales, la participación militar en actividades de seguridad pública debe ser excepcional y solo aplicarse en determinadas condiciones. El Alto Comisionado de las Naciones Unidas para los Derechos Humanos y otros organismos de la ONU han expresado repetidamente su preocupación por el uso de las fuerzas militares y policiales militarizadas para actividades de seguridad pública en México.

En su informe de abril de 2022 sobre México, el Comité contra la Desaparición Forzada de la ONU instó al Estado mexicano a "aban-

---

de 2023, disponible en: https://www.inegi.org.mx/contenidos/saladeprensa/boletines/2023/CNSPF/CNSPF2023.pdf

donar el enfoque militarizado de la seguridad pública", ya que ha sido insuficiente e inadecuado para proteger los derechos humanos. También recomendó fortalecer a las fuerzas civiles y establecer un plan de retiro ordenado, inmediato y verificable de las fuerzas militares de las tareas de seguridad pública.

Con la creación de una Guardia Nacional, con las particularidades que hemos señalado, el gobierno mexicano ha pretendido responder a la mayor crisis que ha vivido el país en materia de seguridad. El éxito de la estrategia ha sido nulo, y, por otra parte, la poca pulcritud en el diseño de la institución y la confusión en su naturaleza, civil o militar genera constantes tensiones constitucionales y legislativas.

El impacto en el tema de Seguridad de la GN en nuestro país es inminente, pero no suficiente, el General Luis Crescencio Sandoval, Secretario de la Defensa Nacional (Sedena), informó que el 47% de los resultados del Esfuerzo Nacional de Seguridad los alcanzaron los elementos de la Guardia Nacional (GN) y el resto por los efectivos de la Sedena y Marina (Semar). También detalló que se tiene un despliegue de 286 mil 494 elementos de fuerzas federales, de los cuales, indicó, 127 mil 483 son efectivos de la Guardia Nacional y 159 mil 011 elementos de Marina, Ejército y Fuerza Aérea Mexicana.[13]

IX. CONSIDERACIONES FINALES

La Guardia Nacional, como fuerza armada, representa un mecanismo a través del cual las naciones pueden mantener una fuerza de reserva entrenada para enfrentar emergencias. En algunos países las fuerzas de seguridad pública reciben este nombre, sin embargo, en este caso, la tensión se presenta por el contenido militar de las corporaciones o por su dependencia o no, al poder civil.

En México, con poco tino se usó un concepto del Siglo XIX para construir una policía federal con evidentes rasgos militares. El régimen, en un contexto de extrema violencia, hace esfuerzos por sos-

---

13 El Universal, El 47% de los resultados de seguridad a cargo de la Guardia Nacional: Luis Crescencio Sandoval, 28 de noviembre de 2023, disponible en: https://www.eluniversal.com.mx/nacion/el-47-de-los-resultados-de-seguridad-a-cargo-de-la-guardia-nacional-luis-crescencio-sandoval/

tener la legitimidad jurídica de la Guardia Nacional y lo intenta en medio de controversias constitucionales y mediáticas.

X. BIBLIOGRAFÍA

- AcAlister, Lyle N., *El fuero militar en la Nueva España, (1764-1800)*, trad. de José Luis Soberanes (tomada de la 2a. Green Goodpress, 1972), México, UNAM, 1982.
- Alfonso García Gallo, *El Servicio Militar en Indias*, Estudios de Historia del Derecho Indiano, Madrid, Instituto Nacional de Estudios Jurídicos, 1972.
- Censo Nacional de Seguridad Pública Federal 2023, Instituto Nacional de Estadística y Geografía (INEGI), Comunicado de Prensa 664/23, 17 de noviembre de 2023, disponible en: https://www.inegi.org.mx/contenidos/saladeprensa/boletines/2023/CNSPF/CNSPF2023.pdf
- Constitución Política de los Estados Unidos Mexicanos.
- El Universal, El 47% de los resultados de seguridad a cargo de la Guardia Nacional: Luis Crescencio Sandoval, 28 de noviembre de 2023, disponible en: https://www.eluniversal.com.mx/nacion/el-47-de-los-resultados-de-seguridad-a-cargo-de-la-guardia-nacional-luis-crescencio-sandoval/
- José Manuel Villalpando César, *La evolución histórico-jurídica de la guardia nacional en México*, en Memoria del IV Congreso de Historia de Derecho Mexicano. En prensa.
- Ley de Seguridad Nacional, publicada en el Diario Oficial de la Federación el 27 de mayo de 2019.
- José Luis Soberanes Fernández, La Nueva Guardia Nacional. Serie Opiniones Técnicas, sobre Temas de Relevancia Nacional No. 4, México, Instituto Universitario de Investigaciones Jurìdicas, UNAM, 2019.
- Manuel González Oropeza, *Movilización de la Guardia Nacional*, Capítulo Sexto de las Facultades del Senado de la República, México, Instituto Universitario de Investigaciones Jurídicas.
- Samuel Storr, *¿Qué es la Guardia Nacional? (en 2023)*, Dirección de Incidencia, Programa de Seguridad Ciudadana, publicado el 18/04/2023. Disponible en: https://seguridadviacivil.ibero.mx/2023/04/18/que-es-la-guardia-nacional-en-2023/

Capítulo 9

Derecho Administrativo del Trabajo. La función de los centros de conciliación

EDEL ARTURO ESTRADA ALVARADO

I. INTRODUCCIÓN

El primero de mayo del 2019 se publicó en el Diario Oficial de la Federación el *"Decreto por el que se reforman, adicionan y derogan diversas disposiciones de la Ley Federal del Trabajo, de la Ley Orgánica del Poder Judicial de la Federación, de la Ley Federal de la Defensoría Pública, de la Ley del Instituto del Fondo Nacional de la Vivienda para los Trabajadores y de la Ley del Seguro Social, en materia de Justicia Laboral, Libertad Sindical y Negociación Colectiva*" que, entre otras cosas, estructura en nuestro país un nuevo modelo de administración e impartición de justicia en materia laboral. Antes de dicha reforma, los conflictos del trabajo se resolvían en sede administrativa (ante las Juntas de Conciliación y Arbitraje), como aún hoy sucede con las materias agraria y tributaria, es decir, que los tribunales encargados de resolver dichas controversias no pertenecen al poder judicial.

Derivado de lo anterior, aunado a la existencia de otros entes de la Administración Pública que también participan en la impartición de la justicia laboral, surgió el Derecho Administrativo del Trabajo como una rama especializada del Derecho Administrativo, para regular la organización, el funcionamiento y la actuación de dichas entidades estatales, que por su naturaleza no encuadraban ni en el Derecho Laboral Sustantivo ni en la rama adjetiva correspondiente, como la Procuraduría de la Defensa del Trabajo y ahora, los Centros de Conciliación Laboral. Para entender mejor el tema y poder realizar el análisis de la función de los nuevos centros de conciliación, objeto principal del presente trabajo, realizaremos una breve exposición del Derecho Administrativo y del Laboral, como introducción al Derecho Administrativo del Trabajo y enseguida revisaremos a las autoridades administrativas en materia laboral.

I.1. El Derecho Administrativo

No existe una definición universal del Derecho Administrativo. Las múltiples explicaciones que encontramos en la doctrina varían de acuerdo con el tiempo y el lugar en el que se desarrollaron, así como del contexto y la postura ideológica del autor correspondiente. El clásico administrativista francés, Gaston Jèze, nos dice que el Derecho Administrativo tiene por objeto, además de garantizar la prestación de los servicios públicos, *"determinar exactamente los poderes del gobierno y de la administración, a fin de permitir lograr eficacia y, al mismo tiempo, dar a los particulares la garantía de que no se sacrificarán sus derechos e intereses."*[1]

En ese sentido, tratadistas mexicanos afirman que el Derecho Administrativo, como rama especializada de la Enciclopedia Jurídica, es relativamente reciente, si se le compara con las ramas más antiguas y desarrolladas como la Civil y la Mercantil. Nos explican Delgadillo Gutiérrez y Lucero Espinoza que, a pesar de haber existido en la antigüedad normas dirigidas a regular la estructura y el funcionamiento de la administración pública, no se podía hablar propiamente de un Derecho Administrativo, ya que las normas referidas *"no regulaban las relaciones entre los gobernados y el monarca, puesto que no contenían obligaciones que a éste le fueran exigibles, sino solo establecían los deberes de los gobernados, además de que su estabilidad quedaba al capricho del monarca."*[2]

En efecto, si de acuerdo con la definición de Jèze, es característica esencial del Derecho Administrativo, por un lado, delimitar la

---

1 Gaston Jèze. *Principios Generales del Derecho Administrativo.* Traducción de Julio N. San Millán. Buenos Aires. Editorial Depalma. 1948. P. XXX.

2 Luis Humberto Delgadillo Gutiérrez y Manuel Lucero Espinosa. *Compendio de Derecho Administrativo. Primer Curso.* Ciudad de México. Editorial Porrúa. 2010. Novena Edición. P. 1.

actuación del poder estatal, y por el otro, garantizar a los gobernados ciertos derechos frente a la administración, dentro de los cuales está el recibir servicios públicos, podemos coincidir con Delgadillo y Lucero en que el Derecho Administrativo tiene su nacimiento mucho después que otras ramas jurídicas.

La importancia de esta rama del Derecho radica en la amplitud de materias en las que tiene participación la administración pública. Podemos afirmar que, hoy en día, el Derecho Administrativo se ha convertido en el derecho común de todas las ramas del derecho público, ocupando un papel igual al del Derecho Civil dentro del derecho privado. Esa extensión de la esfera de actuación de la administración pública originó a su vez la división del Derecho Administrativo en otras ramas especializadas, varias de ellas ahora autónomas o en proceso de separación del tronco común. Una de esas ramas es precisamente el Derecho Administrativo del Trabajo, pero para entenderlo mejor, revisemos primero un poco sobre el Derecho del Trabajo.

I.2. El Derecho del Trabajo

Esta rama del Derecho tampoco cuenta con una definición universal. Incluso, los autores de esa materia tampoco han alcanzado un consenso respecto de la denominación que debe llevar. Algunos nos hablan de Derecho Laboral, otros del Derecho del Trabajo y los menos, aún se refieren a él como Derecho Obrero. Usar Derecho Obrero es regresar a los primeros años de esta rama jurídica, cuyas normas en efecto se aplicaban exclusivamente a los obreros de las fábricas, pero hoy en día es necesario reconocer que la Ley Federal del Trabajo abarca muchas más relaciones laborales. Por lo anterior, consideramos oportuno dejar en desuso esa denominación y adoptar las otras dos como sinónimos y usarlas indistintamente.

De acuerdo con Mario de la Cueva, el Derecho del Trabajo *"es la norma que se propone realizar la justicia social en el equilibrio de las relaciones entre el trabajo y el capital."*[3] Esta definición, al igual que las que

---

3 Mario de la Cueva. *El Nuevo Derecho Mexicano del Trabajo*. Tomo I. Ciudad de México. Editorial Porrúa. 2009. Vigésima segunda edición. P. 85.

usan otros tratadistas como Néstor de Buen, Trueba Urbina y Pardío Vargas, parten del supuesto de que la desigualdad histórica que ha existido entre trabajadores y patrones sigue vigente hoy en día en los mismos términos de la antigua explotación. Esta concepción ha influenciado al legislador, como veremos más adelante, y tiene impacto tanto en la regulación como en la forma en que se desarrollan los procesos de conciliación, pues no debemos olvidar que se trata de una rama del derecho social, lo que significa que es derecho que tutela o trata de acortar brechas entre los que en él son parte.

I.3. Derecho Administrativo del Trabajo

Hecha una rápida revisión de los conceptos de Derecho Laboral y Derecho Administrativo, podemos entrar a una rama jurídica que se encuentra entre ambos: el Derecho Administrativo del Trabajo. Como parte del desarrollo histórico de la sociedad y del Estado, la administración pública ha incrementado su campo de actuación, dando origen a la necesidad de crear normas jurídicas especializadas con su respectiva rama del Derecho. En el caso del Derecho del Trabajo, dada la clara y constante tendencia de los patrones por explotar a los trabajadores, el Estado debió ir interviniendo más en la atención y solución de conflictos laborales, así como en prevenir violaciones a la ley. Lo anterior dio origen a algunas instituciones que tuvieran competencia especializada en materia del Trabajo, como en su momento lo fueron las Juntas de Conciliación y Arbitraje y ahora los Centros de Conciliación y las Procuradurías de la Defensa del Trabajo.

En ese sentido, coincidimos con la definición que da Miguel Bermúdez cuando dice que el Derecho Administrativo del Trabajo *"es el conjunto de normas que se refieren a la función o funcionamiento de los órganos estatales que fiscalizan el cumplimiento de las prescripciones legales en materia de trabajo."*[4] En efecto, como parte de esta rama del Derecho Administrativo, se encuentran una serie de entidades estatales que constituyéndose y rigiéndose por el Derecho Administrativo, aplican y conocen del Derecho del Trabajo.

---

[4] Miguel Bermúdez Cisneros. *Derecho del Trabajo*. Ciudad de México. Editorial Oxford. 2011. Reimpresión de la primera edición. P. 465.

Ese conjunto de entidades se denomina autoridades administrativas en materia de trabajo. Existen ciertas autoridades que tienen una participación indirecta en materia laboral, como la Secretaría de Hacienda y Crédito Público (en temas de reparto de utilidades por determinación de renta gravable) o la Secretaría de Educación Pública (en materia de capacitación y adiestramiento). No son estas las que nos interesan para efectos de este trabajo. Las autoridades administrativas del trabajo son propiamente las que vamos a enunciar a continuación:

1. Las Juntas de Conciliación Arbitraje. Tanto Federales como locales, son autoridades administrativas del trabajo encargadas de dirimir las controversias que se suscitan entre las partes que intervienen en la relación laboral. Los doctrinarios no se pusieron de acuerdo en su naturaleza jurídica; unos decían que eran *"tribunales del trabajo independientes, constitutivos de un cuarto poder"*[5] y otros que "*eran organismos constitucionales autónomos dependientes administrativamente de los poderes ejecutivos, federal o locales.*"[6] En la práctica constituían tribunales tripartitos en materia laboral y fueron sustituidas por Tribunales del Trabajo, adscritos al Poder Judicial de la Federación, mediante la reforma laboral del 1 de mayo de 2019 a la que hicimos referencia, pero que seguirán operando hasta que concluyan los procedimientos que siguen pendientes en las mismas.
2. La Comisión Nacional de los Salarios Mínimos. De acuerdo con el Manual de Organización de dicha Comisión,[7] se trata de un organismo descentralizado, inscrito ante el Registro Público de Organismos Descentralizados, sectorizado a la Secretaría del Trabajo y Previsión Social, como se desprende del numeral 58 de la Relación de Entidades Paraestatales de la Administración Pública Federal, publicada en el Diario Oficial de la

---

5 Alberto Trueba Urbina. *Tratado Teórico Práctico de Derecho Procesal del Trabajo*. Ciudad de México, Editorial Porrúa. 1965. P. 96.

6 Néstor de Buen Lozano. *Derecho Procesal del Trabajo*. Ciudad de México. Editorial Porrúa. 2011. Decimonovena edición. P. 155.

7 Consultado el 17 de noviembre de 2023 en la siguiente dirección electrónica: https://www.gob.mx/cms/uploads/attachment/file/856635/2023_Manual_de_Organizaci_n_General_de_la_Conasami.pdf

Federación el 07 de agosto de 2023 y que, de manera general, de conformidad con la Constitución Federal y la Ley Federal del Trabajo, es la encargada de fijar y actualizar los salarios mínimos generales y profesionales en toda la República.

3. La Procuraduría de la Defensa del Trabajo. Se trata de una autoridad que tiene como finalidad *"representar o asesorar a los trabajadores, o sus sindicatos, cuando estos lo soliciten, en cuestiones que se relacionen con su trabajo, vigilando el cumplimiento de las obligaciones laborales."*[8]
4. Los Centros de Conciliación. Creados con la reforma laboral de 2019, son los encargados de llevar a cabo los registros sindicales, además de dirigir la fase de conciliación prejudicial instaurada en el nuevo sistema de justicia laboral.

En términos generales, estas son las autoridades administrativas en materia del trabajo y las normas relativas a su creación, constitución y funcionamiento, forman parte del Derecho Administrativo del Trabajo.

II. LA FUNCIÓN DE LOS CENTROS DE CONCILIACIÓN

Como mencionamos en la introducción de esta investigación, el 1° de mayo de 2019 fue publicado en el Diario Oficial de la Federación el decreto que reforma el sistema de solución de controversias en materia laboral. Dicha reforma estableció que, previo a que los tribunales laborales, que ahora forman parte del Poder Judicial de la Federación, conozcan de los conflictos en materia del trabajo, debe existir un proceso de conciliación prejudicial que impida que dichos tribunales se vean rebasados en su capacidad para atenderlos (como sucedió con las Juntas de Conciliación y Arbitraje), mediante una solución consensuada entre las partes. Pero para poder entender la intención del legislador al implantar este nuevo sistema, revisemos primero un poco del contexto, tanto jurídico como social, de la reforma laboral que les dio origen, que también podría ser útil para una posterior comparación de los dos sistemas de justicia laboral.

---

8 Miguel Bermúdez Cisneros. Ob. Cit, p.471.

II.1. La reforma Laboral de 2019

De acuerdo con Ricardo Monreal, dicha reforma obedece a un reclamo histórico de la clase trabajadora, para agilizar y transparentar el sistema de justicia laboral, ya que la justicia en materia del trabajo se encontraba en franco abandono, con altos niveles de corrupción, por lo que resultaba casi imposible para la clase trabajadora acceder a la misma.[9] Históricamente, la prestación de servicios subordinados ha ido variando en su concepción, regulación y alcance. Haciendo un resumen de la investigación histórica que realiza Pardío,[10] observamos que los antecedentes se remontan a la figura de la esclavitud en los pueblos antiguos, particularmente en Roma, donde al considerar a los esclavos como objetos, no existían normas ni mucho menos tribunales en esa materia. Cuando desaparece la figura de la esclavitud y pasamos la fase inmediata siguiente, el feudalismo, los incipientes Estados empiezan a emitir normas respecto de la prestación de dichos servicios, a los que consideran simples acuerdos privados entre particulares, donde no debía haber mayor intervención, por lo que los contratos eran considerados civiles y civiles eran también los tribunales que dirimían las controversias respectivas.

El homologar las relaciones del trabajo con los contratos civiles, dio origen a un gran número de abusos por parte de quienes contrataban los servicios pues, amparados bajo el principio de la autonomía de la voluntad, podían pactar cláusulas verdaderamente abusivas en contra del trabajador, aprovechando las necesidades económicas en las que generalmente estos se encontraban; y por otro lado, haciendo uso de los cuantiosos recursos con los que contaban, los propietarios del capital podían pagar mejores abogados que los trabajadores (si es que estos podían contratar alguno en realidad), y también tenía la posibilidad de influir en las resoluciones judiciales mediante el uso de sus recursos financieros. Todos esos elementos, explica Trueba Urbina llevaron al Estado a tomar una

---

9 Ricardo Monreal Ávila. *El Nuevo Sistema de Justicia Laboral.* Ciudad de México. Editorial Porrúa. 2019. Pp. 1-15.

10 Alfonso Pardío Vargas. *Derecho del Trabajo.* Ciudad de México. Editorial Porrúa. 2022. Cuarta Edición. Pp. 5-14.

actitud proteccionista hacia los trabajadores, dentro del contexto del resurgimiento de los derechos naturales del hombre, aunque lo anterior se tradujera en una desigualdad jurídica respecto del capital.[11] Cada país dio una solución particular a la intervención estatal en la atención de dichos conflictos. En el caso mexicano, se decidió la creación de las denominadas Juntas de Conciliación y Arbitraje, mismas que tendrían una composición tripartita, esto es, para dar solución a los conflictos laborales, participarían representantes del trabajo, del capital y del gobierno.

La naturaleza jurídica de las Juntas fue discutida por los doctrinarios durante toda su existencia. En la práctica, funcionaba como un Tribunal, que seguía todo un proceso para impartir justicia. Dichas Juntas fueron útiles durante mucho tiempo para atender los reclamos de los trabajadores en la defensa de sus derechos. Pero el transcurso del tiempo, aunado a la debilidad humana, hicieron que dichas entidades empezaran a rezagarse en la resolución de los asuntos, donde cada una de las partes podía hacer avanzar o retardar el desarrollo de los procedimientos según le conviniera. La corrupción empezó a ser un tema recurrente entre sus integrantes, lo que provocó el malestar de los participantes de los procesos y el irremediable colapso del sistema. Después de varias reformas menores que intentaban solucionar los graves problemas que enfrentaba el sistema de justicia laboral, finalmente en 2019 se da una reforma que implica un giro de 180° grados. Las Juntas de Conciliación y Arbitraje desaparecieron de la legislación en la materia y dieron paso a nuevos Tribunales del Trabajo.

Los tribunales laborales pasaron al Poder Judicial de la Federación, por lo que cuentan con plena jurisdicción y desaparece la participación de los representantes obrero-patronales. Adicionalmente, en el nuevo proceso laboral se establece como requisito indispensable para ejercer una acción ante el tribunal competente, una etapa previa en vía administrativa, denominada conciliación, que tiene como finalidad evitar la saturación de los nuevos tribunales del trabajo.

---

[11] Alberto Trueba Urbina. *Op. cit.*, p. 7.

II.2. La conciliación en materia laboral

Dentro del nuevo proceso de administración de justicia en materia del trabajo en México, la reforma laboral de 2019 estableció como un requisito previo a que los tribunales conozcan de dichas controversias, llevar a cabo un procedimiento de conciliación en sede administrativa. Dicho procedimiento prejudicial fue un tema que se abordó en la negociación del Tratado entre México, Estados Unidos y Canadá (T-MEC), como una exigencia de nuestros socios comerciales, con la supuesta intención de tutelar los derechos humanos de los trabajadores en nuestro país.[12]

De acuerdo con Ovalle Favela, la conciliación es un procedimiento por el cual un tercero ajeno a la controversia puede proponer alternativas concretas para la solución de las diferencias. En el caso de la materia del trabajo, por tratarse de una etapa previa al inicio del proceso, se denomina pre procesal.[13] De conformidad con la Ley Federal del Trabajo, la conciliación es una etapa obligatoria, previa a que los conflictos sean llevados ante los tribunales competentes, con la intención de que las diferencias entre las partes se resuelvan por ellas mismas, con la ayuda y guía de un tercero imparcial, evitando saturar a los tribunales, como aconteció con las Juntas. En esta etapa, todo lo actuado, lo dicho y lo aportado en las audiencias de conciliación no puede ser considerado como prueba en juicio en caso de no poder llegar a un acuerdo. La conciliación debe desarrollarse a lo largo de 45 días naturales, contados a partir del momento en que se ha presentado la solicitud.

Aunque legalmente tanto el patrón como los trabajadores tienen la obligación de acudir a la conciliación previo a iniciar acciones ante los Tribunales correspondientes, no tienen las mismas consecuencias sus actuaciones. Por ejemplo, si a la audiencia de conciliación no asiste el trabajador, la única consecuencia sería que el patrón tenga posibilidad directa de acudir al tribunal. Si el ausente fuera el patrón, los centros de conciliación lo podrán volver a

---

12 Jorge Martínez Estrada y Laura Cecilia Pérez Estrada. *Derecho procesal del trabajo.* Ciudad de México. Editorial Oxford. 2019. P. 11.

13 José Ovalle Favela. *Teoría General del Proceso.* Ciudad de México. Editorial Oxford. 2005. Sexta Edición. Pp. 22-24.

citar e imponer las multas procedentes. Si a pesar de las diversas notificaciones que se hagan, el patrón no acude a ninguna de las audiencias de conciliación o bien, asistiendo, las partes no llegan a un acuerdo, entonces el centro de conciliación emitirá una constancia donde dará fe de que se ha agotado la etapa previa obligatoria sin haber llegado a un acuerdo, y que es el requisito de procedibilidad de la demanda, lo que no ocurre a la inversa, pues los conciliadores sostienen que aún sin dicha constancia, los patrones pueden acudir directamente al tribunal.

De conformidad con el artículo 527 de la Ley Federal del Trabajo, que establece la competencia de las autoridades laborales, la etapa conciliatoria está encomendada por la ley de la materia a los Centros locales de conciliación laboral o bien, al Centro Federal de Conciliación y Registro Laboral.

II.3. Los Centros de Conciliación

La Ley Federal del Trabajo, en sus artículos 590-B y 590-F, establece la naturaleza jurídica de los Centros de Conciliación, tanto el federal como los de las entidades federativas, al decir que deben ser organismos públicos descentralizados.

De acuerdo con las disposiciones de la Ley Orgánica de la Administración Pública Federal y su homóloga de la Ciudad de México, son organismos descentralizados las entidades creadas por ley o decreto del Congreso o por decreto del Ejecutivo, con personalidad jurídica y patrimonio propios, cualquiera que sea la estructura legal que adopten (Artículos 45 de ambas leyes).

A cargo de dichas entidades está su director general y cuentan con el personal suficiente y capacitado para la atención de sus asuntos. De acuerdo con Acosta Romero, *"la descentralización administrativa es una forma de organización que adopta, mediante una ley, la Administración Pública para desarrollar:*

a. Actividades que competen al Estado;

b. Que son de interés general en un momento dado:

c. *A través de organismos creados especialmente para ello, dotados de personalidad jurídica, patrimonio propio y régimen jurídico especial".*[14]

La finalidad de este tipo de entidades consiste en lograr que el Estado atienda una de sus funciones de una manera más rápida y eficiente, pues se trata de un organismo público que tiene como funciones exclusivamente esa tarea que le ha sido encomendada. Lo anterior acontece con los Centros de Conciliación, que se ajustan al modelo teórico que nos señaló en su obra Acosta Romero y que cuentan con su ley orgánica específica (federal y de las entidades federativas). Terminamos precisando que estos elementos teóricos se aplican en todos los niveles de gobierno (tanto en los organismos federales como en los locales).

II.4. Funciones de los Centros de Conciliación

La Ley Federal del Trabajo establece cuáles son las funciones de los Centros de Conciliación. De manera resumida podemos enumerar básicamente las siguientes:

- Realizar la función conciliadora obligatoria y prejudicial que establece la Ley Federal del Trabajo, y
- Llevar a cabo el registro de los contratos colectivos de trabajo, reglamentos interiores de trabajo y de las organizaciones sindicales.

Por lo que hace a la primera, llevar a cabo la función conciliatoria, en teoría los conciliadores de los centros se instituyen como un tercero imparcial que, escuchando a las partes en conflicto, las orienta para que se pueda llegar a una solución amistosa, sin que se violen los derechos de ninguno. En el desarrollo práctico de este procedimiento prejudicial es necesario que vigilemos la exacta aplicación de la norma laboral, que no existan presiones hacia ninguna de las partes, ni que se den asesorías con cálculos exagerados que pudieran llegar a bloquear las negociaciones. Es de resaltar que incluso, habiendo llegado ya las partes con un acuerdo para la firma de convenio, los conciliadores solicitan una plática a solas con los trabajadores, y solo

---

14 Miguel Acosta Romero. *Teoría General del Derecho Administrativo.* Ciudad de México. Editorial Porrúa. 1984. Sexta edición. P. 209.

con los trabajadores, después de las cuales éstos últimos cambian de opinión respecto de la suscripción del acuerdo, solicitando cantidades muy superiores a las originalmente acordadas.

El procedimiento de conciliación inicia con una solicitud de alguna de las partes. Al respecto, la práctica nos ha enseñado lo tardado y tedioso que es iniciar una solicitud, pudiendo llegar a perder el solicitante todo un día en este mero trámite. Posteriormente deberá notificarse a la contraparte para que se presente a la audiencia de conciliación en la fecha que le fue fijada. Como mencionamos anteriormente, si el trabajador fue el solicitante, el patrón que no asista se podrá hacer acreedor a multas, lo que no acontece si es a la inversa.

Pueden existir tantas audiencias conciliatorias como lo consideren necesario las partes y el funcionario conciliador, siempre que no excedan de los 45 días naturales que señala la ley, contados a partir de que se recibió la solicitud, y que existan fechas disponibles con el conciliador que fue asignado.

Durante las audiencias, las partes pueden declarar lo que consideren pertinente, incluso llevar algún soporte de sus afirmaciones, en el entendido de que dichos elementos carecerán de validez probatorio en juicios posteriores de cualquier naturaleza, ni el conciliador puede ser llamado como testigo. En la práctica, generalmente se observa que la parte trabajadora es la primera en exponer su versión de los hechos y, en la mayoría de los casos, realiza la primera propuesta monetaria para terminar el conflicto. Este último punto es, en la mayoría de los casos, la principal fuente de obstáculos para alcanzar un acuerdo, ya que generalmente, los cálculos que llevan los trabajadores fueron realizados por la Procuraduría de la Defensa del Trabajo, presumiendo un despido injustificado, la negativa de reinstalación y sin haberles explicado que en el Centro de Conciliación, como parte de las negociaciones tendientes a llegar a juicio, se puede pactar un porcentaje de dicho cálculo, solo siendo las prestaciones de ley las únicas que quedan fuera de cualquier transacción. Lo anterior se traduce en la idea que lleva el trabajador de que la cantidad que le calcularon es la definitiva que por ley les corresponde, y no aceptan negociar ninguna cantidad inferior, a pesar de la explicación que les hagan los conciliadores en el sentido señalado.

Si a pesar de todo, las partes llegan a ponerse de acuerdo, entonces el Centro de Conciliación emitirá el Convenio respectivo, elevado a la calidad de cosa juzgada, dando fin a la controversia y evitando que los Tribunales del Trabajo se saturen innecesariamente, como aconteció con las extintas Juntas de Conciliación y Arbitraje. De no darse este acuerdo, se emitirá la constancia de no Conciliación, que es el requisito indispensable para iniciar una demanda ante los tribunales.

Firmado el acuerdo, hay que establecer los tiempos y formas de su cumplimiento, quedando de nuevo el patrón sujeto a fuertes sanciones si el incumplimiento le es atribuible. Una vez cumplimentado, se mandará al archivo como asunto totalmente concluido.

Algunos tratadistas, como Pardío Vargas, señalan que las funciones de registro de contratos colectivos, reglamentos interiores del trabajo y de organizaciones sindicales, dotan a los Centros de Conciliación de un poder exagerado, pues le permite al Gobierno controlar a las organizaciones sindicales y presionar a los patrones en las firmas de contratos y registro de sus reglamentos. Habrá que estudiar cómo se ejerce esa función, pues aún es reciente su implementación.

III. CONCLUSIONES

1. Históricamente, la clase trabajadora se vio en situaciones de explotación, abuso y violación de sus derechos más básicos. La negación total de sus derechos en la época de esclavitud, evolucionado después a una pretendida igualdad ante la ley, dada la naturaleza civil que se le asignó a esas relaciones, imperando la autonomía de la voluntad en detrimento de la clase menos favorecida, desembocaron en una necesidad del Estado de intervenir de manera directa en dichas relaciones para poner orden y nivelar las diferencias económicas de las partes.
2. Esta situación, en nuestro país, dio origen a la creación de tribunales sui géneris para la solución de las controversias en materia del trabajo. No se otorgó dicha competencia al poder judicial, por suponer que las características de la materia civil serían aplicadas a la laboral, prevaleciendo las diferencias de hecho sobre la presunta igualdad jurídica de las partes.

3. Así, se crean las Juntas de Conciliación y Arbitraje como tribunales de equidad, conformadas por representantes del sector obrero, del patronal y del gobierno, las cuales conocían de las controversias entre el trabajo y el capital, sin las exageradas formalidades que debían seguirse en los procesos civiles ante el poder judicial.
4. Dichas juntas fueron eficaces durante sus primeros años, pero el elevado número de asuntos que les llegaban empezaron a convertir los procesos laborales en lentos, caros y tediosos. La corrupción y el poder económico se abrieron paso desnaturalizando la esencia de dichos órganos jurisdiccionales.
5. Tratando de dar solución a la grave crisis que atravesaba la justicia laboral, se fueron dando varias reformas a la ley de la materia, hasta llegar a la reforma de 2019 que instauró un modelo completamente nuevo. El Derecho Administrativo del Trabajo se vio reducido a su mínima expresión, al crearse los tribunales laborales, pertenecientes al poder judicial.
6. Otra novedad de la reforma constituyó la etapa preprocesal obligatoria denominada de conciliación, la cual le fue encomendada a los Centros de Conciliación, Federal o locales, dependiendo de la competencia.
7. Dichos centros deben constituirse en terceros imparciales que orienten a las partes en conflicto para alcanzar una solución amistosa que evite todos los inconvenientes de llegar a juicio en tribunales. No obstante, en la práctica, se observa un marcado favoritismo para los trabajadores, algunos de los cuales aprovechan abusivamente de dicha situación.
8. Se debe dar un cambio ideológico completo en los funcionarios conciliadores, pues si bien es cierto que se debe velar por la protección de los derechos fundamentales de los trabajadores, no se debe llegar al extremo de considerar a los patrones como los malos del cuento, que siempre deben pagar lo que exigen los trabajadores, sin tomar en cuenta también las circunstancias, su contexto económico y la viabilidad del negocio, para no poner en riesgo la fuente de trabajo.
9. Solamente así, consideramos, se estará ante una verdadera justicia social. Por eso es que debemos dejar a un lado los prin-

cipios más antiguos tanto del Derecho del Trabajo como del Derecho Administrativo, y dar cabida a un renovado Derecho Administrativo del Trabajo.

IV. BIBLIOGRAFÍA

- Acosta Romero, Miguel. *Teoría General del Derecho Administrativo.* Ciudad de México. Editorial Porrúa. 1984. Sexta edición.
- Bermúdez Cisneros, Miguel. *Derecho del Trabajo.* Ciudad de México. Editorial Oxford. 2011. Reimpresión de la primera edición.
- Buen Lozano, Néstor de. *Derecho Procesal del Trabajo.* Ciudad de México. Editorial Porrúa. 2011. Decimonovena edición.
- De la Cueva, Mario. *El Nuevo Derecho Mexicano del Trabajo.* Tomo I. Ciudad de México. Editorial Porrúa. 2009. Vigésima segunda edición.
- Delgadillo Gutiérrez, Luis Humberto y Lucero Espinosa, Manuel. *Compendio de Derecho Administrativo. Primer Curso.* Ciudad de México. Editorial Porrúa. 2010. Novena edición.
- Jèze, Gaston. *Principios Generales del Derecho Administrativo.* Tomo I. Traducción de Julio N. San Millán. Buenos Aires. Editorial Depalma. 1948.
- Martínez Estrada, Jorge y Pérez Estrada, Laura Cecilia. *Derecho procesal del trabajo.* Ciudad de México. Editorial Oxford. 2019.
- Monreal Ávila, Ricardo. *El Nuevo Sistema de Justicia Laboral.* Ciudad de México. Editorial Porrúa. 2019.
- Ovalle Favela, José. *Teoría General del Proceso.* Ciudad de México. Editorial Oxford. 2005. Sexta Edición.
- Pardío Vargas, Alfonso. *Derecho del Trabajo.* Ciudad de México. Editorial Porrúa. 2022. Cuarta Edición.
- Trueba Urbina, Alberto. *Tratado Teórico Práctico de Derecho Procesal del Trabajo.* Ciudad de México, Editorial Porrúa. 1965.

Capítulo 10

La Zona Federal Marítimo Terrestre y los acantilados

MAURICIO LIMÓN AGUIRRE

Sumario: I. Introducción. II. Concepto. III. Historia. IV. El problema de los acantilados. V. Conclusiones. VI. Bibliografía.

I. INTRODUCCIÓN

El régimen jurídico de la zona federal marítimo terrestre siempre ha sido el de *res commune omnium* (bienes de uso común) y desde el derecho romano hasta nuestros días, ha estado ligada a la existencia de una playa (*litus maris o* litoral marino), es decir, es el espacio de tierra firme, transitable y contigua a la playa. Sin embargo, en el año de 1982 en México, se introdujo la posibilidad de delimitar la zona marítimo terrestre en espacios que carecen de playa y presenten formaciones rocosas o acantilados. Aunque dicha posibilidad fue derogada en el año de 1992, todavía existe en algunas autoridades la creencia de que, esta dependencia cuenta con facultades para delimitar dicha zona aún ante la presencia de acantilados.

Por ello, el presente trabajo propone en el apartado segundo, entender el concepto de zona marítimo terrestre y en el apartado tercero, hacer un breve repaso histórico en México, lo que nos permitirá tener una comprensión más cabal del concepto.

Finalmente, el apartado cuarto está dedicado, precisamente a la problemática de los acantilados.

II. CONCEPTO

De acuerdo con el artículo 3 fracción II de la Ley General de Bienes Nacionales,[1] los bienes de uso común son bienes nacionales.

Dentro de los bienes de uso común encontramos, de acuerdo con el artículo 7 fracciones IV y V, tanto *"las playas marítimas, entendiéndose por tales las partes de tierra que por virtud de la marea cubre y descubre el agua, desde los límites de mayor reflujo hasta los límites de mayor flujo anuales;"* como, *"la zona federal marítimo terrestre"*.[2]

Los bienes de uso común están sujetos al régimen de dominio público de la federación en términos del artículo 6 de la citada Ley y por tanto son inalienables, imprescriptibles e inembargables y estarán exclusivamente bajo la jurisdicción de los poderes federales,[3] de tal manera que la zona federal marítimo terrestre (zofemat) es de dominio público y jurisdicción federal.

Por su parte, el artículo 119 de dicha Ley, establece cuatro supuestos en los cuales se determinará y delimitará la zona federal marítima terrestre

El primer supuesto se refiere a cuando la costa presente playas caso en el cual, la zona federal marítimo terrestre estará constituida por la faja de veinte metros de ancho de tierra firme, transitable y contigua a dichas playas o, en su caso, a las riberas de los ríos, desde la desembocadura de éstos en el mar, hasta cien metros río arriba.

---

1 Publicada en el Diario Oficial de la Federación el 20 de mayo de 2004.

2 En España, es al revés. De acuerdo con el artículo 3 numeral 1 inciso a) de Ley 22/1988, de 28 de julio, de Costas, la zona marítimo-terrestre es el espacio comprendido entre la línea de bajamar escorada o máxima viva equinoccial, y el límite hasta donde alcancen las olas en los mayores temporales conocidos, de acuerdo con los criterios técnicos que se establezcan reglamentariamente, o cuando lo supere, el de la línea de pleamar máxima viva equinoccial. Esta zona se extiende también por las márgenes de los ríos hasta el sitio donde se haga sensible el efecto de las mareas.
Por su parte, las playas son las zonas de depósito de materiales sueltos, tales como arenas, gravas y guijarros, incluyendo escarpes, bermas y dunas, estas últimas se incluirán hasta el límite que resulte necesario para garantizar la estabilidad de la playa y la defensa de la costa.

3 Véanse los artículos 9 y 13 de la Ley General de Bienes Nacionales.

El segundo supuesto considera como zona federal marítimo terrestre, a la totalidad de la superficie de los cayos y arrecifes ubicados en el mar territorial. Los cayos y arrecifes son sistemas insulares, que de acuerdo con la Comisión Nacional para el Conocimiento y Uso de la Biodiversidad (CONABIO)[4] *"son superficies naturales de tierra, rodeadas de agua y a nivel del mar. Son fragmentos de hábitat natural con especies y comunidades propias que se han establecido, adaptado y evolucionado."*

De acuerdo con esta definición, toda la superficie de un Cayo, es zona federal marítimo terrestre, independientemente de que contando con playa marítima su superficie vaya más allá de los veinte metros de ancho de tierra firme, transitable y contigua a la misma. Por tanto, la totalidad de los cayos son bien nacional y sujetos al régimen de dominio público.[5] Lo mismo puede señalarse de los arrecifes, en el sentido que toda la superficie de un arrecife es zona federal marítimo terrestre, y por tanto, un bien sujeto al régimen de dominio público.[6]

En el tercer supuesto se considera también como zona federal marítimo terrestre la faja de veinte metros de ancho de tierra firme, transitable y contigua a los lagos, lagunas, esteros o depósitos naturales de agua marina que se comuniquen directa o indirectamente con el mar.

Es de resaltar que la definición no precisa si esta comunicación es permanente o temporal, por lo que, donde no se distingue no es dable hacerlo. De ahí que si el lago, laguna, estero o depósito natural de agua marina, se comunica intermitentemente con el mar, la faja de veinte metros de ancho de tierra firme, transitable y contigua es zona federal marítimo terrestre.

---

4 https://www.biodiversidad.gob.mx/ecosistemas/islas

5 Artículo 4.- Los bienes nacionales estarán sujetos al régimen de dominio público.
Artículo 6.- Están sujetos al régimen de dominio público de la Federación:
II.- Los bienes de uso común a que se refiere el artículo 7 de esta Ley;

6 Respecto de este punto, llama la atención que en el Amparo en Revisión 54/2021 la Suprema Corte de Justicia de la Nación en el caso "Sistema Arrecifal Veracruzano", hayan pasado por alto este importante tema pues estando sujetos al régimen de dominio público, y por tratarse de bienes de uso común los mismos no pueden desincorporarse, por lo tanto, no podría haberse construido sobre los mismos.

El cuarto y último supuesto, lo constituye el caso de las marinas artificiales o esteros dedicados a la acuacultura, en cuyo caso, la zofemat no excederá de tres metros de ancho y se delimitará procurando que no interfiera con el uso o destino de sus instalaciones, siempre y cuando entre dichas marinas o esteros y el mar no medie una zona federal marítimo terrestre. En caso contrario no se delimitará zona federal marítimo terrestre.

Es conveniente aclarar que en términos de lo dispuesto por el artículo 125, *"[c]uando por causas naturales o artificiales, se ganen terrenos al mar, los límites de la zona federal marítimo terrestre se establecerán de acuerdo con la nueva configuración física del terreno, de tal manera que se entenderá ganada al mar la superficie de tierra que quede entre el límite de la nueva zona federal marítimo terrestre y el límite de la zona federal marítimo terrestre original."* Son los llamados terrenos ganados al mar.

La zofemat por su carácter de ser un bien sujeto a dominio público y jurisdicción federal, los terrenos privados, ejidales o de cualquier otra naturaleza que pasen a formar parte de la nueva zona federal marítimo terrestre perderán su carácter de propiedad privada[7] y pasarán por ese hecho a ser propiedad de la Nación.[8] Pasan a partir de que la zofemat es delimitada. Procedimiento que la Poner Secretaría de Medio Ambiente y Recursos Naturales (SEMARNAT) debe tener mucho cuidado en llevar, a fin de no violar la garantía de audiencia.

III. HISTORIA

Ya en el Derecho Romano se clasificaban las costas del mar (*litus maris*, las playas, es decir, el espacio bañado por las mareas) como res

---

7 Véase el artículo 122 de la Ley General de Bienes Nacionales

8 Véase artículo 18 del Reglamento para el Uso y Aprovechamiento del Mar Territorial, Vías Navegables, Playas, Zona Federal Marítimo Terrestre y Terrenos Ganados al Mar, Publicado en el Diario Oficial de la Federación el día 21 de agosto de 1991.

commune omnium.[9] En nuestro país, señala Cota Valenzuela,[10] la definición y protección de una franja contigua a los límites continentales del mar territorial, definida ahora como zona federal marítimo-terrestre, tiene sus antecedentes históricos en la Colonia, cuando las Leyes de Partida de Felipe II consideraban a las playas como cosas comunes a los súbditos españoles y pertenecían al Real Patrimonio de España. La Real Orden del diez de septiembre de 1815 señalaba ya, que debería entenderse por playas todo aquel espacio que baña el agua del mar en su flujo y reflujo diario, más veinte varas comunes más arriba de la pleamar. En el México independiente, la resolución presidencial del 15 de noviembre de 1850 estableció que en materia de playas, los límites de la zona marítimo-terrestre se determinaban por los ordenamientos de la Armada de México, por la Ordenanza de Poblaciones de Felipe II y por la Real Orden de 1815.

Es en la Ley del 26 de marzo de 1894 donde se instituye la propiedad permanente del gobierno federal sobre las playas, la zona marítimo-terrestre, y sobre la zona de diez metros en ambas riberas de los ríos navegables, declarando que dichos bienes no podían enajenarse ni estar sujetos a prescripción.

Como podemos observar, en un inicio no se distinguía entre playa y zona marítimo terrestre, puesto que la playa era todo aquel espacio que baña el agua del mar en su flujo y reflujo diario, más veinte varas comunes (alrededor de 17 metros actuales) más arriba de la pleamar.

Más tarde se consideraron, en vez de veinte varas, veinte metros, inicialmente como delimitación de las playas de las cuales formaban parte, y posteriormente, distinguiéndola del concepto de playa y caracterizándola como propiedad o bien de dominio público.

---

9 "La doctrina viene entendiéndolas como aquellas cosas que por derecho natural, que por su propia naturaleza, pertenecen a todos los hombres y están destinadas a un uso común". Ana, Alemán Monterreal. "La problemática del *litus maris* en Derecho romano y su pervivencia". *Anuario da Facultade de Dereito da Universidade da Coruña*, 2013, 17, p. 557

10 Desdémona, Cota Valenzuela, *La importancia de la zona federal marítimo-terrestre en el desarrollo turístico de las regiones. Biblioteca Jurídica Virtual IIJ-UNAM*, No. 23. 2009, pp. 353 y 354. Ver en https://archivos.juridicas.unam.mx/www/bjv/libros/6/2722/23.pdf

La primera Ley General de Bienes Nacionales posterior a la Constitución de 1917, es la Ley General de Bienes Nacionales de 1942,[11] que derogó la Ley de 18 de diciembre de 1902. Respecto a la zofemat señalaba en su artículo 17 fracciones III y IV, que son bienes de uso común *"[l]as playas marítimas, entendiéndose por tales las partes de tierra que por virtud de la marea cubre y descubre el agua, desde los límites de mayor reflujo hasta los límites del mayor aflujo anuales;"* y *"[l]a zona marítimo-terrestre, o sea la faja de veinte metros de ancho de tierra firma, contigua a las playas del mar o a las riberas de los ríos, desde la desembocadura de éstos en el mar, hasta el punto, río arriba donde llegue el mayor aflujo anual;"*

Esta Ley del 42, fue abrogada por la Ley General de Bienes Nacionales de 1969,[12] cuyo nuevo texto incorporó en su artículo 18 fracción IV la palabra "transitable" a la zofemat para quedar de la siguiente manera:

"IV.- La zona marítimo terrestre, o sea la faja de veinte metros de ancho de tierra firme, transitable, contigua a las playas del mar...;"

La adición de la palabra "transitable" ya nos indica claramente, que los acantilados, no pueden considerarse como zona marítimo terrestre. Si hasta antes de esta reforma, la playa era lo que cubre y descubre el mar y la zona marítimo terrestre era la faja de veinte metros de ancho de tierra firma, contigua a las playas del mar, alguien podría haber pensado que las paredes de los acantilados podrían conformar una playa en tanto que parte de ella lo cubre y descubre el mar. Si esto era así, entonces la zona marítimo terrestre, lo conformaba la faja de veinte metros de pared de acantilado contigua a dicha playa. Pero con la adición de la palabra "transitable", esa interpretación cayó por tierra, además de que no se sostiene ni históricamente, ni técnicamente. Resultó una "interpretación" para seguir controlando y sobre todo para seguir obteniendo recursos. Por otro lado, no se llegó a pensar que la parte alta transitable de los acantilados podría ser considerada como zona marítimo terrestre en tanto que ya no sería contigua a la playa.

---

11 Publicada en el Diario Oficial de la Federación el 3 de julio de 1942.

12 Publicada en el Diario Oficial de la Federación el 30 de enero de 1969.

Posteriormente, la Ley General de Bienes Nacionales de 1982[13] que abrogó la de 1942, creó un Capítulo IV De la Zona Federal Marítimo Terrestre y de los Terrenos Ganados al Mar, para establecer cómo se determinará la zona federal marítimo terrestre, y al respecto señaló en su artículo 49:

"**ARTÍCULO 49.-** *Tanto en el macizo continental como en las islas que integran el territorio nacional, la zona federal marítimo terrestre se determinará:*

I. Cuando la costa presente playas, la zona federal marítimo terrestre estará constituida por la faja de veinte metros de ancho de tierra firme, transitable y contigua a dichas playas o, en su caso, a las riberas de los ríos, desde la desembocadura de éstos en el mar, hasta el punto, río arriba donde llegue el mayor flujo anual.

II. Cuando la costa carezca de playas y presente formaciones rocosas o acantilados, la faja de veinte metros de zona federal Marítimo terrestre, se contará desde el punto en la parte superior de dichos acantilados o formaciones rocosas en que pueda transitarse libremente y en forma continua. Para los efectos de esta ley, la totalidad de la superficie de los cayos y arrecifes ubicados en el mar territorial se considera como zona federal marítimo terrestre.

III. En el caso de lagos, lagunas o esteros que se comuniquen directa o indirectamente con el mar o respecto de cualquier otro depósito de agua marítima, la faja de veinte metros de zona federal marítimo terrestre se contará a partir del punto a donde llegue el mayor embalse anual o límite de la pleamar o, en su caso, con base en las reglas señaladas en la fracción anterior.

A la Secretaría de Asentamientos Humanos y Obras Públicas corresponderá el deslinde y delimitación de la zona federal Marítimo terrestre."

La incorporación de este apartado especial incluye una importante distinción: si se trata de costas que presenten playas, de aquellas costas que carezcan de ellas y presenten formaciones rocosas o acantilados.

La primera distinción, es decir, aquellas costas que presenten playas, sigue la línea de las anteriores legislaciones, es decir, que la zona marítimo terrestre es la faja de veinte metros de ancho de tierra firme, transitable y contigua a dichas playas.

---

13 Publicada en el Diario Oficial de la Federación el 8 de enero de 1982.

La segunda distinción, parte de que la costa carece de playas, es decir, de un espacio de tierra transitable, y en su lugar hay formaciones rocosas o acantilados. Espacios de tierra firme, que claramente no son transitables.

En este caso, señalaba la Ley, la faja de veinte metros de zona federal marítimo terrestre, se contará desde el punto en la parte superior de dichos acantilados o formaciones rocosas en que pueda transitarse libremente y en forma continua. Se trata siempre de que la zona marítimo terrestre sea transitable, de ahí que la faja de veinte metros transitables se empiece a medir desde el punto en la parte superior de dichos acantilados o formaciones rocosas en que pueda transitarse libremente y en forma continua. En este caso, la zona marítimo terrestre ya no es contigua a esa porción de tierra que por virtud de la marea cubre y descubre el mar.

La fracción II comentada, dejó en claro que cuando se esté en presencia de acantilados y formaciones rocosas, claramente la costa carece de playas. También que el acantilado y las formaciones rocosas no son transitables y, por tanto, la parte alta del acantilado que ya pueda ser transitable, no es contigua a la playa (*litus* maris).

Posteriormente, en 1987, esa fracción II fue reformada,[14] cuyo texto quedó de la siguiente manera:

"II. Cuando la costa carezca de playas y presente formaciones rocosas o acantilados, <u>la Secretaría de Desarrollo Urbano y Ecología determinará la zona federal marítima terrestre dentro de una faja de 20 metros contigua al litoral marino</u>..."

Tal y como puede observarse, la redacción de la fracción II del artículo 49 reformado en 1987, retoma la necesidad de que la zofemat sea contigua al litoral marino. Por tanto, no podría determinarse una zona marítimo terrestre en la parte superior de dichos acantilados, pues no serían contiguos al litoral marino. En este caso la zona marítimo terrestre, es la continuación de los siguiente 20 metros al litoral marino, independientemente de que sean transitables o no. En este caso, la dificultad estriba en saber el límite del litoral marino

---

14 Decreto por el que se reforma y adiciona la Ley General de Bienes Nacionales, publicado en el Diario Oficial de la Federación el 25 de mayo de 1987.

y cómo medir esos 20 metros, si son de manera horizontal al mar o de manera inclinada.

Dicho precepto fue objeto de nueva reforma en enero de 1992,[15] para quedar como sigue:

"ARTÍCULO 49.- Tanto en el macizo continental como en las islas que integran el territorio nacional, la zona federal marítimo terrestre se determinará:

I.- Cuando la costa presente playas, la zona federal marítimo terrestre estará constituida por la faja de veinte metros de ancho de tierra firme, transitable y contigua a dichas playas o, en su caso, a las riberas de los ríos, desde la desembocadura de éstos en el mar, hasta cien metros río arriba;

II.- La totalidad de la superficie de los cayos y arrecifes ubicados en el mar territorial, constituirán zona federal marítimo terrestre;

III.- En el caso de lagos, lagunas, esteros o depósitos naturales de agua marina que se comuniquen directa o indirectamente con el mar, la faja de veinte metros de zona federal marítimo terrestre se contará a partir del punto a donde llegue el mayor embalse anual o límite de la pleamar, en los términos que determine el reglamento; y

IV.- En el caso de marinas artificiales o esteros dedicados a la acuacultura, no se delimitará zona federal marítimo terrestre, cuando entre dichas marinas o esteros y el mar medie una zona federal marítimo terrestre. La zona federal marítimo terrestre correspondiente a las marinas que no se encuentren en este supuesto, no excederá de tres metros de ancho y se delimitará procurando que no interfiera con el uso o destino de sus instalaciones."

Esta importante reforma lo constituyó: i) la determinación de que, cuando la costa presente playas, la zona federal marítimo terrestre estará constituida, tratándose de la desembocadura de los ríos en el mar, hasta cien metros río arriba; ii) evidentemente, la exclusión del segundo supuesto mencionado más arriba, es decir, cuando la costa carezca de playas y presente formaciones rocosas o acantilados; iii) la incorporación de una fracción especial para los Cayos y Arrecifes; iv) la posibilidad de delimitar zona marítimo terrestre también a los depósitos naturales de agua marina; y v) la incorporación de los supuestos de marinas artificiales o esteros dedicados a la acuacultura,

---

15 Publicada en el Diario Oficial de la Federación el día 3 de enero de 1992.

como espacios posibles a poder delimitarles la zona federal marítimo terrestre.

Finalmente, en 2002 se publica la actual Ley General de Bienes Nacionales que derogó la Ley de 1982, quedando el antiguo artículo 49, hoy artículo 119 prácticamente igual, salvo la adición de un segundo párrafo a la fracción IV, e incorporando a la SEMARNAT como responsable de la administración y delimitación de la zofemat.

IV. EL PROBLEMA DE LOS ACANTILADOS

Como puede apreciarse del capítulo anterior de la historia legislativa en México, el tema de los acantilados, es el tema que más modificaciones sustanciales a sufrido.

Es claro que, desde un inicio, nuestro legislador, ha querido dejar en claro que la zona marítimo terrestre es una faja de tierra firme, transitable y contigua a la playa, entendida como la porción de tierra (no de rocas) que cubre y descubre el mar. Por tanto, si no hay playa y si no hay tierra firme, transitable y contigua, no hay zona federal marítimo terrestre.

Recordemos que en 1982 se creó un artículo 49 a la nueva Ley General de Bienes Nacionales, para establecer la forma en cómo se determinaría la zona federal marítimo terrestre. Hasta antes de ello, la ley definía la zona marítimo terrestre, *"o sea la faja de veinte metros de ancho de tierra firme, transitable, contigua a las playas del mar…"*.

A partir de entonces, lo importante no era definirla, sino cómo determinarla (delimitarla). Para ello, la ley de 1982 planteó cuatro casos en tres fracciones: i) cuando la costa presente playas; ii) cuando la costa carezca de playas y presente formaciones rocosas o acantilados; iii) en los casos de cayos y arrecifes; y iv) en el caso de lagos, lagunas o esteros que se comuniquen directa o indirectamente con el mar.

En la exposición de motivos de la reforma de 1992, se señala que fueron tres los objetivos que se propusieron: ampliar la vigencia de las concesiones de 20 a 50 años y su prórroga; modificar todo el artículo 49 para aclarar cómo se determina la zona marítimo terrestre; y facilitar el trámite administrativo cuando se cuente ya con concesión, permiso o autorización de autoridad competente, y se requiera del aprovechamiento de la zona federal marítimo terrestre.

El debate se centró fundamentalmente en la ampliación de la vigencia de las concesiones, como en la incorporación de una fracción IV, relativa a las marinas artificiales o esteros dedicados a la acuacultura. En ningún momento se discutió la desaparición del supuesto relativo a cuando la costa carezca de playas y presente formaciones rocosas o acantilados.

La iniciativa de reforma de 1992 por la que se desapareció el tema de los acantilados fue presentada en la Cámara de Senadores.[16] En la sesión en la que se le dio primera lectura al Dictamen con proyecto de decreto, se puede leer lo siguiente, entre otros asuntos:[17]

"En lo relativo a la propuesta de modificaciones al Artículo 49..., como ya lo expresamos, uno de los objetos principales de la reforma que analizamos es el otorgar mayor seguridad jurídica en la operación de la Ley que comentamos...

La modificación que se propone a la fracción segunda del Artículo 49 tiene por objeto clarificar, y confirmar que los cayos y arrecifes ubicados en el mar territorial son considerados zona federal marítimo terrestre."

La Minuta fue enviada a la Cámara de Diputados y en los debates se resaltó entre otras, lo siguiente:[18]

El artículo 49 propuesto es el que sufre más modificaciones, ya que con el propósito de señalar con toda claridad la extensión de la zona federal marítimo terrestre, se reforman sus tres fracciones, añadiendo una cuarta.

---

16 Véase el Diario de Debates de la Sesión Pública Ordinaria celebrada el 10 de diciembre de 1991. LV Legislatura, Año I, Primer Periodo Ordinario, Sesión Núm. 22.

17 Véase el Diario de Debates de la Sesión Pública Ordinaria celebrada el 16 de diciembre de 1991. LV Legislatura, Año I, Primer Periodo Ordinario, Sesión Núm. 26.
En la sesión en la que se dio segunda lectura al dictamen, la discusión se centró en la ampliación de la vigencia de las concesiones y en la fracción IV del artículo 49 reformado. Para ello, véase el Diario de Debates de la Sesión Pública Ordinaria Celebrada el 17 de Diciembre de 1991. LV Legislatura, Año I, Primer Periodo Ordinario, Sesión Núm. 27.

18 Véase Diario de Debates de la Sesión Pública Ordinaria celebrada el 19 de diciembre de 1991. LV Legislatura, Año I, Período Ordinario. Número de Diario 23.

...

En la fracción II de este mismo artículo 49 se suprime una primera parte, con lo que se evita una confusión en la determinación de la zona federal marítimo terrestre, quedando claro que la totalidad de los arrecifes pertenecerán a ésta.

Finalmente, de la Sesión en la que se aprobó el dictamen que reformó la Ley de 1982, podemos extraer lo siguiente:

"El objetivo de la iniciativa, eleva el sentido de mejorar la interpretación de la ley y...que el común denominador de dichos ordenamientos son dos aspectos fundamentales: Que las superficies de tierra firme, colindantes a las playas, deben ser del dominio público y del uso común y el otro, que su control se encuentra a cargo de la Federación para su administración y mayor aprovechamiento."[19]

El tema de las costas que carezcan de playas y presenten formaciones rocosas o acantilados, no fue objeto de discusión y sí de aclaración en el sentido de que su inclusión generó confusión en la determinación de la zona federal marítimo terrestre, así como ambigüedad en la interpretación de la ley vigente en la época. Reiterándose que la zona federal marítimo terrestre invariablemente es la superficie de tierra firme, transitable y colindante a las playas.

En conclusión, no existe zona federal marítimo terrestre cuando no haya playas y cuando no exista tierra firme, transitable y contigua a las mismas. De ahí que no sea posible determinar la citada zona federal, cuando las costas carezcan de playas y presente formaciones rocosas o acantilados.

No debemos pasar por alto lo dispuesto en el artículo 4 del Reglamento para el Uso y Aprovechamiento del Mar Territorial, Vías Navegables, Playas, Zona Federal Marítimo Terrestre y Terrenos Ganados al Mar, que al efecto establece:

"Artículo 4o. La zona federal marítimo terrestre se determinará únicamente en áreas que en un plano horizontal presenten un ángulo de inclinación de 30 grados o menos.

---

19 Palabras del diputado Guillermo Mercado Romero. Véase Diario de Debates de la Sesión Pública Ordinaria celebrada el 20 de diciembre de 1991. LV Legislatura, Año I, Período Ordinario. Número de Diario 24.

Tratándose de costas que carezcan de playas y presenten formaciones rocosas o acantilados, la Secretaría determinará la zona federal marítimo terrestre dentro de una faja de 20 metros contigua al litoral marino, únicamente cuando la inclinación en dicha faja sea de 30 grados o menor en forma continua.

En el caso de los ríos, la zona federal marítimo terrestre se determinará por la Secretaría desde la desembocadura de éstos en el mar hasta el punto río arriba donde llegue el mayor flujo anual, lo que no excederá en ningún caso los doscientos metros."

Como podemos advertir, el Reglamento citado es del año 1991, un año anterior a la reforma comentada del año de 1992. El Reglamento establece un límite de doscientos metros de zona federal marítimo terrestre, para el caso de la desembocadura de los ríos en el mar, cuando la reforma del año 1992, estableció que no podía ser mayor a cien metros. Además, todavía contempla la posibilidad de delimitar la zona federal marítimo terrestre, tratándose de costas que carezcan de playas y presenten formaciones rocosas o acantilados. Ciertamente se ha tomado como criterio el ángulo de inclinación de 30 grados o menos, como criterio para determinar cuándo una superficie de terreno firme es transitable. Pero este criterio se ha tomado en la práctica, pues ese criterio fue más bien para saber cuándo se está en presencia de un acantilado, pues una pendiente de 30 grados equivale a una pendiente de 57.74%. Para dar una idea, la pendiente máxima para carreteras tipo D, con tipo de terreno montañoso es de 9%[20] (5.14 grados). Para una silla de ruedas, la pendiente máxima de una rampa es del 12% (6.84 grados). Por lo que claramente el criterio de 30 grados, evidentemente no puede considerarse como el criterio para definir, cuándo es transitable una porción de tierra firme.

Por todo lo anterior, es evidente el incumplimiento de la SEMARNAT, de cumplir con lo señalado en el artículo segundo transitorio de la reforma de 1992, de proveer lo necesario para adecuar la zona federal marítimo terrestre a lo dispuesto por ese Decreto.

---

20 Secretaría de Comunicaciones y Transportes, Subsecretaría de Infraestructura, Dirección General de Servicios Técnicos. "Manual de Proyecto Geométrico de Carreteras 2018". México, Tercera edición, 2018, visible en https://comunicaciones.edomex.gob.mx/sites/comunicaciones.edomex.gob.mx/files/files/SCT%20-%20Manual%20Proyecto%20Geometrico%20Carreteras%202018.pdf

La falta de adecuación y por tanto la existencia de ese segundo párrafo del artículo 4 del Reglamento comentado, hace que subsistan las confusiones y ambigüedades en la interpretación de la ley vigente, que se consideraban superadas en alguna época.[21]

Lo anterior no es obstáculo para considerar que a partir de esta reforma, el artículo 4 del Reglamento para el Uso y Aprovechamiento del Mar Territorial, Vías Navegables, Playas, Zona Federal Marítimo Terrestre y Terrenos Ganados al Mar, de fecha 21 de agosto de 1991, quedó tácita y expresamente derogado, puesto que ya no hay en la legislación de la cual dependía en cuanto a su existencia, ninguna referencia a los acantilados quedando sin base jurídica dicho precepto, pues al haber desaparecido de la Ley desde el 3 de enero de 1992 la figura de los Acantilados, dejó de ser posible jurídicamente su delimitación. De tal manera que toda delimitación de zona federal marítimo terrestre en acantilados, posteriores a esta fecha son ilegales.

Además de que es de explorado derecho que un Reglamento no puede ir más allá de la ley que reglamenta ni contravenirla. Además en la reforma de 2004, de manera expresa en su artículo Transitorio Segundo se indica que *"[s]e abroga la Ley General de Bienes Nacionales, publicada en el Diario Oficial de la Federación el 8 de enero de 1982", en el Transitorio Tercero, se señaló que se derogan todas aquellas disposiciones que se opongan a lo establecido en la dicha Ley, y en el Transitorio Décimo Cuarto, se determina que "se continuarán aplicando las disposiciones reglamentarias y administrativas vigentes en lo que no se opongan a este ordenamiento."*

---

21 "No obstante lo señalado por el Reglamento, anteriores administraciones otorgaban concesiones de Zofemat aún en acantilados con inclinación mayor a los 30 grados. Esta práctica se realizaba de manera general hasta la entrada del nuevo titular de la Dirección General de Zona Federal Marítimo Terrestre (José Luis Gutiérrez Miranda), quien al contar con una formación jurídica, determinó de manera acertada que las concesiones no se podían seguir otorgando sobre acantilados con una inclinación mayor a 30 grados, pues el ordenamiento jurídico aplicable así lo establece." Luigi Iacobi, Pontones Brito. "Particularidades de la zona federal marítimo terrestre". *Revista Derecho Ambiental y Ecología*, Número 44, Año 8, agosto-septiembre 2011, p. 43.

V. CONCLUSIONES

1. La zofemat es un bien de uso común y de dominio público.
2. Sólo es posible delimitarla cuando la costa presente playas (*litus maris*) y, por tanto, no existe zona marítimo terrestre en acantilados y formaciones rocosas.
3. La zofemat es el espacio de tierra firme, transitable y contigua a la playa.
4. La SEMARNAT, no tiene facultades para delimitar la zofemat en espacios de tierra firme que no sean transitables, como son los acantilados o formaciones rocosas.
5. El Ejecutivo Federal, se encuentra frente a una omisión regulatoria, al no adecuar el Reglamento para el Uso y Aprovechamiento del Mar Territorial, Vías Navegables, Playas, Zona Federal Marítimo Terrestre y Terrenos Ganados al Mar de 1991 a la actual ley, para eliminar la referencia a costas que carecen de playas y se encuentran acantilados o formaciones rocosas y para determinar, con espíritu de inclusión, cuando se está frente a un zona contigua al mar, pero que por su inclinación no sea transitable.

VI. BIBLIOGRAFÍA

- Amparo en Revisión 54/2021, Suprema Corte de Justicia de la Nación.
- Ana, Alemán Monterreal. *La problemática del litus maris en Derecho romano y su pervivencia.* Anuario da Facultade de Dereito da Universidade da Coruña, 2013, 17, pp. 553-576.
- Desdémona, Cota Valenzuela, *La importancia de la zona federal marítimo-terrestre en el desarrollo turístico de las regiones.* Biblioteca Jurídica Virtual IIJ-UNAM, No. 23. 2009, pp. 353 y 354. Ver en https://archivos.juridicas.unam.mx/www/bjv/libros/6/2722/23.pdf
- Ley de Aguas Nacionales, publicada en el Diario Oficial de la Federación el 1° de diciembre de 1992.
- Ley General de Bienes Nacionales publicada en el Diario Oficial de la Federación el 20 de mayo de 2004.
- Ley 22/1988, de 28 de julio, de Costas.
- Luigi Iacobi, Pontones Brito. *Particularidades de la zona federal marítimo terrestre.* Revista Derecho Ambiental y Ecología, Número 44, Año 8, agosto-septiembre 2011, pp. 43-46.

- Reglamento para el Uso y Aprovechamiento del Mar Territorial, Vías Navegables, Playas, Zona Federal Marítimo Terrestre y Terrenos Ganados al Mar, publicado en el Diario Oficial de la Federación el 1° de diciembre de 1991.

Capítulo 11

La valoración de la prueba ambiental en sede administrativa y judicial

MARÍA DEL CONSUELO JUÁREZ MENDOZA

Sumario: I. Introducción. II. Una transversalidad no considerada en materia probatoria. III. Una necesidad apremiante. IV. Conclusión. V. Bibliografía.

I. INTRODUCCIÓN

Han transcurrido 53 años desde la promulgación de la primera legislación federal expedida en materia ambiental, la Ley Federal para Prevenir y Controlar la Contaminación Ambiental del 12 de marzo de 1971 (Congreso de la Unión E. U., 1971), cuya aplicación correspondió en su momento a la Secretaría de Salubridad y Asistencia, con el objetivo fundamental de proteger de la salud derivada por la contaminación atmosférica.

Esta pieza legislativa se consideró como la precursora de la rama, inicialmente integrada dentro del derecho administrativo que, con el paso del tiempo adquirió los elementos para considerarse como una rama específica del derecho: el Derecho Ambiental.

El vínculo que actualmente existe entre el Derecho Ambiental y del Derecho Administrativo es estrecho, pues el desarrollo y aplicación del primero en las relaciones de las autoridades ambientales con la sociedad no puede entenderse sin el segundo.

En materia judicial, el Derecho Ambiental avanza a pasos agigantados en cuanto a su interpretación constitucional, desarrollo de principios y criterios aplicables a su objeto de protección que en la actualidad han transcendido de la salud del ser humano hacia la salud de los ecosistemas, elementos naturales e incluso microorganismos, marinos y terrestres.

Sin embargo, los operadores del derecho tanto autoridades judiciales, administrativas, personas interesadas en el aprovechamiento sustentable de los elementos naturales aún tenemos que trabajar arduamente en ese apartado significativo en materia ambiental: las pruebas y su procedimiento probatorio.

Esto constituye el tema de análisis más importante que materializa los enfoques preventivo y precautorio en la protección del medio ambiente, dada la particularidad de las características de cada elemento natural, de su vinculación entre sí y su interacción con el ser humano.

II. UNA TRANSVERSALIDAD NO CONSIDERADA EN MATERIA PROBATORIA

La transversalidad del derecho ambiental es evidente.

Siendo la naturaleza y sus elementos el principal insumo para las actividades humanas, desde la más elementales (como comida y techo) hasta las más complejas (actividades industriales, comerciales, de investigación o de servicios, a todos los niveles), cierto es que las demás ramas del derecho que regulan estas actividades en algún momento se vinculan con las disposiciones en materia ambiental.

Esta vinculación se desarrolla en todos los niveles, desde la planeación y diseño de políticas, nacionales e internacionales, hasta la resolución de derechos en favor de comunidades afectadas por los daños al ambiente, pasando sin duda, por la parte relacionada a la gestión a través de la cual los recursos naturales se administran a través de esquemas de comando-control (cada vez menos) hasta los autorregulados.

No obstante, la actualización de las leyes administrativas, las ambientales requieren una actualización que les permita una mayor flexibilidad sobre todo para el desarrollo de instrumentos de política ambiental y modernos modelos de auto gestión que demanda el desarrollo comercial y social a nivel global.

Además de los aspectos sustantivos en los que se considera necesaria la actualización de la legislación en materia ambiental a los que alude el párrafo precedente, los procedimientos y valoración de las pruebas, e incluso los medios probatorios mismos, requieren una nueva configuración que sin dejar de reconocer la transversalidad de la materia, otorgue a la fase probatoria la flexibilidad que las características de la propia materia ambiental requieren.

Si bien es cierto que la legislación mexicana en materia ambiental, particularmente en el ámbito federal, adoptó importantes modelos procesales que atienden a aspectos relativos con la carga de la prueba,[1] este aspecto atiende más a nivelar la desigualdad entre las partes que intervienen en los procedimientos, administrativos y judiciales, con lo cual se da cumplimiento a importantes obligaciones en materia internacional.[2]

La prueba en el Derecho Ambiental requiere analizarse desde dos enfoques, el enfoque administrativo y el judicial, esto es así, porque cuando se llega a la última frontera, es decir a las acciones judiciales, particularmente las relativas al daño ambiental los juzgadores tienen a la vista, al menos, las mismas pruebas documentales (estudios, manifestaciones de impacto ambiental, planos, inventarios, muestreos, etc.) que, en su caso, la autoridad administrativa tuvo a la vista para la expedición de permisos, licencias, autorizaciones o concesiones.

Sin embargo, la transversalidad que caracteriza al derecho ambiental, entra en juego, pues los elementos técnicos que las personas que realizan diferentes actividades productivas o incluso de conservación, para la obtención de permisos, licencias, autorizaciones o concesiones, pusieron a consideración de otras autoridades también tienen una relación estrecha con lo que valoró o debió valorar la autoridad ambiental.

---

1 Entre estos modelos procesales se encuentran: las acciones colectivas (Código Federal de Procedimientos Civiles —actualmente reformado—) (Congreso de la Unión E., Código Federal de Procedimientos Civiles, 2023), la acción por daño ambiental (Ley Federal de Responsabilidad Ambiental) (Congreso de la Unión E., Ley Federal de Responsabilidad Ambiental, 2013) y, en materia administrativa, los medios de impugnación que pueden presentar terceros que puedan verse afectados por la ejecución de actividades que pueden provocar daños ambientales (Recurso de Revisión-Ley General del Equilibrio Ecológico y la Protección al Ambiente) (Congreso de la Unión E., Ley General del Equilibrio Ecológico y la Protección al Ambiente).

2 Principio 10 de la Declaración de Río (ONU, 1992) y Acuerdo de Escazú (CEPAL, 2018).

El tema comienza a complicarse cuando se toma en consideración que, la autoridad administrativa está sujeta al análisis de los requisitos de índole técnica que se presentan a su consideración, no solo en cuanto a la información que contienen, sino en cuanto a su oportunidad, idoneidad, pertinencia y alcance, respecto a regulaciones estatales en materia ambiental que pueden concurrir con la actividad respecto de la cual se solicita la emisión de un acto administrativo determinado.

Un requisito en materia ambiental, trae consigo una carga de análisis diferente a otras materias, impele a la autoridad a estudiar ese requisito de manera integral, es decir, a confrontarlo con las propias líneas de política nacional que se hayan adoptado, a revisarlo a la luz de los registros, inventarios o listados similares para identificar impactos sinérgicos y acumulativos a otras actividades autorizadas en la misma área, zona o región y adoptar la medidas necesarias para su prevención.

Del mismo modo, la transversalidad del Derecho Ambiental impele a las autoridades ambientales a considerar aspectos relacionados con otras materias, como desarrollo urbano, vivienda, obras públicas, salud, desarrollo económico para materializar el principio de desarrollo sustentable y buscar el equilibrio entre los factores que lo integran: medio ambiente, sociedad y economía.

Por su parte, las demás autoridades administrativas también deben de tomar en cuenta las consideraciones de las autoridades ambientales (de manera previa) para otorgar permisos, licencias, autorizaciones y concesiones, pues la afectación a los elementos naturales redunda en un deterioro social y económico que a mediano y largo plazo hace nugatorio el desarrollo del país.

En la actualidad, se observa que el análisis de la afectación que las actividades productivas pueden generar sobre el medio ambiente y los recursos naturales, no se articula de manera transversal con otros elementos de convicción ni dentro del ámbito ambiental ni en el ámbito competencial de otras autoridades.

Por ejemplo, durante muchos años México se reconoció como el cuarto país a nivel mundial en poseer una riqueza natural que lo caracterizó como un país mega diverso; sin embargo, en menos de una década esta posición ha caído al décimo segundo lugar (CONABIO, 2023).

Si observamos la información disponible en el sitio oficial de la Secretaría de Medio Ambiente y Recursos Naturales (SEMARNAT) encontraremos que los proyectos (obras o actividades) presentados para su evaluación en materia de impacto ambiental corresponden en su mayoría al sur-sureste del país, en donde, de acuerdo con la información de la Comisión Nacional Forestal (CONAFOR), se localizan bosques y selvas tropicales de gran valor ambiental.

Figura 1. Proyectos ingresados a evaluación de impacto ambiental de 2005 a 2014 por entidad federativa (SEMARNAT, 2023)

Mapa 2.27 | *Proyectos ingresados bajo el procedimiento de evaluación de impacto ambiental por entidad federativa, 2005 - 2014*

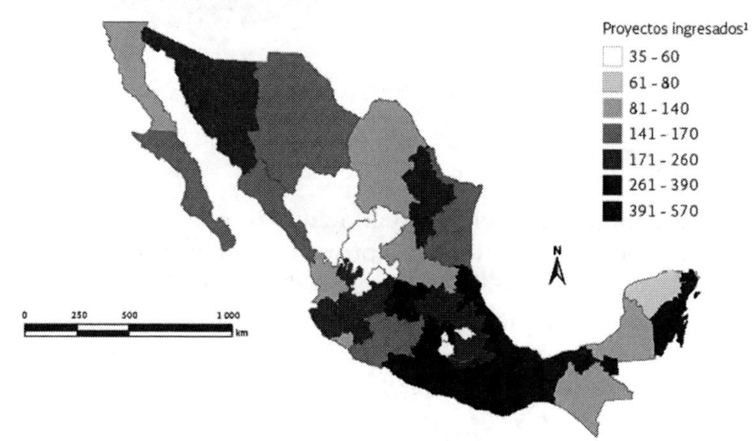

Nota:
[1] Los datos presentados no incluyen los proyectos atendidos en las Delegaciones Federales de la Semarnat.

Fuente:
Elaboración propia con datos de:
Dirección General de Impacto y Riesgo Ambiental, Semarnat. Mayo 2015.

Figura 2. Proyectos atendidos bajo el procedimiento de evaluación de impacto ambiental de 2005 a 2014 (SEMARNAT, 2023)

Mapa 2.28 | *Proyectos atendidos bajo el procedimiento de evaluación de impacto ambiental por entidad federativa, 2005 - 2014*

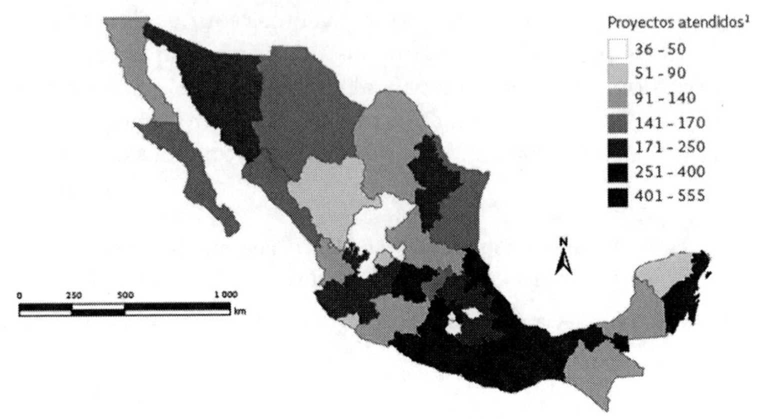

Nota:
[1] Los datos presentados no incluyen los proyectos atendidos en las Delegaciones Federales de la Semarnat.

Fuente:
Elaboración propia con datos de:
Dirección General de Impacto y Riesgo Ambiental, Semarnat. Mayo 2015.

Si comparamos, al menos visualmente, los estados del sureste el país en los que se han autorizado proyectos que implican el cambio de uso de suelo en terrenos forestales, fácilmente identificaremos que coinciden con aquellas entidades federativas con mayor tasa de deforestación, obsérvese el Estado de Quintana Roo o los estados de Veracruz y Oaxaca.

III. UNA NECESIDAD APREMIANTE

Si tomamos en consideración que un análisis de los requisitos y estudios que se anexan a las solicitudes de cambio de uso de suelo forestal, en el ejemplo señalado en párrafos precedentes, pudo realizarse de manera transversal y confrontarse con la información del Inventario Forestal Nacional y de Suelos, se podría apreciar los alcances de la remoción permanente de vegetación forestal y su acumulación a otras actividades similares en la misma área, zona o región.

Un análisis transversal realizado en ese sentido, contrariamente a lo que en algunas ocasiones se ha señalado, no atenta contra el ejercicio del derecho de propiedad o el derecho humano a dedicarse a la actividad que se desee siempre y cuando sea lícita.

El análisis transversal de los requisitos o elementos de convicción que tienen una autoridad administrativa a la vista para emitir algún acto que autorice el desarrollo de una actividad que impacte los recursos naturales o el medio ambiente, permite establecer condiciones que hagan más sustentable esa actividad y, en caso de que se advierta una condición química, física o biológica que en el mediano y largo plazo pueda significar el agotamiento o saturación de recursos o elementos naturales (como el propio suelo) u objetos de conservación (como el paisaje), dará seguridad a cualquier inversión.

Es por ello, que la valoración del cumplimiento de requisitos (que tienen el mismo alcance que una prueba) requieren de reglas específicas para la sede administrativa y solamente en algún caso que no pueda ser previsto se aplicarán, como regla general, las reglas del procedimiento administrativo contenidas en la Ley Federal del mismo nombre.

En este punto, resulta necesario precisar que la Ley Federal de Procedimiento Administrativo unificó de manera adecuada la diversidad de procedimientos que existían en las diferentes leyes administrativas; sin embargo, en materia de prueba esta pieza legislativa hace un reenvío al Código Federal de Procedimientos Civiles, cuerpo normativo que si bien identifica medios de prueba y sus formas de presentación y desahogo, tiene un diseño conformado a una forma de valorización restringida a los elementos de convicción existentes en el expediente.

Es verdad que, conforme al Código Federal en cita, un juzgador puede allegarse de todos los medios para analizar las pruebas que se le presentan, incluida la confronta de "unas pruebas con otras" (lo cual no le es dado a la autoridad administrativa) o la solicitud de informes u opiniones a terceros.

Sin embargo, la autoridad administrativa aplicando la misma regla, se circunscribe a solicitar informes a terceros, pero no le es dado confrontar los requisitos (pruebas) que se presentan a su análisis para resolver sobre la procedencia de un acto administrativo determinado.

Puede considerarse que la confronta señalada en párrafo precedente no constituye una forma de valoración de pruebas en sentido estricto, sino que forma parte de la motivación que, desde el punto de vista técnico sustente la determinación de la autoridad.

Lo anterior no es así, si se considera que los registros e inventarios y demás instrumentos de política ambiental con los que se confronten los requisitos de un trámite o solicitud constituyen documentales públicas que para traerse al análisis de la autoridad administrativa, deben ser integradas y evaluadas en los mismos términos que el Código Federal de Procedimientos Civiles establece para mejor proveer.

En materia judicial, el tema a dilucidar es ¿cuál es el objeto de la prueba, cuáles son los medios adecuados para probarlo, estos medios existen en el momento del planteamiento de la litis o para su apreciación está sujeta a hechos de la naturaleza que se realizan en una temporalidad determinada y cuál es el alcance de los elementos probatorios que se ofrecen ante la autoridad judicial?

Al respecto debe reconocerse que el Poder Judicial de la Federación, en las resoluciones más recientes de juicios en materia ambiental ha fortalecido al Derecho Ambiental incorporando criterios y estándares aplicables en la valoración de las pruebas.

En este punto, es la legislación ambiental misma y los instrumentos de política ambiental, particularmente los que establecen regulaciones de índole técnica, los que contienen una serie de conceptos para los cuales el juzgador indefectiblemente requiere del apoyo de conocimiento científico o del conocimiento experto, dentro del cual también puede reconocerse al conocimiento tradicional, según sea la materia de la litis.

La interpretación de los conceptos a que alude el párrafo anterior, son el medio más eficaz para identificar la idoneidad y pertinencia de la pruebas, pues a partir de ellos se identifican, desglosan y correlacionan los elementos que deben ser probados para analizar sus causas, sus efectos, la participación de las personas responsables de afectaciones o daños ambientales y las características específicas de la prueba que resulte necesaria para probar los hechos en conflicto.

Lo anterior reduce, de mejor manera, la incertidumbre que caracteriza al resultado de algún agente o actividad dañosa en relación con la dinámica de los ecosistemas, especies y microorganismos, es decir, permite una interpretación lo más cercana a la realidad considerando la dinámica en el avance del conocimiento científico y el conocimiento experto.

Esto nos lleva a considerar que en la valoración de la prueba ofrecida en juicios en materia ambiental, el juzgador enfrenta en reto de identificar la idoneidad, pertinencia y alcance de las pruebas en diferentes escenarios:

- Cuando los daños no son observables a simple vista en el momento del desahogo de la prueba.
- Cuando los efectos nocivos son previsibles, pero no observables o identificables en un periodo de tiempo específico posterior a la presentación de la demanda.
- El riesgo de daño ambiental puede probarse, pero ¿cuál es la temporalidad y límite en el alcance la prueba y cual el efecto resolutivo que la prueba sustentaría?

IV. CONCLUSIÓN

Sin dejar de reconocer la creación de procedimientos y espacios que garanticen el acceso a la justicia ambiental, lo apremiante es crear reglas probatorias aún más claras que permitan la realización plena de esa justicia ambiental, por ejemplo:

- La prueba presuncional adquiere relevancia solo si se permite al juzgador, además del análisis de peritos, asesorarse por conocimiento científico o conocimiento experto que le permita dimensionar el alcance probatorio.
- Más que contar con facultades para allegarse de medios para mejor proveer, tener la facultad de solicitar más pruebas, modificar o ampliar las que se ofrezcan.
- El reconocimiento, dentro del periodo probatorio, que existen pruebas que deben apreciarse u obtenerse en campo y que éstas se encuentran sujetas a los periodos, horarios y demás particularidades que resulten atendiendo al elemento natural

a observar (como es el caso de las especies migratorias o que solo se observan en determinadas épocas del año).

- La ampliación del espacio probatorio, es decir, estar en condiciones de establecer un radio de afectación o daño para los elementos naturales, más allá del área, zona o región que se señale como afectada en la demanda correspondiente para identificar qué otras personas contribuyen a la afectación o daño ambiental reclamado.
- Las pruebas periciales, bajo el esquema general actual, no resultan suficientes para demostrar algún daño ambiental, la regla debe cambiar para que los cuestionarios que ofrezcan las partes sean orientadores para el juzgador y sea éste quien después de analizar el acervo probatorio documental indique a los peritos aspectos adicionales a los que seleccione de los cuestionarios y respecto de los cuales basen su dictamen, además de que se le faculte para revisar conjuntamente con los peritos el resultado de los dictámenes y resolver las dudas o recibir las explicaciones correspondientes.

Tratándose de las reglas dentro de los procedimientos administrativos, las autoridades ambientales deben estar facultades para:

- Solicitar la comparecencia de los expertos que hayan realizado los documentos técnicos (manifestaciones de impacto ambiental, estudios técnicos justificativos, documentos técnicos unificados) con base en los cuales se presente algún trámite o solicitud.
- Confrontar con la información generada por las propias autoridades ambientales o por otras autoridades administrativas el contenido de documentos técnicos, así como la descripción y justificación normativa de las obras y actividades a realizar para identificar inconsistencias y determinar la idoneidad de la información contenida en los documentos y requisitos que se presenten a su análisis.

Como puede observarse, el tema es complejo; sin embargo, lejos de considerarse como un obstáculo al desarrollo del país, debe darse el valor que tiene, que es el de proteger el medio ambiente y los recursos naturales de nuestro país y brindar certeza a todo tipo de inversiones.

V. BIBLIOGRAFÍA

- CEPAL. (04 de 03 de 2018). *Acuerdo Regional sobre el Acceso a la Información, la Participación Pública y el Acceso a la Justicia en Asuntos Ambientales en América Latina y el Caribe.* Obtenido de https://repositorio.cepal.org/items/624ca75e-7b4e-4f1b-b314-1f9d27ee3245
- CONABIO. (2023). *Comisión para el Conocimiento y Uso de la Biodiversidad.* Obtenido de www.conabio.gob.mx
- Congreso de la Unión, E. (07 de 06 de 2013). Ley Federal de Responsabilida Ambiental. DOF.
- Congreso de la Unión, E. (07 de 06 de 2023). Código Federal de Procedimientos Civiles.
- Congreso de la Unión, E. (s.f.). Ley General del Equilibrio Ecológico y la Proteccion al Ambiente. DOF.
- Congreso de la Unión, E. U. (12 de marzo de 1971). Ley Federal para Prevenir y Controlar la Contaminación Ambiental. DOF.
- ONU. (1992). *Declaración de Río sobre Medio Ambiente y Desarrollo.* Obtenido de https://mma.gob.cl/wp-content/uploads/2014/08/1_Declaracion-Rio_1992.pdf
- SEMARNAT. (2023). Obtenido de www.semarnat.gob.mx
- SEMARNAT. (2023). Obtenido de www.semarnat.gob.mx

Capítulo 12

Algunos apuntes sobre la extradición como un procedimiento administrativo

ROSARIO ELENA GRAHAM ZAPATA

Sumario: I. Introducción. II. La cooperación jurídica internacional. III. La extradición como acto administrativo. IV. La extradición en el marco constitucional mexicano y su correspondiente en la Ley de Extradición Internacional. IV.1. Fase de composición administrativa. IV.2. Escenarios de intervención administrativa. V. Conclusiones. VI. Bibliografía.

I. INTRODUCCIÓN

Una de las principales herramientas que los países tienen en la lucha frontal en contra de los delincuentes transfronterizos es la extradición. La figura de la extradición internacional representa un acto de solidaridad universal, que se sitúa en el marco de la cooperación y asistencia mutua entre los estados, a fin de evitar la impunidad del crimen y asegurar el castigo efectivo de los delincuentes.

La extradición es un elemento jurídico complejo del ámbito internacional a través de la cual un estado soberano[1] entrega una persona localizada en su territorio a otro estado soberano que persigue a ese individuo, por considerarlo presunto responsable de la comisión de un delito o para que cumpla una pena que le fue impuesta, implica en concreto un acto de asistencia jurídica internacional. Es importante recordar que los mecanismos adoptados convencionalmente por los estados parte del escenario mundial en el combate contra el crimen transnacional, han sido negociados para respetar su marco

---

[1] Apunta Jorge Gaxiola (2016:155) que "La soberanía mexicana, en suma, se encuentra internamente limitada en cuanto a que, por una parte, está estructurada sobre reglas formales atinentes a la representación y el principio de las mayorías, y por otra, esta sustancialmente acotada por derechos humanos que circunscriben, tal como lo sugiere Luigi Ferrajolí (2008:1) una auténtica esfera de lo indecible".

normativo sin afectar sus sistemas jurídicos,[2] de forma tal, que se han establecido los niveles y órdenes de intervención de la norma, así como de las autoridades que participan en el procedimiento.

Este tipo de instrumento de cooperación se basa en los principios generales del derecho internacional y en nuestra política exterior consistente en la independencia de los estados, la no intervención en asuntos internos, la igualdad jurídica y el respeto de los derechos humanos.[3]

En nuestro régimen, la extradición se encuentra regulada como un procedimiento administrativo que no debe asimilarse a una causa penal; se trata de una relación entre estados, por tanto, se enmarca en el fortalecimiento de la coordinación y cooperación, jurídica en sentido estricto y de la política exterior en todo su contexto.

El presente artículo aborda de manera sucinta cómo se despliega esta figura desde su carácter administrativo y cómo se contempla en nuestros ordenamientos para su implementación a partir de articular su gestión desde el ámbito internacional hacia el orden interno, revisando los diversos instrumentos que la han conducido.

II. LA COOPERACIÓN JURÍDICA INTERNACIONAL

La extradición internacional únicamente puede ser solicitada entre estados[4] bajo lineamientos o reglas previamente establecidos en los tratados bilaterales[5] y multilaterales basados en dos principios

---

2 Artículo 27 de la *Convención de Viena sobre el Derecho de los Tratados (1969)* que cita: "El derecho interno y la observancia de los tratados. Una parte no podrá invocar las disposiciones de su derecho interno como justificación del incumplimiento de un tratado (...)".

3 Tales Principios se enumeran en la *fracción X del artículo 89 de la Constitución Política de los Estados Unidos Mexicanos*, que en adición precisan, la cooperación internacional para el desarrollo, el respeto, la protección y promoción de los derechos humanos y la lucha por la paz y la seguridad internacionales.

4 En ciertos supuestos puede ser solicitada de conformidad con lo previsto para la Corte Penal Internacional (Estatuto de Roma, ratificado por México el 27/06/2005).

5 Encontrado su fundamento en el *artículo 26 de la Convención de Viena de 1969*, donde se consigna el principio de *pacta sun servanda* al disponer que "todo tra-

centrales, i. Reciprocidad y ii. Cooperación internacional. El derecho internacional público dejó atrás las épocas en que la extradición estaba apoyada en lazos de buena voluntad y vecindad entre estados, al fundar su existencia en el orden jurídico de los pueblos en donde surge la necesidad de llegar acuerdos entre naciones para lograr la entrega de un fugitivo; lo central debe ser combatir las conductas ilícitas más allá de las fronteras.

Hasta el año 1975, México había suscrito 11 tratados de extradición bilaterales y uno de carácter multilateral. Actualmente tiene suscritos 34 tratados bilaterales, ejemplos: Australia, Gran Bretaña, Bélgica, Brasil, Canadá, Colombia, Costa Rica, Chile, Cuba, España, Estados Unidos de América, Francia, Guatemala, Italia y es parte de la mayoría de los instrumentos multilaterales asociados a la cooperación jurídica internacional, asistencia procesal jurídica y combate al crimen organizado transnacional.[6] Sin embargo, el avance en los mecanismos de cooperación no siempre va al ritmo de la multiplicación de conflictos jurídicos internacionales asociados a nuevas formas de presencia del delito, del narcotráfico, lavado de dinero y diversas modalidades de vulneración del marco normativo que permite la convivencia internacional; por ejemplo, Europa ha avanzado de forma innovadora en materia de coordinación, nuevas figuras jurídicas que hagan expedito el intercambio de buenas prácticas, la formación de equipos de investigación conjunta hasta llegar a esquemas de pleno reconocimiento de resoluciones y confianza mutua. Estas acciones han permitido eficientar la lucha contra la delincuencia, que no reconoce de fronteras para desarrollar sus conductas.

La cooperación internacional se hace necesaria para proteger los más altos intereses de una nación; es a través de la colaboración entre

---

tado en vigor obliga a las partes y debe ser cumplido por ellas de buena fe".

6 Convenciones multilaterales que contemplan la extradición de prófugos de la justicia: Convención de los Estados Americanos sobre Extradición de 1933 —de Montevideo—; Convención de las Naciones Unidas contra el Tráfico Ilícito de Estupefacientes y Sustancias Sicotrópicas de 1988; Convención de las Naciones Unidas contra la Delincuencia Organizada Transnacionales de 1984; Convención de las Naciones Unidas contra la Tortura y otros Tratos o Penas Crueles, Inhumanos o Degradantes de 1984; Convención Interamericana contra la Corrupción de 1996 y la Convención de las Naciones Unidas contra la Corrupción 2003 y la Convención Anti cohecho de la OCDE de 1997.

estados que se logra el ambiente para compartir información y mejores prácticas para robustecer los esfuerzos en reducir la delincuencia transnacional, coordinar los trabajos e impedir el refugio a las organizaciones criminales que transitan entre territorios para evitar la ley y evadir la acción de la justicia.

La extradición es un acto entre estados soberanos, uno actúa como el estado requirente y el otro como requerido; por tanto, la relación jurídica nace de su naturaleza internacional y transita por el ámbito administrativo interno.

México actúa en la atención y desahogo de los procedimientos de extradición, alineado al marco de la política exterior, las relaciones internacionales y la seguridad nacional, previstos como principios rectores en el *artículo 89 constitucional*, como se mencionó; su andamiaje se construye desde el ámbito administrativo y su tránsito subyace al ejercicio de la función pública, ordenadora de su despliegue y ejecución.

III. LA EXTRADICIÓN COMO ACTO ADMINISTRATIVO

La legalidad del acto administrativo proviene de la potestad que tiene la autoridad administrativa en la ley. A ello responde que el acto administrativo esté revestido del principio de legalidad, que implica que la autoridad administrativa no contravenga lo dispuesto por el *artículo 16 de la Constitución Política de los Estados Unidos Mexicanos*, desarrollando su actuación conforme los requisitos establecidos en el *artículo 3 de la Ley Federal del Procedimiento Administrativo*, mismos que cubren los elementos contenidos en el procedimiento de extradición, dispuesto por la *Ley de Extradición Internacional* (LEI), como ley especial, sin dejar de contemplar los elementos fundantes del propio acto:[7]

- Ser expedido por órgano competente, a través de persona servidora pública, que reúna las formalidades de ley para emitirlo, estar fundado y motivado, señalando lugar y fecha de su

---

[7] SCJN, "Extradición Internacional. Es aplicable supletoriamente la *Ley Federal de Procedimiento Administrativo*, para determinar el momento en que surte efectos la notificación de la resolución de.", 22 de mayo del 2015.

emisión; tener un objeto que pueda ser determinado o determinable; ser preciso en cuanto a las circunstancias de tiempo y lugar de los hechos; hacerse constar por escrito y con firma autógrafa de quien lo expide.

La extradición en sentido amplio es un acto administrativo, se conforma como acto normado que deriva del ejercicio de una atribución expresa, tiene su fundamento en ley que deja a los órganos del Estado, en específico al Presidente de la República en su carácter de titular del Poder Ejecutivo Federal, por conducto de la Secretaría de Relaciones Exteriores (SRE), la facultad para decidir sobre la determinación final, de su procedencia o improcedencia y, en su caso, cómo determinarla, atendiendo a cada una de las formalidades que para el caso dispone la ley especial, es decir, la Ley de Extradición Internacional (LEI), toda vez que la *Ley Federal de Procedimiento Administrativo* sería aplicable solo en casos específicos como lo ha señalado la Suprema Corte de Justicia de la Nación (SCJN), para contabilizar el término para la notificación (es decir, cuando surte efectos la notificación de la SRE).

Dado sus componentes, el procedimiento administrativo puede iniciarse a petición de persona interesada, en el supuesto que nos ocupa por el estado requirente que actúa en sentido pasivo (requerido) o activo (requirente),[8] a instancia fundada de los servidores públicos intervinientes. En la *LEI* se establece el concepto normativo de "procedimiento", por lo que podemos apuntar que doctrinal y legalmente se debe hablar de procedimiento de extradición y no de proceso de extradición.

Cuando la autoridad en uso de facultades realiza un acto administrativo en cumplimiento de funciones y dentro de la esfera de sus atribuciones despliega un procedimiento administrativo específico

---

[8] Se entiende aquella a la que se le otorga ese carácter cuando el estado opera como solicitante; según el tratadista jurídico mexicano Jesús Guadalupe Luna Altamirano (en *Instrumentos Internacionales firmados por México en materia de Extradición. Continente Americano*: 2009:7) "la lleva a cabo el Estado requirente, en el que por vía diplomática, presenta ante el país requerido, solicitud formal reclamándole la entrega de un delincuente que se encuentra dentro de su territorio de éste, y le acompaña de documentos necesarios exigidos por el tratado respectivo";

(extradición), el presunto extraditable puede hacer uso del recurso de amparo, debido a que es dicha autoridad —la SRE— la que dicta-ordena, ejecuta o trata de ejecutar la ley o el acto reclamando, por lo que si la resolución agravia, viola o trasgrede los derechos del extraditable, puede recurrirlo. Jurisprudencia: *EXTRADICIÓN. LOS ARTÍCULOS 3o. Y 13 DEL TRATADO DE EXTRADICIÓN ENTRE LOS ESTADOS UNIDOS MEXICANOS Y LOS ESTADOS UNIDOS DE AMÉRICA, NO VULNERAN LOS PRINCIPIOS DE LEGALIDAD Y SEGURIDAD JURÍDICA.*

"***Hechos:*** *Al promover un juicio de amparo indirecto, una persona sujeta a un procedimiento de extradición reclamó que los artículos 3o. y 13 del Tratado de Extradición entre los Estados Unidos Mexicanos y los Estados Unidos de América resultan contrarios al* ***principio de legalidad****, puesto que de su contenido no se desprende expresamente cuál es el procedimiento que debe aplicarse para tramitar la extradición, las autoridades que intervienen, sus funciones, ni las resoluciones que deben emitirse.* ***Criterio jurídico:*** *Los preceptos impugnados no son contrarios a los principios de legalidad y seguridad jurídica que derivan de los artículos 14 y 16 constitucionales, pues la remisión normativa que de manera expresa realiza dicho tratado a las normas mexicanas, permite identificar que la Ley de Extradición Internacional es el ordenamiento aplicable para sustanciar el procedimiento de extradición en nuestro país, en el que se reconocen los elementos y derechos necesarios para que las autoridades y las personas involucradas puedan desarrollarlo en un plano de certeza legal.* ***Justificación:*** *Los preceptos 3o. y 13 del Tratado Internacional entre los Estados Unidos Mexicanos y los Estados Unidos de América que de manera general regulan las pruebas y las reglas para instruir su procedimiento, no son violatorios del principio de legalidad de las normas, el cual se relaciona con el diverso de seguridad jurídica previstos en los artículos 14 y 16 de la Constitución Federal, puesto que la remisión normativa que el propio tratado realiza al contenido de las normas nacionales, en el caso, a la Ley de Extradición Internacional —por voluntad convenida como una expresión de soberanía nacional y de reciprocidad internacional—, permite a la persona requerida identificar en un ámbito de certeza jurídica y sin necesidad de efectuar algún tipo de interpretación: a) el procedimiento diseñado en el sistema jurídico nacional para dar curso y resolución a la extradición solicitada por el país extranjero; b) las autoridades que intervienen durante su substanciación; c) las funciones específicas de esas autoridades; d) las resoluciones judiciales que deben emitirse; e) cuáles son las autoridades encargadas de valorar las pruebas aportadas;*

f) el método y las normas para su valoración; y g) las pruebas que resultan necesarias para otorgar o negar esa petición. Por lo anterior, se establece que las prevenciones generales contenidas en los preceptos impugnados encuentran un abundante contenido complementario en las normas a las que expresamente remite el referido tratado, que permiten desarrollar el procedimiento en un ámbito de seguridad jurídica, por lo que dichos artículos respetan la garantía de audiencia, el debido proceso y la defensa adecuada…"[9]

IV. LA EXTRADICIÓN EN EL MARCO CONSTITUCIONAL MEXICANO Y SU CORRESPONDIENTE EN LA LEY DE EXTRADICIÓN INTERNACIONAL

La *Constitución Mexicana* contempla en *su artículo 119* la figura de la extradición. Esta figura se encuentra presente por primera vez en la Constitución de 1857,[10] que disponía en su artículo 113 la obligación de entregar sin demora a los criminales que fueran pedidos por otros estados.

Con este mismo sentido prevaleció en la *Constitución de 1917* al conservar la figura en su artículo 119: *"Cada estado tiene la obligación de entregar sin demora a los criminales de otro estado, o del extranjero a las autoridades que lo reclamen. En estos casos el auto del juez que mande cumplir la requisitoria de extradición, será bastante para motivar la detención por un mes, si se tratare de extradición entre estados, y por dos meses cuando fuere internacional"*. Su última modificación se publicó el 03 septiembre de 1993 quedando el artículo como sigue: *"Las extradiciones a requerimiento de Estado extranjero, serán tramitadas por el Ejecutivo Federal, con la intervención de la autoridad judicial en los términos de esta Constitución, los tratados internacionales que al respecto se suscriban y las leyes reglamentarias.*

---

9 Amparo en revisión 314/2020. Eugenio Javier Hernández Flores. 12 de mayo de 2021. Cinco votos de las Ministras Norma Lucía Piña Hernández, quien está con el sentido, pero con salvedad en las consideraciones y se reservó su derecho para formular voto aclaratorio, Ana Margarita Ríos Farjat, y los Ministros Juan Luis González Alcántara Carrancá, Jorge Mario Pardo Rebolledo y Alfredo Gutiérrez Ortiz Mena. Ponente: Ana Margarita Ríos Farjat. Secretario: Saúl Armando Patiño Lara.

10 La *Constitución de 1824* instrumento formal después de la independencia de México contenía referencias en relación con evitar dar asilo a prófugos.

En estos casos el auto del juez que mande cumplir la requisitoria será bastante para motivar la detención hasta por sesenta días naturales."[11]

Como se desprende de la lectura de la disposición, la perspectiva bajo la cual se construyó esta figura fue atender el reclamo de un tercer estado, de forma tal que su gestión correspondiese al ámbito del derecho internacional y administrativo, de reciprocidad, de colaboración, de auxilio y de cooperación.

La primera LEI se publicó el 19 de mayo de 1897. La segunda, que se encuentra en vigor, fue publicada el 29 de mayo de 1975. La conforman dos capítulos: el Capítulo I, denominado "Objeto y Principios" y el Capítulo II, titulado "Procedimiento". El primer capítulo contiene normas sustantivas,[12] que definen supuestos y condiciones para acceder a una solicitud; estos primeros artículos, contienen los principios fundamentales de la extradición como son: el de la doble incriminación, el principio *non bis in idem*, el principio de especialidad, el de legalidad, la no-extradición por delitos políticos y militares, etc.[13] El capítulo II, contiene normas procedimentales, señalan el trámite para dar curso a una petición, competencia de las autoridades en el procedimiento —Secretaría de Relaciones Exteriores y de la Fiscalía General de la República (FGR)—, fase ante el juez de Distrito e intervención de la Secretaría de Gobernación en la entrega de fugitivos. Existen dos fases:

---

11 El tercer párrafo de esta norma constitucional establece de lleno la obligación de la cooperación internacional en los términos fijados por los instrumentos internacionales, señalándose la intervención de las autoridades federales, ya que son a las que le corresponde el ejercicio de las relaciones internacionales y la política exterior al representar de forma integral al estado mexicano, y por tanto las responsables de dirigir las solicitudes a las autoridades correspondientes.

12 Esta clasificación tradicional de normas sustantivas y normas procesales, entendiéndose estas últimas como normas de otro nivel se ha ido modificando desde la intervención de los nuevos parámetros de convencionalidad por virtud de las cuales las disposiciones adjetivas son consideradas normas fundamentales y tienen categoría de derecho humano.

13 Estos principios de no cumplirse se determinan como causas de denegación de la solicitud presentada por el estado requirente; también se contemplan como causales: que se encuentre prescrita la acción penal o la pena, que no sea la persona reclamada o bien que no se proporcionen las garantías de la no aplicación de la pena de muerte.

A. Cuando no exista Tratado de Extradición con el Estado requirente. El *artículo 1º* establece que cuando no exista tratado internacional, serán aplicables todas las normas sustantivas y adjetivas del citado ordenamiento:

"Capítulo 1".- "Objeto y Principios"

"Artículo 1°. Las disposiciones de esta ley son de orden público, de carácter federal y tienen por objeto determinar los casos y las condiciones para entregar a los Estados que lo soliciten, cuando no exista tratado internacional, a los acusados ante sus tribunales o condenados por ellos, por delitos del orden común."

"Artículo 2º.- Los procedimientos establecidos en esta Ley se deberán aplicar para el trámite y resolución de cualquier solicitud de extradición que se reciba de un gobierno extranjero."

Se desprende que la LEI es aplicable a toda solicitud formulada por países con los que México no ha celebrado tratado de extradición, —Israel o Suiza—; la base de la acción corresponde al principio de reciprocidad internacional y los instrumentos multilaterales de los que sean parte, ejemplo, la "Convención de Palermo".[14]

B. Cuando si existe Tratado de Extradición con el Estado requirente.

A contrario sensu del artículo 1º, se desprende que la LEI únicamente será aplicable en su parte adjetiva, cuando la solicitud de extradición la formule un gobierno extranjero con el que se tenga celebrado un tratado internacional sobre la materia.

En su artículo 2° señala, que se aplicará a todos los procedimientos de cualquier solicitud de extradición, en virtud de que, al celebrar un tratado de extradición, se establecieron las bases y condiciones para conceder o negar una solicitud y solo faltaría el mecanismo

---

14 *La Convención de las Naciones Unidas contra la delincuencia organizada trasnacional,* de la que México es parte desde el 2003 *(Convención de Palermo)*; igualmente la *Convención de los Estados Americanos sobre Extradición* de 1933, *Convención de las Naciones Unidas contra el tráfico ilícito de estupefacientes y sustancias psicotrópicas, Convención de las Naciones Unidas contra la tortura y otros tratos o penas crueles, inhumanos o degradantes, Convención Interamericana contra la Corrupción, Convención Anticorrupción de la OCDE.*

para que el estado requerido dé tramite a una petición en términos de lo estipulado en el Capítulo II, denominado "procedimiento".

Esta diferencia es sustantiva en el ejercicio de la función del estado y refuerza que existen las bases para gestionar una petición prácticamente con cualquier país con el que se tengan relaciones diplomáticas y operen los principios generales del derecho internacional y de nuestra política exterior: independencia de los estados, la no intervención en asuntos internos y la igualdad jurídica.[15] Por ello afirmamos, que la extradición es un procedimiento administrativo que no debe asimilarse a una causa penal; se trata de la relación entre estados, no del estado al particular o al gobernado y se enmarca en el fortalecimiento de la coordinación-cooperación internacional no sólo jurídica sino de la política exterior en todo su contexto.

La extradición resulta ser una herramienta de la cooperación internacional a través de la cual un estado entrega a otro, una persona para ser procesada penalmente en su territorio o para cumplir una sentencia. De allí que se afirme que: *Es un procedimiento administrativo seguido en forma de juicio, que se tramita bajo un sistema mixto; el poder judicial interviene dando opinión no vinculante y el poder ejecutivo, recibe, dictamina y resuelve.*[16]

---

15 La mayoría de los principios que alimentan la política exterior mexicana pueden desplegarse de estas breves líneas. Tales principios están enumerados en *la fracción X del artículo 89 de la Constitución Política de los Estados Unidos Mexicanos* que contempla: la cooperación internacional para el desarrollo, el respeto, la protección y promoción de los derechos humanos y la lucha por la paz y la seguridad internacionales.

16 Criterio de la SCJN: "Extradición. Es un procedimiento administrativo seguido en forma de juicio que inicia con su petición formal y termina con la resolución definitiva que la Secretaría de Relaciones Exteriores en que la concede o la rehúsa" Interrupción de la tesis plenaria CLXV/2000). O cuando el Noveno Tribunal Colegiado en materia penal del primer circuito señala en lo aplicable que "el procedimiento de extradición no tiene la naturaleza de un juicio penal, sino de un procedimiento administrativo con intervención judicial limitada... cuya función es verificar la satisfacción de los requisitos exigidos por la ley o por el tratado internacional correspondiente para la entrega de la persona considerada por el estado requirente como probable responsable o sentenciado de un delito;...de ahí que las decisiones judiciales emitidas por una autoridad extranjera no sean revisadas por el Estado Mexicano..." *Amparo en revisión 183/2015, 29 de octubre de 2015.*

1ª. Fase	2ª. Fase	3ª Fase	4ª. Fase
SRE	FGR	Poder Judicial Federal	SRE
Recibe solicitud y dictamina (Solicitud pasiva o activa)	Presenta solicitud ante el Poder Judicial Federal	a. Emite orden de detención con fines de extradición. b. Emite opinión jurídica.	Recibe opinión y emite Acuerdo de Extradición negando o concediendo.[17]

IV.1. Fase de composición administrativa

La concesión de la extradición constituye un acto exclusivo de la soberanía nacional, la decisión por ello corresponde al Titular del Ejecutivo Federal, dado que constitucionalmente no se requiere la sustanciación de una controversia que deba resolver la autoridad judicial. Dicha naturaleza internacional se encuentra contenida en el citado *artículo 119 constitucional*, corresponde al Ejecutivo Federal por ser el encargado de la conducción de la política exterior y el representante ante terceros del Estado Mexicano.

Es la SRE la que revisa y verifica que se cumplan los requisitos previstos en el *Tratado de Extradición* o en la propia *LEI*, por tanto, la autoridad administrativa no es el foro procedente para desahogar ningún tipo de prueba, toda vez que la citada autoridad no se encuentra facultada para juzgar sobre la inocencia o culpabilidad de la persona reclamada en la comisión de los delitos que se le imputan.

La persona reclamada puede hacer valer lo que conforme a sus intereses convenga con relación al fondo del asunto precisamente ante la instancia jurisdiccional que lo reclama, en donde podrá presentar los elementos probatorios y demás documentos que a su juicio desvirtúen su participación en los hechos que se le incriminan, lo cual no es materia de la extradición; la Ley no prevé que el extraditable

---

17 La legislación dispone las causales de denegación que corresponden entre otras: a que no se actualice el principio de identidad de la norma, que se traten de delitos políticos o militares, se acredite el non bis in idem, se encuentre prescrita la acción penal o la pena, no se proporcionen garantías de la no aplicación de la pena de muerte, que no sea la persona reclamada.

pueda hacer valer argumento alguno o presentar pruebas ante tal autoridad administrativa.

La LEI contempla la garantía de audiencia en favor de la persona solicitada, al disponer en el *artículo 24*, que una vez detenida se le hará comparecer ante el Juez de Distrito para darle a conocer la petición de extradición y los documentos que se acompañan a la solicitud y, por tanto, podrá nombrar un defensor; el detenido cuenta con tres días para oponer excepciones y veinte para probarlas. Estas excepciones solo versan en no estar ajustada la petición a lo previsto por el tratado. Transcurridos esos plazos el Juez debe emitir su opinión jurídica en relación con lo actuado y probado ante él y debe remitir a la SRE el expediente respectivo junto con su opinión; la dependencia en vista del expediente y de la opinión del Juez, resolverá si concede o niega la extradición.

La SRE al momento de emitir su resolución, tiene a la vista el expediente respectivo en el que obra todo lo actuado ante el Juez de Distrito, de manera que la autoridad que dicta la resolución final debe tomar en consideración las excepciones opuestas, respetándose así la debida garantía de audiencia. "*Lo anterior es así porque si bien es cierto que dichas excepciones opuestas por el reclamado y las pruebas conducentes no se hacen valer ante la Dependencia quien emite la resolución final, también lo es que ello obedece a que esta resolución no es ajena e independiente del procedimiento administrativo seguido en forma de juicio ante el Juez de Distrito, sino que representa la culminación de tal procedimiento en el cuál se sustenta la decisión; las Leyes de Extradición Internacional permiten una adecuada y oportuna defensa, respetando las formalidades esenciales del procedimiento.*"[18] Ahora bien, lo anterior no desconoce que dentro del procedimiento de extradición se encuentren previstas diversas etapas que incluyen la intervención tanto de la autoridad administrativa como de la autoridad judicial.

La SCJN ha señalado, que el sujeto a extraditar no tiene legitimación activa, es decir, no es parte en el procedimiento y, por tanto, no tiene nada que alegar ni probar, ya que de concederse o negarse una extradición por parte del estado requerido, ello le impondría un beneficio o perjuicio al estado requirente, por ser el sujeto activo

---

[18] Amparo en revisión 828/2005. 6 de abril del 2006.

de la solicitud. El país requirente es quien debe demostrar la procedencia de su petición y el país requerido es quien debe calificarla de acuerdo con el tratado celebrado, por lo que en ese procedimiento el reclamado no tiene nada de fondo que probar. En este sentido, la concesión de la extradición constituye un acto exclusivo de la soberanía del estado, y la decisión, con la opinión del juez, corresponde a la SRE, quien actúa con base en el Tratado, ley especial, lo dispuesto por la *Ley Orgánica de la Administración Pública Federal (artículo 28 fracción XI)*, y por el *Reglamento Interior de la Secretaría de Relaciones Exteriores (artículo 9º fracción X).*

IV.2. Escenarios de intervención administrativa

Se enlistan los supuestos más utilizados por donde transitan las solicitudes de extradición:

1. Solicitudes de detención provisional y/o formal. En el supuesto de una solicitud presentada por un país ante la autoridad central competente (SRE), ésta podrá definir cualquiera de las vías siguientes:
   a. Que por falta de algún requisito se devuelva la petición con fundamento en lo establecido en la LEI o bien el Tratado, a fin de que el estado requirente subsane la omisión o bien;
   b. Que por cuestiones de fondo la Dependencia determine que es improcedente y se devuelva.
2. Solicitudes que fueron tramitadas conforme al Tratado y la ley especial y fueron sometidas ante la autoridad judicial, a través de la FGR. En este escenario el juez pone a disposición de la autoridad administrativa a la persona para que el titular de la Cancillería dicte el Acuerdo que conceda o rehúse la extradición en el improrrogable término de 20 días hábiles, en este supuesto, se podría:
   a. Negar la extradición solicitada por carecer de algún requisito o actualizarse una causal de denegación (libertad inmediata); o,
   b. Negar la extradición con base en la facultad discrecional que tiene el Secretario respecto de los nacionales mexica-

nos. En este caso, no hay puesta en libertad, y se pone al reclamado a disposición de la FGR, o

c. Conceder la extradición y ordenar la entrega.

3. Peticiones de consentimiento a la regla de especialidad. Un país requirente puede solicitar ante la autoridad competente del país requerido que se conceda autorización para que una persona sea procesada por delitos adicionales por los que fue entregada. En este esquema se identifican dos alternativas:
   a. La FGR puede dar una opinión negativa de procedencia; o,
   b. La SRE puede conceder o rehusar su autorización.
4. Reclamados puestos a disposición de la FGR. Se dan casos en donde el Acuerdo de Extradición correspondiente ha quedado firme, pero se determina que su entrega se encuentra diferida en virtud de que el reclamado tiene algún proceso penal pendiente de resolver en el país requerido, por lo que su entrega se encuentra bajo el resguardo de la FGR.

V. CONCLUSIONES

1. La extradición es un procedimiento seguido en forma de juicio, sin naturaleza penal, la autoridad administrativa no prejuzga respecto de la culpabilidad o inocencia de una persona reclamada en la comisión de delitos que se le imputan, por ello se califica como un procedimiento administrativo con intervención judicial limitada en un sistema mixto, donde el poder judicial da opinión no vinculante y el poder ejecutivo, recibe, dictamina y resuelve.
2. Las normas constitucionales y la LEI no han sido reformados en años recientes, los derechos humanos (2011), los nuevos parámetros de convencionalidad y la reforma penal del año 2009 no encuentran armonía con la estructura regulativa en la materia, articular el nuevo andamiaje con la figura de la extradición es fundamental, revisando el rol de la soberanía del estado como actor central de las relaciones internacionales, la internalización de los tratados bilaterales y/multilaterales, el

papel del poder judicial y al poder ejecutivo federal como actor central.

3. Es indispensable repensar la incorporación de nuevos contenidos como los principios de confianza mutua y reconocimiento de resoluciones, plantearlo a nivel constitucional y en la propia LEI, conservando la naturaleza de la figura en el ámbito de la cooperación jurídica internacional.

4 La extradición seguirá vigente en la instrumentación de la política exterior entre estados soberanos, donde el objetivo focal es el combate a conductas ilícitas y el crimen organizado transnacional evitando que la jurisdicción sea base de una acción evasora de la aplicación de la justicia, conservando la esfera administrativa como la plataforma de su aplicación.

VI. BIBLIOGRAFÍA

- Cruz Barney, Oscar "Artículo 119, Introducción Histórica" en *Derechos del pueblo mexicano. México a través de sus constituciones.* 2016, pp. 119-139. México. UNAM, SCJ, CNDH, Cámara de Diputados, Senado de la República, INE, Tribunal Electoral y Miguel Ángel Porrúa
- Dondé, Matute Francisco Javier. 2013. *Cooperación Internacional en materia penal.* Universidad Nacional Autónoma de México. México. Serie de Juicios Orales, no. 14.
- Fernández Ruiz Jorge. 1997. *Panorama del Derecho Mexicano. Derecho Administrativo.* México. España, EUA, Mc Graw Hill, IIJ de la UNAM, Serie A Fuentes b) Textos y Estudios Legislativos, no. 96
- Ferrajoli, Luigi. 2008. *La esfera de lo indecidible y la división de poderes.* Universidad de Talca, Centro de Estudios Constitucionales de Chile. Estudios constitucionales, año 6, no. 1, pp. 337-343. Traducción de Miguel Carbonell.
- Fraga, Gabino. 1992. *Derecho Administrativo,* 29ª ed. México 1992. Editorial Porrúa.
- Gaxiola Jorge. 2016. *Estudios sobre Reformas y mutaciones estructurales del estado mexicano del siglo XXI en el entorno global con perspectiva jurídica,* México. Despacho Gaxiola Moraila, SRE.
- Gómez Robledo, Verduzco Alonso. *Constitución y política exterior,* en *El constitucionalismo en las postrimerías del siglo XX. 1988, México*, UNAM, tomo VI, pp. 495-501.

- Murguia, Rosete José Antonio, *La política de cooperación internacional en materia penal*; Acervo de la Biblioteca Jurídica Virtual del Instituto de Investigaciones Jurídicas de la UNAM, pp. 321-354,
- Pardo Rebolledo, Jorge, Alejandro Alberto Díaz Cruz, Carlos Manuel Baráibar Tovar, *Nuevo sistema de justicia penal en su interacción con los medios de control constitucional, Análisis a partir de la jurisprudencia de la SCJN*, 2019, México. Ed. Tirant lo Blanch,
- Pérez Kasparian, Sara, *México y la extradición internacional*, 2005, México. Editorial Porrúa, Universidad Anáhuac,
- Santos, Villarreal, Gabriel. 2009. *Instrumentos Internacionales firmados por México en materia de Extradición. Continente Americano.* México. LXI Legislatura de la Cámara de Diputados, Centro de Documentación, información y análisis, Servicios de investigación y análisis.

Otros recursos de información

- *Constitución Política de los Estados Unidos Mexicanos.*
- *Convención de Viena sobre el Derecho de los Tratados.*
- *Ley de Extradición Internacional.*
- *Ley Federal de Procedimiento Administrativo.*
- *Ley Orgánica de la Administración Pública Federal*
- *Reglamento Interior de la Secretaría de Relaciones Exteriores*
- *Tratado de extradición entre los Estados Unidos Mexicanos y los Estados Unidos de América.*
- Pérez del Pozo, Marta, 2021. Curso Derecho / Cooperación Jurídica Internacional. Módulo: "Principios Generales de la Cooperación Jurídica Internacional en Materia Penal", Universidad de Salamanca, España.
- Rollán, García Juan. 2021. Curso Superior en Derecho/ Cooperación Jurídica Internacional. Módulo: "Del Auxilio Judicial al Reconocimiento Mutuo"; España, Universidad de Salamanca.

Capítulo 13

Responsabilidad patrimonial del Estado, un análisis de la legislación y figuras jurídicas en las entidades federativas

FABIOLA MONDRAGÓN YAÑEZ

Sumario: I. Introducción. II. Ley Federal de Responsabilidad Patrimonial del Estado y sus reformas. III. Cronología de publicación de leyes estatales en materia de responsabilidad patrimonial del Estado. IV. Análisis de figuras jurídicas establecidas en las legislaciones de los Estados homologadas a la Ley Federal de Responsabilidad Patrimonial del Estado. V. Conclusiones. VI. Bibliografía.

I. INTRODUCCIÓN

La Responsabilidad Patrimonial del Estado, inserta en nuestra Constitución Federal como una garantía prevista en el entonces artículo 113 Constitucional con la publicación en el Diario Oficial de la Federación (DOF) del 14 de junio del 2002, donde se estableció por primera vez el concepto de Responsabilidad Patrimonial del Estado como un derecho a Tutelar, a garantizar por el Estado Mexicano al insertar textualmente: *"La responsabilidad del Estado por los daños que, con motivo de su actividad irregular, cause en los bienes o derechos de los particulares, será objetiva y directa. Los particulares tendrán derecho a una indemnización conforme a las bases, límites y procedimientos que establezcan las Leyes"* presentada por diversos Legisladores de la Cámara de Diputados en el transcurso de 1999 a 2001, lo cual estableció las columnas de un derecho fundamental que tutela la integridad y salvaguarda patrimonial de todos los ciudadanos para acceder a una justicia administrativa resarcitoria, cuando aquella actividad del Estado en sus diferentes niveles de gobierno, sea tipificada como irregular, y que por tanto sea lesiva, es decir, cause un daño a sus bienes o derechos, y pueda ser reclamada de forma objetiva y directa, mediante el procedimiento establecido en Ley Federal de Responsabilidad Patrimonial del 2004.

Texto constitucional que fue objeto de una reestructura con la reforma publicada en el DOF de 27 de mayo del año 2015, mediante la cual se da nacimiento al Sistema Nacional Anticorrupción, en el Título Cuarto de la Constitución que comprende los artículos 108 a 114, y cuya redacción reza: *"De las Responsabilidades de los Servidores Públicos, Particulares vinculados con Faltas Administrativas Graves o Hechos de Corrupción y Patrimonial del Estado"*. Reforma a partir de la cual se inserta ahora en el artículo 109 en su párrafo final la redacción respecto a la Responsabilidad Patrimonial del Estado casi textual del precepto 113 último párrafo de la reforma constitucional del año 2002, ya que se incluye la palabra administrativa para especificar la actividad del Estado regulada en la Constitución, descartando con esta redacción la actividad jurisdiccional, o bien la actividad o función legislativa para quedar así:

"La responsabilidad patrimonial del Estado por los daños que, con motivo de su actividad administrativa irregular, cause en los bienes o derechos de los particulares, será objetiva y directa".

Derivado de dicha reforma, nacen las ahora 32 legislaciones estatales, que establecen el concepto derivado de la propia Constitución, al determinar que dicha responsabilidad deberá ser objetiva y directa, pero con diferentes enfoques procedimentales, dada la autonomía legislativa de cada uno los Estados, dando lugar a figuras jurídicas, plazos, y procedimientos que hacen complejo su desahogo y obtención del resarcimiento del daño recibido mediante la indemnización, e incluso las múltiples legislaciones existentes han generado diversidad de criterios jurisdiccionales, así como resoluciones dictadas en controversias constitucionales respecto de artículos de las legislaciones de los Estados.

Este escenario nos convoca a establecer propuestas para generar un marco jurídico homologado, que no solamente tutele ese derecho a los gobernados, sino que el acceso a la justicia administrativa sea verdaderamente bajo un procedimiento expedito, que incluya a los 3 poderes del Estado, por la actividad administrativa que finalmente todos realizan dentro del marco Constitucional, y ello conlleve a establecer, a prever una partida presupuestal para dar cumplimiento a las resoluciones que al efecto se dicten, y que ello dé lugar a una estadística, a un registro de procedimientos de responsabilidad patrimonial, a un monto de presupuesto erogado en ese rubro, que le permita al Estado Mexicano evaluar su actuación y prever acciones para evitar causar un daño al gobernado en su integridad o patrimonio mediante una actuación irregular y, por consiguiente, disminuir la erogación del presupuesto destinado para tal efecto.

En un análisis del derecho comparado iberoamericano, como la legislación española con la Ley de Régimen Jurídico de las Administraciones Públicas y del Procedimiento Administrativo Común y el Real Decreto 429/1993 por el que se aprueba el Reglamento de los procedimientos en materia de responsabilidad patrimonial del Estado, con la cual tenemos similitudes en la forma de estipular ese mismo procedimiento, lo cual aunado a la integración de las figuras jurídicas vigentes en las legislaciones de los Estados, nos permita incluir en una sola Ley General nuevos sujetos obligados como los concesionarios de servicios públicos, los particulares personas físicas o morales que se encuentran prestando servicios o bien ejecutando obras públicas bajo un contrato otorgado por ente público, y también en apego a lo dispuesto por el artículo 17 en su párrafo quinto Constitucional, que sea factible establecer la conclusión del procedimiento administrativo mediante un Convenio entre las partes Estado y ciudadano, bajo los mecanismos alternos para dar solución a controversias y con ello determinar el resarcimiento del daño, en un equilibrio entre la causa de una actividad irregular y la aceptación del gobernado de un resarcimiento equilibrado y satisfactorio, y que éste a su vez, no cause un detrimento presupuestal a la entidad pública causante.[1]

---

1 https://www.boe.es/eli/es/l/1992/11/26/30
Ley del Régimen Jurídico de las Administraciones Pública y del Procedimiento Administrativo en común.
Responsabilidad patrimonial por daños causados en la ejecución de contratos y concesiones administrativas. Situación actual y propuestas de mejora.
Huergo Lora, Alejandro
Universidad de Oviedo. Departamento de Derecho Público (España - Spain) ORCID: http://orcid.org/0000-0003-3159-7981ahuergo@uniovi.es
https://revistasonline.inap.es/index.php/REALA/article/view/11257/12625
Real Decreto 429/1993 Reglamento de los procedimientos en materia de responsabilidad patrimonial
https://www.boe.es/buscar/act.php?id=BOE-A-1993-11253
DOF - Diario Oficial de la Federación. (2015). Dof.gob.mx.

En este contexto se exponen tanto la Legislación Federal de la materia y las 32 Legislaciones Estatales incluyendo la Ciudad de México, que nos permite analizar y estudiar su estructura normativa de forma global, para proponer y ponderar la creación de una Ley General de Responsabilidad Patrimonial del Estado, que si bien se sumaría a la centralización legislativa en el Congreso de la Unión y limitaría la facultad legislativa de los Estados, por otro lado, también podría unificar derechos y obligaciones en un solo texto, y lo mas importante para el gobernado, contaría con una única regulación sustantiva y procedimental.[2]

II. LEY FEDERAL DE RESPONSABILIDAD PATRIMONIAL DEL ESTADO Y SUS REFORMAS

Como un imperativo de la inserción en el artículo 113 de la Constitución Federal en 2002, de la anhelada tutela de la Responsabilidad Patrimonial del Estado, durante el periodo del Presidente Fox, se publica el 31 de diciembre del 2004 en el DOF la Ley Federal de Responsabilidad Patrimonial del Estado, reglamentaria del 2°. párrafo del entonces artículo 113 Constitucional, que tiene 5 capítulos y 35 artículos que contienen Disposiciones Generales que establecen y definen la conceptualización de la actividad administrativa irregular, *"como aquella que cause daño a los bienes y derechos de los particulares que no tengan la obligación jurídica de soportar, en virtud de no existir fundamento legal o causa jurídica de justificación para legitimar el daño de que se trate."*

El 30 de abril de 2009, se reformó el artículo 2° en su 2o párrafo y se adicionó un 4° párrafo, que refiere al capítulo segundo de la Ley y puntualiza sobre las indemnizaciones para señalar que serán reconocidas aquellas que se emitan en cumplimiento de los fallos de la Corte Interamericana de Derechos Humanos, así como las recomendaciones de la Comisión Interamericana de Derechos

https://www.dof.gob.mx/nota_detalle.php?codigo=5394003&fecha=27/05/2015#gsc.tab=0

2 https://federalismo.nexos.com.mx/2020/01/leyes-generales-problemas-o-soluciones-en-el-federalismo mexicano/

Humanos, aceptadas estas últimas por el Estado mexicano, redacción que cumple con los dispositivos de la Convención Americana de Derechos Humanos, y establece la exclusión a la Comisión Nacional de los Derechos Humanos y sus servidores públicos, por las recomendaciones y opiniones que formulen como precisa la exposición de motivos de dicha reforma, toda vez que los actos que realiza en ejercicio de las funciones de su competencia, no son considerados actos administrativos que produzcan efectos jurídicos, sólo son opiniones y recomendaciones y por lo cual queda excluida de la Ley Federal de Responsabilidad Patrimonial del Estado.[3]

El 12 de junio también de 2009, se establecen reformas trascendentes en cuanto al procedimiento que comprenden: la supletoriedad de la Ley Federal de Responsabilidad Patrimonial, que originalmente se tenía en la Ley Federal del Procedimiento Administrativo, el Código Fiscal de la Federación, el Código Civil Federal y los principios generales del derecho, para únicamente determinar que la reclamación deberá realizarse por el particular ante la entidad pública presuntamente responsable bajo la Ley Federal del Procedimiento Administrativo y el procedimiento de responsabilidad patrimonial debería desahogarse en la vía jurisdiccional bajo la Ley Federal del Procedimiento Contencioso Administrativo.

De igual forma, en esa reforma se estableció en el artículo 18 respecto del inicio de procedimiento, la eliminación de que la parte interesada debiera de acudir al entonces Tribunal Federal de Justicia y Administrativa a presentar su procedimiento de reclamación, quedando la redacción con la obligación para dicha parte de presentar su reclamación directamente ante dependencia o la entidad presuntamente u organismo constitucional autónomo, de conformidad a lo establecido en la Ley Federal del Procedimiento Administrativo, por lo cual se hace obligatorio agotar este procedimiento de reclamación, y no existe posibilidad legal de presentar

---

3 https://www.senado.gob.mx/65/diario_de_los_debates/documento/1320 https://www.diputados.gob.mx/LeyesBiblio/ref/lfrpe/LFRPE_orig_31dic04.pdf

directamente una demanda contencioso administrativa de reclamación directa para obtener una indemnización por el daño causado por Responsabilidad Patrimonial del Estado, pero para el supuesto que existiera una demanda contenciosa administrativa para la anulabilidad del acto que dio origen al daño, se deberá suspender el procedimiento de reclamación por responsabilidad patrimonial hasta en tanto exista una resolución que haya causado estado, y una vez obtenida ésta, se deberá proseguir con el procedimiento de reclamación, cuya redacción permanece hasta la fecha en la ley citada. De igual forma, se puntualizó sobre los medios de impugnación para las resoluciones administrativas dictadas por los entes públicos, que nieguen la indemnización o que su monto no satisfaga al interesado vía recurso de revisión ante la autoridad resolutora o bien optar por la vía jurisdiccional ante el Tribunal Federal de Justicia Fiscal y Administrativa, ahora denominado Tribunal Federal de Justicia Administrativa.

En en ese mismo contexto, se estableció sobre la prescripción de un año para presentar el procedimiento de Reclamación bajo tres supuestos de temporalidad y la posibilidad de celebrar un convenio que dé por concluida la controversia de reclamación y fijar un monto de indemnización, bajo la aprobación de la contraloría interna u órgano de vigilancia correspondiente. Adicional, se puntualiza sobre la actividad jurisdiccional que es una de las excluyentes de responsabilidad patrimonial, y los supuestos específicos por los cuales el Estado está exceptuado de pagar la indemnización tales como: casos de fuerza mayor, fortuitos, hechos o circunstancias que no se hubieran podido prever o evitar, y que el peticionario de la indemnización fuere el que causara el daño.

La obligación de prever por parte de los entes públicos federales en sus anteproyectos de presupuesto los recursos para cubrir las erogaciones derivadas de responsabilidad patrimonial, el cual tiene la limitación por la propia ley de no exceder del equivalente al 0.3% al millar del gasto programable del Presupuesto de Egresos de la Federación para el ejercicio fiscal respectivo.

Otras de las figuras que se incluyen en la Ley Federal en mención, es la de la Concurrencia que nace cuando existe un daño patrimonial causado por el Estado pero éste pudo haber sido causado por una pluralidad de Entidades Públicas, que dieron nacimiento a la actividad irregular que afecta a los bienes o derechos de un particular; y el Derecho a Repetir, que es una facultad que tiene el Estado, que ha erogado recursos públicos para el pago de una indemnización, de recuperar, de que le sea reintegrado el monto erogado, por medio del inicio de un procedimiento de responsabilidad administrativa en contra del servidor público que causó el daño con la actividad irregular derivada del ejercicio de sus funciones, y así poder recuperar dicho recurso.[4]

El 20 de mayo del 2021, se publica en el DOF, la reforma respecto de primer párrafo del artículo 2 en relación a los sujetos de la Ley, puntualizando a los entes públicos federales, a los Poderes Judicial, Legislativo, y Ejecutivo de la Federación, organismos constitucionales autónomos, dependencias de la Administración Pública Federal, los Tribunales Federales Administrativos y cualquier otro ente público de carácter federal.[5]

La última reforma publicada a esta legislación federal tuvo lugar mediante publicación en el DOF el 29 de diciembre de 2023, que suprime el último párrafo del artículo 1º, como se observa en la siguiente gráfica.[6]

---

4 https://www.diputados.gob.mx/LeyesBiblio/proceso/Ix/165_DOF-30abr09.pdf
https://www.diputados.gob.mx/LeyesBiblio/proceso/lx/194_DOF_12jun09.pdf
https://www.diputados.gob.mx/LeyesBiblio/ref/lfrpe/LFRPE_orig_31dic04.pdf

5 https://www.diputados.gob.mx/LeyesBiblio/ref/lfrpe/LFRPE_ref03_20may21.pdf

6 https://www.dof.gob.mx/nota_detalle.php?codigo=5713232&fecha=29/12/2023

LEY FEDERAL DE RESPONSABILIDAD PATRIMONIAL PUBLICADA EL 31 DE DICIEMBRE DE 2004	REFORMA PUBLICADA EL 29 DE DICIEMBRE 2023 LEY FEDERAL DE RESPONSABILIDAD PATRIMONIAL
*"**Artículo Primero.**- Se expide la Ley Federal de Responsabilidad Patrimonial del Estado para quedar como sigue:* ***ARTÍCULO 1.*** *La presente Ley es reglamentaria del segundo párrafo del artículo 113 de la Constitución Política de los Estados Unidos Mexicanos y sus disposiciones son de orden público e interés general; tiene por objeto fijar las bases y procedimientos para reconocer el derecho a la indemnización a quienes, sin obligación jurídica de soportarlo, sufran daños en cualquiera de sus bienes y derechos como consecuencia de la actividad administrativa irregular del Estado.* *La responsabilidad extracontractual a cargo del Estado es objetiva y directa, y la indemnización deberá ajustarse a los términos y condiciones señalados en esta Ley y en las demás disposiciones legales a que la misma hace referencia.* *Para los efectos de esta Ley, se entenderá por actividad administrativa irregular, aquella que cause daño a los bienes y derechos de los particulares que no tengan la obligación jurídica de soportar, en virtud de no existir fundamento legal o causa jurídica de justificación para legitimar el daño de que se trate."*	*"**Artículo Único.**- Se reforma el primer párrafo del artículo 1 de la Ley Federal de Responsabilidad Patrimonial del Estado, para quedar como sigue:* ***ARTÍCULO 1.**- La presente Ley es reglamentaria del sexto párrafo del artículo 109 de la Constitución Política de los Estados Unidos Mexicanos y sus disposiciones son de orden público e interés general; tiene por objeto fijar las bases y procedimientos para reconocer el derecho a la indemnización a quienes, sin obligación jurídica de soportarlo, sufran daños en cualquiera de sus bienes y derechos como consecuencia de la actividad administrativa irregular del Estado.* *La responsabilidad extracontractual a cargo del Estado es objetiva y directa, y la indemnización deberá ajustarse a los términos y condiciones señalados en esta Ley y en las demás disposiciones legales a que la misma hace referencia."*

III. CRONOLOGÍA DE PUBLICACIÓN DE LEYES ESTATALES EN MATERIA DE RESPONSABILIDAD PATRIMONIAL DEL ESTADO

La obligación constitucional establecida en el artículo 113 desde el 2002, para los Congresos de las Entidades Federativas de generar sus Leyes Estatales en materia de Responsabilidad Patrimonial del Estado, ha sido paulatinamente legislado dentro en un lapso de 22 años, como es observable al analizar cada una de ellas, ya que incluso la denominación de cada una es diferente, ya que algunos Estados la nombran "Ley de Responsabilidad Patrimonial del Estado y Municipios", otros como "Ley Responsabilidad Patrimonial de la Administración Pública y sus Municipios", como en el caso del Estado de Veracruz, así como hay Estados que su expedición ha sido consecuencia de cumplimiento de ejecutorias de Amparo donde se concede la protección federal a los quejosos por la omisión legislativa, y en este supuesto están los Estados como Chiapas, cuya legislación publicada es producto de una resolución de la Segunda Sala de la Suprema Corte de Justicia de la Nación, remitida bajo el comunicado 100/2023 a su Congreso, donde le ordena expedir una Ley que regule la Responsabilidad Patrimonial del Estado, así como asignar una partida presupuestal para las indemnizaciones que se puedan otorgar, misma que fue publicada el 5 de julio del 2023, con inicio de vigencia al uno de enero del 2024, y el Estado de Zacatecas que en el último párrafo de su exposición de motivos de la iniciativa presentada por el Diputado Jehú Edui Salas Dávila, establece que el 28 de febrero y 2 de marzo del 2023, recibieron las notificaciones de las ejecutorias donde se otorga un plazo perentorio a la Legislatura de ese Estado para su expedición, la cual previa aprobación se hace la publicación mediante Decreto número 270 publica su Ley el 29 de abril del 2023.[7]

Adicional a estos 2 Estados, están los siguientes Estados de la República que por primera vez legislan en la materia de Responsabilidad Patrimonial y lo hacen todos durante el año 2023: el Estado de Yucatán, que hizo la publicación de su Ley con fecha 6 de junio del 2023, con inicio de vigencia también a partir del 1 de enero del 2024, el Estado de Puebla, cuya legislación se publica el día 19 de septiembre, Tabasco cuya legislación fue publicada el día 8 de abril, pero con una vacatio legis hasta el 1 de enero del 2025, el Estado de Guerrero, quien en fecha 23 de mayo del 2023, aprueba la iniciativa de Ley de Responsabilidad Patrimonial del Estado de Guerrero, denominada Ley 466, que contiene un transitorio primero donde señala el inicio de vigencia a partir del 1° de enero del 2024, y un cuarto transitorio que ordena su publicación en el periódico oficial del Estado.

---

7 Zacatecas. Sistema Estatal Normativo - Leyes. (s/f). Gob.mx. Recuperado el 26 de enero de 2024, de https://www.congresozac.gob.mx/f/todojuridico&cat=LEY

El Estado de Colima presenta un tema de abrogación de su primera legislación publicada mediante Decreto 223 de fecha 19 de junio del año 2002, la cual fue objeto de múltiples reformas en los años 2008, 2016, 2021, y que finalmente queda abrogada mediante Decreto de 20 de agosto del 2022, por el que expide la Ley de Responsabilidad Patrimonial del Estado de Colima y se deroga el artículo 1819 del Código Civil para el Estado de Colima.

Finalmente, la Legislatura del Estado de Sinaloa, aprobó la Ley de Responsabilidad Patrimonial del Estado y de los Municipios, el 28 de noviembre del 2023, bajo el decreto 654, publicándose hasta el 3 de enero del 2024.

Como un caso de referencia se encuentra la Ley de Responsabilidad Patrimonial del Gobierno del Distrito Federal, aún con dicha denominación, publicada el 21 de octubre del 2008 y es la única legislación que tiene el Reglamento de la Ley de Responsabilidad Patrimonial publicado el 11 de septiembre del 2009 aún vigente.

IV. ANÁLISIS DE FIGURAS JURÍDICAS ESTABLECIDAS EN LAS LEGISLACIONES DE LOS ESTADOS HOMOLOGADAS A LA LEY FEDERAL DE RESPONSABILIDAD PATRIMONIAL DEL ESTADO

A la fecha existen adicional a la Ley Federal de Responsabilidad Patrimonial del Estado, cuyo ámbito de aplicación es únicamente para aquellos actos o omisiones que puedan constituir una actividad irregular de la Administración Pública Federal Centralizada, Descentralizada y Órganos Constitucionales Autónomos Federales, 32 legislaciones en materia de Responsabilidad Patrimonial del Estado, incluyendo la Ciudad de México que contemplan figuras jurídicas para establecer un Procedimiento administrativo que conlleva a iniciar, a instar la Reclamación, ante el ente público competente que generó la afectación o bien directamente ante el Tribunal de Justicia Administrativa Estatal respectivo, así como plazos para la instauración procedimiento administrativo, los casos de sujetos de excepción, la figura de prescripción, la supletoriedad de la ley, los medios de impugnación procedentes por resolución que niega, rechaza u otorga un monto no aceptable respecto de la reclamación para obtener la indemnización solicitada por el gobernado, así como la obligación esencial de contemplar una partida presupuestal para su cumplimiento, llevar un registro de resoluciones de responsabilidad patrimonial, y la posibilidad de establecer la conclusión del procedimiento mediante un convenio que establezca el pago de la indemnización donde incluso existen legislaciones que señalan que dicho convenio debe someterse a la ratificación ante fedatario público como lo prevé la Ley de Responsabilidad Patrimonial para el Estado de Sinaloa.[8]

Es observable en las mismas, similitudes de su objeto y conceptualización de la Responsabilidad Patrimonial del Estado, Sujetos obligados de la Ley que son todos aquellos Entes Públicos de las Administraciones Públicas de los Estados, donde la mayoría incluye a la administración pública centralizada, y los organismos públicos descentralizados, órganos constitucionales autónomos de forma generalizada y en algunos incluyen también expresamente a los Fideicomisos Públicos del Estado y Empresas de Participación Estatal Mayoritaria; aunque también existen legislaciones como la de los Estado de Chiapas, Oaxaca, Tamaulipas que contemplan expresamente al Poder Ejecutivo y Poder Judicial de su Estado.

Y como un caso de exclusión de sujetos a los que no les obliga la ley, y que por tanto hace improcedente el procedimiento, se da para los Notarios, Concesionarios, Contratistas beneficiados por un contrato de obra pública, y titulares de la defensoría de los derechos humanos, donde existen Estados que así lo disponen expresamente en sus legislaciones.

En el caso de exclusión expresa como sujetos de la Ley, como en el supuesto de los Notarios, tenemos a las legislaciones de los Estados de Oaxaca, Puebla y Querétaro, donde este último incluye adicionalmente a los Corredores Públicos, los concesionarios o cualquier persona física o moral que en ejercicio de una patente, permiso o concesión preste un servicio público.[9]

---

8 Sinaloa. Leyes Estatales. (s/f). Gob.mx. Recuperado el 26 de enero de 2024, de https://www.congresosinaloa.gob.mx/leyes-estatales/

9 De la colección "Biblioteca Constitucional", N. en el E. M. E. I. se C. en P. a. D. del P. L. la S. "grandes T. C. Q. F. P., & de la conmemoración de la Constitución que nos rige desde, C. en el M. (s/f). Jorge Fernández Ruiz. Unam.mx. Recupe-

De igual forma, en la mayor parte de la Legislaciones Estatales en revisión, es observable que existe la obligación de contemplar en los entes públicos obligados de cada Estado de la República, en su presupuesto de egresos para cada ejercicio fiscal respectivo, una partida presupuestal específica para se pueda hacer frente al pago de indemnización por responsabilidad patrimonial del Estado para aquellos casos de reclamación que pudieran ser determinados procedentes.

Denominación del Procedimiento. En este rubro, de la conceptualización, si bien las legislaciones estatales regulan un procedimiento administrativo, en el ámbito del Derecho Público, al que define el autor Jorge Fernández Ruíz *"como la serie de actos sucesivos que deben efectuarse para lograr un fin específico, y al procedimiento administrativo como la concatenación de diversos actos sucesivos, vertebrados por un propósito específico de la administración pública, donde debe existir un marco jurídico, competencia, formalidades, representación de los sujetos interesados, legitimidad, notificaciones, plazos, términos, que debe estar garantizado por la garantía de audiencia y observancia del principio de legalidad".*[10]

Conceptualización que reúnen los diversos Estados de la República, al señalar en los preceptos de su legislación que los particulares o gobernados deberán presentar un procedimiento de reclamación, otros como un procedimiento de reclamación de indemnización, o bien presentar un procedimiento reclamatorio, procedimiento administrativo de reclamación como lo refiere la Legislación del Estado de Morelos, escrito de reclamación de parte interesada como lo determina el Estado de Oaxaca, escrito de reclamación únicamente como lo cita la Legislación Estado de Querétaro, procedimiento de responsabilidad patrimonial como lo estipula la Legislación del Estado de Puebla, o bien un Juicio como lo incluye en su ley el Estado de Colima, lo cual con independencia de la denominación que se otorga en cada legislación estatal, implica dar inicio a una serie de actos de inicio de procedimiento administrativo, bajo los requisitos establecidos y la legislación supletoria aplicable que se establece por

---

rado el 26 de enero de 2024, de https://archivos.juridicas.unam.mx/www/bjv/libros/9/4455/16.pdf

10 Querétaro. Leyes. (s/f). Gob.Mx. Recuperado el 26 de enero de 2024, de http://legislaturaqueretaro.gob.mx/leyes/

cada uno de los Estados, ante los órganos competentes que cada uno señala.

Parte Interesada o Reclamante. En cuanto a quienes pueden interponer o presentar el procedimiento de reclamación, al igual que la Ley Federal de Responsabilidad Patrimonial del Estado, las legislaciones de los Estados también hablan de la terminología de parte interesada, para definir a aquel particular persona física o moral, que se encuentra en el supuesto de afectación y le denominan también como reclamante, solicitante, peticionario, y no obstante la denominación no se establecen mayores requisitos que acreditar que la parte interesada, es parte afectada, y en su momento beneficiaria de la indemnización reclamada.

Como punto de referencia, es importante mencionar que algunas legislaciones incluyen a los causahabientes que los definen como aquellas personas que suceden o se subrogan en el derecho de otro, y este supuesto tenemos a las Legislaciones de los Estados de Coahuila, Guerrero, Querétaro, Veracruz y Nuevo León.[11]

Ante quien se interpone el procedimiento de reclamación. La Ley Federal de Responsabilidad Patrimonial del Estado establece en su artículo 18 que la parte interesada deberá presentar su procedimiento ante la dependencia o entidad presuntamente responsable u órgano constitucional autónomo conforme a la Ley Federal del Procedimiento Contencioso Administrativo, por lo cual dicha redacción obliga al ciudadano a agotar el procedimiento administrativo ante la

---

11 Coahuila. LEYES ESTATALES VIGENTES - H. Congreso Coahuila. (s/f). Gob.mx. Recuperado el 26 de enero de 2024, de https://www.congresocoahuila.gob.mx/portal/leyes-estatales-vigentes/ç
Guerrero
Legislación. (s/f). Gob.mx. Recuperado el 26 de enero de 2024, de https://congresogro.gob.mx/legislacion/leyes-ordinarias.php
Veracruz
Congreso del Estado de Veracruz. (s/f). Gob.mx. Recuperado el 26 de enero de 2024, de https://www.legisver.gob.mx/Inicio.php?p=le
Nuevo León
H. Congreso del Estado de N.L. (s/f). H. Congreso del Estado de N.L. Recuperado el 26 de enero de 2024, de https://www.hcnl.gob.mx/trabajo_legislativo/leyes/

Entidad Pública respectiva, para obtener una resolución administrativa, la cual constituye un acto administrativo definitivo, y por tanto dicha resolución es viable de ser impugnada en caso de no favorecer a la parte interesada, pudiendo acudir ante el Tribunal Federal de Justicia Administrativa, de conformidad con lo dispuesto por el artículo 2 de la Ley Federal del Procedimiento Contencioso Administrativo, en relación con el artículo 3 fracción IX de la Ley Orgánica del Tribunal Federal de Justicia Administrativa.

A diferencia de lo estipulado en la Ley Federal referida, algunas Legislaciones de los Estados han establecido como optativo, conceptualizándolo como indistintamente la presentación del procedimiento o solicitud de reclamación de la parte interesada ante la entidad pública o interponerse de forma directa ante el Tribunal de Justicia Administrativa de cada entidad federativa, entre los que encontramos a Aguascalientes, San Luis Potosí, Nayarit. En cuanto al Estado de Quintana Roo, su ley establece obligatorio interponer el procedimiento directamente ante su Tribunal de Justicia Administrativa.[12]

Los restantes Estados de la República contemplan obligatorio iniciar el procedimiento ante el ente público que consideren responsable, quien deberá desahogar el procedimiento hasta dictar una resolución administrativa que es impugnable bajo el Juicio Contencioso Administrativo.

Dentro de este rubro de la presentación del procedimiento administrativo de reclamación, los Estados de Baja California Sur, Colima

---

[12] Aguascalientes:
Herrera, D., & Estrada, D. (s/f). LXV Legislatura. Gob.mx. Recuperado el 26 de enero de 2024, de https://congresoags.gob.mx/agenda_legislativa/leyes
San Luis Potosí
You are being redirected. (s/f). Gob.mx. Recuperado el 26 de enero de 2024, de https://congresosanluis.gob.mx/legislacion/leyes
Fecha Ultima Reforma, F. de A. F. de P. F. (s/f). LEY DE RESPONSABILIDAD PATRIMONIAL DEL ESTADO Y MUNICIPIOS DE SAN LUIS POTOSI. Gob.mx. Recuperado el 26 de enero de 2024, de https://congresosanluis.gob.mx/sites/default/files/unpload/legislacion/leyes/2020/02/Ley_de_Responsabilidad_Patrimonial_del_Estado_y_Municipios_27_Dic_2019.pdf
Nayarit
Legislación Estatal. (s/f). Gob.mx. Recuperado el 26 de enero de 2024, de https://congresonayarit.gob.mx/legislacion-estatal/

y la Ciudad de México insertan en su legislación la figura de reenvío para el supuesto en que la parte interesada presente su reclamación ante una instancia que no sea la responsable de la actividad irregular reclamada, debiendo de remitirla en un plazo establecido con la obligación expresa de notificar al reclamante, lo cual es pertinente insertar para que el ciudadano que ejerce este derecho, no se quede al margen de obtener justicia, por desconocer quién es la autoridad competente.

Prescripción. Dentro de la regulación en las Legislaciones Estatales, encontramos identidad en esta figura que implica un plazo de una año computado a partir de que se produjo la actuación irregular por parte del ente público o el acto administrativo que genera el derecho a la interposición del procedimiento administrativo para su reclamación, a diferencia del Estado de Querétaro que en su ordenamiento contempla únicamente 30 días naturales, así como la del Estado de Morelos que contempla un plazo de 45 días naturales siguientes a aquél en que se hubiera producido la lesión patrimonial o a partir del momento en que se hubiesen cesado sus efectos lesivos, si fuesen de carácter sucesivo o continuo, plazos reducidos que sin duda limitan el poder acceder a la justicia en comparativo con el resto de los Estados de la República y con la Ley Federal de Responsabilidad Patrimonial del Estado.[13]

V. CONCLUSIONES

En un cuestionamiento final sobre este universo de redacción de legislaciones de Responsabilidad Patrimonial, 33 con la legislación Federal, con procedimientos similares, pero aún no comprobable si expeditos o no, ya que hay Estados donde por primera vez sus Entes Públicos tendrán que desahogar procedimientos de esta naturaleza, y otros como Tabasco que su Ley inicia vigencia hasta enero del 2025, como un punto negativo, pero como algo positivo tenemos que la diversidad de ordenamientos fortalece la riqueza de supuestos jurídi-

---

13 Morelos http://marcojuridico.morelos.gob.mx/leyes.jsp
http://marcojuridico.morelos.gob.mx/archivos/leyes/pdf/LRESPATEM.pdf

cos que los Estados contemplaron como la causahabiencia, la optatividad para acudir ante el ente público que causó el daño irregular o bien ante los Tribunales de Justicia Administrativa en forma directa, la obligación de generar una partida presupuestal y de un Registro de Procedimiento y resoluciones en materia de Responsabilidad Patrimonial que seguramente será un medio de evaluación y conocimiento de las deficiencias y puntos débiles del servicio público, lo cual otorga áreas de oportunidad de mejora y atención para evitar el pago de costosas indemnizaciones a los ciudadanos afectados.

Así como la posibilidad de cumplir cabalmente con el artículo 17 Constitucional párrafo quinto, e incluir obligatoriamente el agotar una Audiencia Conciliatoria para concluir el procedimiento administrativo de reclamación bajo un Convenio como mecanismo alterno de solución de la controversia entre el ciudadano y el ente público.

Por tanto y no en un afán de crear un exceso de centralismo normativo, sino de fortalecer esa lluvia de aportaciones jurídicas que existen en las diversas legislaciones, que favorezcan al ciudadano, que es el que finalmente es el sujeto titular de ese derecho a ser indemnizado contemplado en nuestra Constitución, considero que es viable proponer una Ley General de Responsabilidad Patrimonial del Estado, que conjunte aquellas disposiciones que otorguen el beneficio de un procedimiento expedito, asequible, con amplia certeza y seguridad jurídica al ciudadano, y que a los entes públicos o Tribunales que emitan sus resoluciones en esta materia, les facilite la búsqueda de criterios y precedentes que se vayan generando bajo el contexto de una legislación única.

VI. BIBLIOGRAFÍA

1 BOE-A-1992-26318 Ley 30/1992, de 26 de noviembre, de Régimen Jurídico de las Administraciones Públicas y del Procedimiento Administrativo Común. (s/f). Boe.es. Recuperado el 26 de enero de 2024, de https://www.boe.es/eli/es/l/1992/11/26/30

2 Leyes generales: ¿problemas o soluciones en el federalismo mexicano? (n.d.). Federalismo.nexos.com.mx. Retrieved January 26, 2024, from https://federalismo.nexos.com.mx/2020/01/leyes-generales-problemas-o-soluciones-en-el-federalismo

3 Suprema Corte de Justicia de la Nación. (s/f). Gob.mx. Recuperado el 26 de enero de 2024, de https://legislacion.scjn.gob.mx/Buscador/Paginas/wfProcesoLegislativoCompleto.aspx?q=VzNC+MslnhhIDEEjByD59VdfN5T
https://www.senado.gob.mx/65/diario_de_los_debates/documento/1320
https://www.diputados.gob.mx/LeyesBiblio/ref/lfrpe/LFRPE_orig_31dic04.pdf

4 DOF - Diario Oficial de la Federación. (2024). Dof.gob.mx. https://dof.gob.mx/nota_detalle.php?codigo=755197&fecha=31/12/2004&print=true; https://www.diputados.gob.mx/LeyesBiblio/ref/lfrpe/LFRPE_orig_31dic04.pdf; *DOF - Diario Oficial de la Federación. (2009). Dof.gob.mx.;* (S/f). Gob.mx. Recuperado el 26 de enero de 2024, de https://www.diputados.gob.mx/LeyesBiblio/proceso/Ix/165_DOF-30abr09.pdf: DOF - Diario Oficial de la Federación. (s/f). Gob.mx. Recuperado el 26 de enero de 2024, de https://dof.gob.mx/nota_detalle.php?codigo=5094362&fecha=12/06/2009

5 https://www.diputados.gob.mx/LeyesBiblio/ref/lfrpe/LFRPE_ref03_20may21.pdf

6 https://www.dof.gob.mx/nota_detalle.php?codigo=5713232&fecha=29/12/2023

7 Zacatecas Sistema Estatal Normativo - Leyes. (s/f). Gob.mx. Recuperado el 26 de enero de 2024, de https://www.congresozac.gob.mx/f/todojuridico&cat=LEY

8 Sinaloa Leyes Estatales. (s/f). Gob.mx. Recuperado el 26 de enero de 2024, de https://www.congresosinaloa.gob.mx/leyes-estatales/

9 De la colección "Biblioteca Constitucional", N. en el E. M. E. I. se C. en P. a. D. del P. L. la S. "grandes T. C. Q. F. P., & de la conmemoración de la Constitución que nos rige desde, C. en el M. (s/f). Jorge Fernández Ruiz. Unam.mx. Recuperado el 26 de enero de 2024, de https://archivos.juridicas.unam.mx/www/bjv/libros/9/4455/16.pdf

10 Querétaro Leyes. (s/f). Gob.Mx. Recuperado el 26 de enero de 2024, de http://legislaturaqueretaro.gob.mx/leyes/

11 Coahuila LEYES ESTATALES VIGENTES - H. Congreso Coahuila. (s/f). Gob.mx. Recuperado el 26 de enero de 2024, de https://www.congresocoahuila.gob.mx/portal/leyes-estatales-vigentes/ç
Guerrero Legislación. (s/f). Gob.mx. Recuperado el 26 de enero de 2024, de https://congresogro.gob.mx/legislacion/leyes-ordinarias.php
Veracruz Congreso del Estado de Veracruz. (s/f). Gob.mx. Recuperado el 26 de enero de 2024, de https://www.legisver.gob.mx/Inicio.php?p=le
Nuevo León

H. Congreso del Estado de N.L. (s/f). H. Congreso del Estado de N.L. Recuperado el 26 de enero de 2024, de https://www.hcnl.gob.mx/trabajo_legislativo/leyes/

12 Aguascalientes:
Herrera, D., & Estrada, D. (s/f). LXV Legislatura. Gob.mx. Recuperado el 26 de enero de 2024, de https://congresoags.gob.mx/agenda_legislativa/leyes
San Luis Potosí You are being redirected. (s/f). Gob.mx. Recuperado el 26 de enero de 2024, de https://congresosanluis.gob.mx/legislacion/leyesFecha Ultima Reforma, F. de A. F. de P. F. (s/f). LEY DE RESPONSABILIDAD PATRIMONIAL DEL ESTADO Y MUNICIPIOS DE SAN LUIS POTOSI. Gob.mx. Recuperado el 26 de enero de 2024, de https://congresosanluis.gob.mx/sites/default/files/unpload/legislacion/leyes/2020/02/Ley_de_Responsabilidad_Patrimonial_del_Estado_y_Municipios_27_Dic_2019.pdf
Nayarit Legislación Estatal. (s/f). Gob.mx. Recuperado el 26 de enero de 2024, de https://congresonayarit.gob.mx/legislacion-estatal/

13 Morelos http://marcojuridico.morelos.gob.mx/leyes.jsp http://marcojuridico.morelos.gob.mx/archivos/leyes/pdf/LRESPATEM.pdf

Capítulo 14

Derecho a la Ciudad y Derecho Administrativo Urbanístico

NORBERTO ALVARADO ALEGRÍA

Sumario: I. Introducción. II. Origen y desarrollo convencional del Derecho a la Ciudad. III. El Derecho a la Ciudad en el contexto jurídico internacional. IV. La problemática de la globalización, gentrificación y espacio público. V. Los derechos económicos, sociales y culturales (DESCA) como derecho subjetivo en el Derecho Administrativo. IV. A manera de conclusión: el concepto de Derecho Administrativo Urbanístico. VII. Bibliografía.

I. INTRODUCCIÓN

La ciudad se ha construido como una asociación más o menos autosuficiente que reconoce ciertas reglas de conducta como obligatorias; la ciudad es, en una escala mínima, el reflejo del Estado moderno como institución. Estas reglas de conducta, especifican un sistema de cooperación planeado para promover la satisfacción de las necesidades básicas de aquellos que forman parte de él.

Las ciudades son territorios con gran riqueza y diversidad, el modo de vida urbano influye sobre la forma en que establecemos vínculos con nuestros semejantes y con el territorio. Sin embargo, en sentido contrario a tales potencialidades, los modelos de desarrollo implementados en la mayoría de los países con economías emergentes, se caracterizan por establecer niveles de concentración de renta y de poder que generan pobreza y exclusión, contribuyen a la depredación del ambiente, aceleran los procesos migratorios, incrementan la urbanización, generan segregación social y espacial, y fomentan la privatización del espacio público.

La ciudad de la que hablamos parafraseando a *Belil, Borja y Corti,*[1] la ciudad posmoderna, o bien la anti-ciudad del neoliberalismo eco-

---

1 *Cfr.* Belil, Mireia, Borja, Jordi y Corti, Marcelo, (eds.). *Ciudades, una ecuación imposible.* Barcelona, Icaria. 2012

nómico, de la urbanización especulativa, de la sociedad atomizada de la cultura individualista, de la política local débil y del capitalismo inmobiliario fuerte; una ciudad que no queremos ni aspiramos, pero que tenemos y que estamos obligados a transformar a través de una ecuación que parece imposible, porque frente a la tendencia reductora de los derechos humanos que produce la vida urbana, es necesario oponer el Derecho a la Ciudad.

Bajo este escenario, aquél se presenta como un derecho humano, social y exigible, que puede ser positivado como un derecho fundamental, para promover el fortalecimiento del Estado constitucional. Para ello, se requiere del reconocimiento, descripción y profundidad en los sistemas jurídicos nacional e internacional, *prima facie,* en conexidad con otros derechos fundamentales como: la vida, la dignidad humana, la igualdad, la autodeterminación y el acceso a la vivienda, para ser garantizado por las instituciones jurídicas, inclusive para exigirse ante los tribunales.

Contribuyen a la necesidad del Derecho a la Ciudad, la falta de políticas públicas, y el desconocimiento de los aportes que los procesos de poblamiento popular generan en la construcción de ciudad y de ciudadanía, y violentan la vida urbana con graves consecuencias como los desalojos masivos y la segregación que se identifican con un nuevo *apartheid* global,[2] este contexto favorece el surgimiento de luchas urbanas que, pese a su significado social y político, son aún fragmentadas e incapaces de producir cambios trascendentes en el modelo de desarrollo vigente. El Derecho a la Ciudad es parte de la categoría de los derechos sociales; es un derecho humano emergente, con alto grado de desarrollo doctrinal en el contexto internacional, producto de las migraciones urbanas y conurbaciones, que requiere del reconocimiento, descripción, profundidad y un marco de garantías en el sistema del derecho internacional, para su posterior incorporación a los sistemas jurídicos nacionales, en conexidad con otros derechos fundamentales para ser garantizados por el Estado constitucional. Para determinar este escenario, se propone partir de la postura del liberalismo igualitario, que descansa sobre

---

2 Santos, Boaventura de Sousa. *El milenio huérfano.* 2ª ed., Madrid, Trotta/Ilsa. 2011. (p. 74).

una concepción objetivista de la moral, que parte de la idea de que los principios morales se apoyan en consideraciones que, *prima facie*, cualquier individuo podría aceptar sin cuestionamientos mayores, para fundamentar el derecho a la ciudad como un derecho humano, social y exigible.

II. ORIGEN Y DESARROLLO CONVENCIONAL DEL DERECHO A LA CIUDAD

Existen significativas aportaciones en el desarrollo del Derecho a la Ciudad; la mayoría de ellas han sido recientemente elaboradas; la tradición griega se vinculó con el concepto de la *polis* —de la ciudad-estado—, desde la época clásica, y aparece dotada de un complejo marco constitucional con el que se articulan las normas de convivencia; se especifica el grado de participación en las tareas públicas; y se determina su funcionamiento y competencia del gobierno, mediante leyes acatadas por todos en términos propuestos por *Barceló y Hernández*.[3]

En la doctrina, se cuenta con trabajos que se han desarrollado por *Jacobs, Lefebvre, Mitchell, Borja y Gehl*, que encuentran conexión con una serie de movimientos sociales que abarcan desde las manifestaciones por los derechos civiles de 1963, las protestas del *Free Speech Movement* en California, el M-15 de España, o las protestas en Brasil asociadas al tema de la movilidad urbana y la priorización de la infraestructura urbana, como uno de los componentes más sensibles del derecho a la ciudad. Estos movimientos sociales, ante la consideración de que la vivienda y los espacios de la ciudad, como bienes de inversión, son inaccesibles para gran parte de la población, reivindican la idea de que todos los derechos humanos, tanto los derechos civiles y políticos, como los derechos económicos, sociales, culturales y ambientales son derechos imprescindibles para llevar a cabo un proyecto de vida autónomo, fundado en la dignidad e igualdad de las personas, pero que requieren del acceso y goce de la ciudad, como un derecho emergente fundamental que debe ser reconocido y

---

[3] Barceló, Pedro y Hernández, David. *Historia del pensamiento político griego. Teoría y praxis*, Madrid, Trotta. 2014.

tutelado, para el ejercicio del resto de los derechos humanos en el Estado constitucional.

En este contexto, utilizamos la conceptualización del principio de autonomía de *Vázquez: "El principio de autonomía permite identificar determinados bienes sobre los que versan ciertos derechos cuya función es poner barreras de protección —"cartas de triunfo" en la terminología de Dworkin— contra medidas que persigan el beneficio de otros, del conjunto social o de entidades supraindividuales. El bien más genérico protegido por este principio es la libertad de realizar cualquier conducta que no perjudique a terceros. [...] Sin embargo, esta situación contraviene intuiciones muy arraigadas en el ámbito del liberalismo. [...] Por esta razón, es necesario defender un segundo principio, que limita el de la autonomía personal: el principio de dignidad personal..."*[4]

Si observamos la historia de las ciudades, podemos ver claramente cómo las estructuras urbanas y el planeamiento han influido sobre el comportamiento. El concepto moderno de la ciudad, deviene de la Carta de Atenas de 1933, derivada del movimiento del urbanismo comandado por *Le Corbusier* y de su Ciudad Radiante, que tiene como antecedente la Ciudad Jardín de *Howard,* los cuales han tenido una inmensa influencia sobre el diseño de nuestras ciudades, imponiéndose la visión urbanista de la ciudad vertical y sus problemas de movilidad colapsada, espacios públicos erosionados, zonificación euclidiana y crisis de sustentabilidad.

Fue en 1968 cuando *Lefebvre* introdujo a la discusión teórica el concepto del derecho a la ciudad: *"Estos derechos mal reconocidos poco a poco se hacen costumbre antes de inscribirse en los códigos formalizados. Cambiarían la realidad si entraran en la práctica social... Entre estos derechos en formación figura el 'derecho a la ciudad' (no a la ciudad antigua, sino a la vida urbana, a la centralidad renovada, a los lugares de encuentros y cambios, a los ritmos de vida y empleos del tiempo que permiten el 'uso' pleno y entero de estos momentos y lugares, etc.)..."*[5]

---

4 Vázquez, Rodolfo. *Entre la libertad y la igualdad. Introducción a la filosofía del derecho.* 3ª ed., Madrid, Trotta. 2010. (p. 159)

5 Lefebvre, Henry. *El derecho a la ciudad.* 4ª ed., Barcelona, Península. 1978. (p. 167)

Anteriormente, *Jacobs* al explicar cómo funcionan las ciudades en la vida real, aseguraba que las ciudades son un inmenso laboratorio de ensayo y error, fracaso y éxito, para la construcción y el diseño urbano, y cómo el aumento masivo del automóvil, y la ideología urbanística del Movimiento Moderno, que separaba los usos dentro de las ciudades y enfatizaba la construcción de edificios que terminarían por destruir el espacio y la vida urbana, dando como resultado ciudades sin gente, ni actividades. Este planteamiento se considera como el grito inicial de una voz que clama por un cambio en la forma que diseñamos nuestras ciudades. Cinco décadas después, *Gelh* ha retomado con éxito estas ideas, al asegurar que la ciudad es el lugar de encuentro por excelencia, más que cualquier otra cosa, la ciudad es su espacio público, principalmente el espacio peatonal, pues los seres humanos no pueden estar en el espacio de los automotores, ni en los espacios privados que nos les pertenecen como colectividad; la cantidad y la calidad del espacio público determinan la calidad urbanística de una ciudad, por ello, *Geh*[6]*l* señala que un espacio público es bueno, cuando en él ocurren muchas actividades no indispensables, cuando la gente sale al espacio público como un fin en sí mismo, a disfrutarlo, cuando se apropian de la calle o bien participan en su fabricación. Estos autores y las luchas urbanas referidas, han logrado posicionar desde la visión urbanística, los conceptos de la ciudad para la gente y la humanización del espacio público.

Ciudad, espacio público y ciudadanía, son tres conceptos que bajo la visión de *Borja* son casi redundantes, pues la ciudad es ante todo un espacio público, donde se ejercen los derechos públicos de la ciudadanía, un espacio abierto y significante, habitado por ciudadanos libres e iguales; por ello, vale la pena puntualizar que la ciudad es una realidad histórica, geográfica, social, cultural y política, una concentración humana diversa, dotada de identidad o de pautas comunes y con vocación de autogobierno; pero también es, desde la filosofía política, un lugar de representación y expresión colectiva de la sociedad, el espacio material e ideológico donde las libertades se ejercen y los derechos humanos se exigen democráticamente.

6 *Cfr.* Gehl, Jean. *Ciudades para la gente.* Buenos Aires, Infinito Asociados. 2014

III. EL DERECHO A LA CIUDAD EN EL CONTEXTO JURÍDICO INTERNACIONAL

A nivel internacional, la Declaración Universal de Derechos Humanos Emergentes y la Carta Mundial del Derecho a la Ciudad, son instrumentos de referencia del concepto del Derecho Humano a la Ciudad, de tipo social, emergente y justiciable que, si bien no tiene fuerza vinculante, sí recogen los avances y discusiones de los esfuerzos globales por impulsar el derecho a la ciudad.

La constitución brasileña y la colombiana, fueron las primeras en Latinoamérica, que otorgaron la categoría de derechos fundamentales a los derechos urbanos y de gestión democrática del espacio público, a través de la revalorización del derecho a la vivienda, que ha logrado su reconocimiento y protección ante los tribunales, a través de la conexidad con otros derechos fundamentales como lo propone *Santana.*[7]

Urbanísticamente, la ciudad puede ser el espacio o territorio donde se asienta una población, que se articula respecto de ciertos servicios públicos, que son necesidades básicas que requieren de una satisfacción objetiva y universal, tales como el suministro de energía eléctrica, agua potable, drenaje, vialidades, plazas, mercados, cementerios, asistencia sanitaria, servicios educativos y transporte colectivo, *inter alia,* que permiten la sobrevivencia y la movilidad social; gobernada por una administración con matices de proximidad, electa democráticamente, entendiendo a la democracia en su definición mínima propuesta por *Bobbio,* como la forma de gobierno caracterizada por un conjunto de reglas primarias o fundamentales, que establecen quién está autorizado para tomar las decisiones colectivas y bajo qué procedimientos. En este caso, resulta más útil entender a la ciudad como espacio colectivo, como lugar adecuado para el desarrollo político, económico, social y cultural de la población; es decir, la ciudad entendida no sólo como *urbs,* sino también como *civitas y polis* según *Borja.*

---

7 *Cfr.* Santana, María Victoria. *"Avance jurisprudencial del derecho a la vivienda digna en Colombia",* en *Revista Ratio Juris,* núm. 7, julio-diciembre de 2012, pp. 37-60, 2012, extraído el 20 de marzo de 2022 desde: http://www.unaula.edu.co.

Es por ello que la definición de ciudad *glocal*, resulta muy útil, ya que la reivindicación del derecho a la ciudad exige un espacio, pero sobre todo exige políticas concretas de promoción, respeto y garantía a los derechos fundamentales. Cuando se reivindica el derecho a la ciudad, también se reivindica el espacio público colectivo donde se respetan y ejercen los derechos humanos.

El derecho a la ciudad enmarca la reivindicación de la garantía y protección de los derechos humanos en la ciudad, es decir, reivindica el papel de las autoridades locales como garantes de estos derechos, que están consignados constitucional y convencionalmente. Este papel encuentra un nuevo contexto para los Estados de la comunidad internacional, pues se enfoca más en la planificación e implementación de políticas públicas de prevención, como la Carta Europea de Salvaguarda de los Derechos Humanos en la Ciudad, que define el derecho a la ciudad como *"un espacio colectivo que pertenece a todos sus habitantes (los cuales), tienen derecho a encontrar las condiciones para su realización política, social y ecológica, asumiendo deberes de solidaridad…"*[8]

La Carta Mundial sobre el Derecho a la Ciudad, conceptualiza el derecho a la ciudad: *"como el usufructo equitativo de las ciudades dentro de los principios de sustentabilidad, democracia y justicia social; es un derecho colectivo de los habitantes de las ciudades, en especial de los grupos vulnerables y desfavorecidos, que les confiere legitimidad de acción y de organización, basado en sus usos y costumbres, con el objetivo de alcanzar el pleno ejercicio del derecho a un patrón de vida adecuado …"*[9]

La Carta de la Ciudad de México por el Derecho a la Ciudad, que define que: "… *Es un derecho colectivo de los habitantes de las ciudades, que les confiere legitimidad de acción y de organización, basado en el respeto a sus diferencias, expresiones y prácticas culturales, con el objetivo de alcanzar el pleno ejercicio del derecho a la libre autodeterminación y a un nivel de vida adecuado…*"[10]

---

8 Carta Europea de Salvaguarda de los Derechos Humanos en la Ciudad, extraído el 18 de febrero de 2022 desde: http://www.vitoria-gasteiz.org.

9 Carta Mundial sobre el Derecho a la Ciudad, extraído el 30 de mayo de 2016 desde: http://www.onuhabitat.org.

10 Carta de la Ciudad de México por el Derecho a la Ciudad, extraído el 23 de marzo de 2020 desde: http://www.equipopueblo.org.mx.

Siguiendo esta línea, se puede definir en un primer ejercicio, al derecho a la ciudad, como el derecho de toda persona a vivir dignamente en un espacio público colectivo, con un gobierno elegido democráticamente, que tenga como centro de sus políticas públicas el respeto de los derechos humanos, partiendo del reconocimiento, la protección y la garantía en el ejercicio de derechos como: a) la vida y la dignidad humana; b) el acceso y aprovechamiento del espacio público; c) la movilidad; d) la seguridad; e) el acceso a la vivienda; y f) el acceso y utilización de los servicios públicos. La conceptualización de la ciudad así entendida, se encuentra en una de sus fases iniciales de gestación, que le permitirá convertirse en un derecho subjetivo público; es un derecho humano emergente en proceso de reconocimiento a nivel constitucional, bajo los términos del concepto de derecho de *Guastini,* que se refiere a una pretensión justificada que contiene dos elementos: a) una pretensión (*claim*), y b) una justificación que otorga fundamento a la pretensión. En este aspecto, también señala *Prieto que: "[...]En esta extraordinaria fuerza vinculante reside seguramente la singularidad de los derechos fundamentales. Ellos encarnan exigencias morales importantes, pero exigencias que pretenden ser reconocidas como derechos oponibles frente a los poderes públicos; lo cual, desde la perspectiva positivista encierra un reto importante: los derechos, como el resto del ordenamiento jurídico son obra del poder político y, sin embargo, consisten precisamente en limitar ese poder [...]."*[11]

IV. LA PROBLEMÁTICA DE LA GLOBALIZACIÓN, GENTRIFICACIÓN Y ESPACIO PÚBLICO

El peso del componente inmobiliario de las recientes crisis financieras y su impacto en las condiciones de vida de millones de personas, ha generado un escenario de reclamo, tanto del derecho a la vivienda, como al más amplio derecho a la ciudad. Lejos de resolver los problemas planteados en materia de vivienda, espacio público y movilidad, se agravaron. El desmantelamiento de las políticas sociales también ha favorecido el aumento de la violencia y los conflictos urbanos; se han alentado las demandas de una gestión represiva y

---

11 Garzón, Ernesto *et al. El derecho y la justicia.* 2ª ed., Madrid, Trotta. 2000. (p. 501)

punitiva de la nueva inseguridad urbana, como las políticas de "tolerancia cero", que tienen fundamento en los textos de *Kelling y Coles,* y por su parte *Jakobs.*

Abordar el concepto del derecho a la ciudad resulta complejo; las primeras teorizaciones sobre el tema surgen ante la crisis de las políticas tradicionales del Estado del bienestar social, en torno a la vivienda. El derecho a la vivienda, es algo más que el acceso a un bloque de concreto ubicado en la periferia de la ciudad. Esta concepción se agravó con las crisis económicas, el descenso de la inversión pública, las políticas de desregularización, la venta del suelo público, el aumento de la especulación y la segregación espacial que, en menor o mayor grado, han generado exclusión social, segregación espacial y desigualdades que se identifican con el desmembramiento del tejido social.

Pocas son las ciudades que entienden la urgencia de dar respuestas a los retos de la globalización en virtud del principio de proximidad con la población, a través de políticas públicas y de la garantía de los derechos fundamentales consignados a nivel constitucional. Es decir, cambiar el paradigma de la ciudad-negocio, al paradigma de la ciudad-derecho. Es así como surgen en la comunidad internacional, el concepto de la ciudad *glocal* asociado al derecho a la ciudad, como reivindicación de los movimientos urbanos.

Estamos cerca de que dos tercios de la población mundial, viva en suelo urbano como lo previó la ONU para el año 2050, lo cual representa un gran reto. La ciudad como derecho se constituye como contrapoder de las contradicciones de la globalización económica. Los efectos y negaciones propios de la globalización, tienen su reflejo más claro en las ciudades, pues las instancias nacionales han resultado ser en la mayoría de los casos, ineficaces a la hora de proteger ciertos derechos, o de garantizar los servicios públicos, ya que los principios de proximidad y eficacia están directamente relacionados con la actuación de los gobiernos municipales y de las ciudades.

Una ciudad *glocal* puede identificarse por la aplicación de los principios de subsidiariedad y de proximidad que aportan un valor añadido a la acción de la autoridad local. Se le asigna al neologismo *glocalización,* el matiz de híbrido de las palabras globalización y localidad, y se puede conceptualizar perfectamente a partir de la frase "piensa globalmente y actúa localmente", acuñada por el Foro Mundial de Porto Alegre. Así, la ciudad *glocal* se caracteriza no por su tamaño, ni por su situación geográfica, ni económica, ni poblacional, sino por las acciones de su gobierno local, claramente influenciadas por las actividades de su sociedad civil organizada. En este sentido, Guillén define una ciudad *glocal* como: *"aquel municipio, del Norte o del Sur, consciente de los problemas globales que nos afectan, dirigido por unas autoridades locales que implementan políticas públicas en su territorio encaminadas a subsanarlos o al menos a no empeorarlos, y que actúan con una clara vocación internacional, que canaliza tanto como impulsa las demandas de su sociedad civil organizada..."*.[12]

Las dinámicas dominantes en las ciudades del mundo desarrollado tienden a debilitar y privatizar los espacios públicos. La crisis del espacio público es resultado de las actuales pautas urbanizadoras: excluyentes y privatizadoras que producen espacios fragmentados, lugares mudos, tierras de nadie, guetos clasistas, barrios amurallados, zonas marcadas por el miedo o la marginación. El espacio público prácticamente desaparece, los ciudadanos quedan reducidos a habitantes atomizados y a clientes dependientes de múltiples servicios con tendencia a privatizarse, como la vivienda, la seguridad, los servicios públicos, los mercados, etcétera. Los espacios públicos pierden sus cualidades ciudadanas, se substituyen progresivamente por espacios privados en los que se aplica el derecho de admisión, y las zonas que no se transforman siguiendo estas pautas, devienen en espacios de exclusión olvidados y a veces criminalizados, en otras palabras, se *gentrifican* desplazando a la población.

Este modelo de urbanización es un producto de la convergencia de intereses públicos y privados. La ciudad que históricamente había sido un elemento integrador, ahora tiende a la exclusión; recordemos que las ciudades nacieron y se desarrollaron para ofrecer protección al intercambio de bienes y servicios, para que unas colectividades pudieran convivir pacíficamente en un mismo territorio; las murallas que facilitaban la defensa frente a los enemigos externos,

---

12 Institut de Drets Humans de Catalunya. *"El derecho a la ciudad". Serie Derechos Humanos Emergentes*. núm. 7, Barcelona, 2011. (p. 18)

estaban destinadas a hacer realidad el axioma burgués de que 'el aire de la ciudad nos hace libres'.

Los muros no solo expresan la exclusión, también contribuyen a legitimar las políticas represivas sobre los sectores populares y el control del poder sobre los espacios públicos. Primero, se califica a una población de extraños a los que conviene separar; luego, se les reprime, especialmente si se hacen presentes en el espacio público; y finalmente, se decreta que el espacio público abierto es en sí mismo peligroso. Es la criminalización de los colectivos sociales a los que se quiere negar su existencia, y que desaparezcan de la vista de los ciudadanos homogeneizados, o serán penalizados. Éste es uno ejemplo significativo que se identifica con una nueva forma de fascismo[13] que opera en ámbitos de los cuales interesa resaltar: a) el *apartheid* social que crea zonas salvajes —barrios pobres—, y zonas civilizadas —ciudades fortaleza sitiadas por cinturones de miseria—; y b) el fascismo paraestatal que tiene que ver con la retirada del Estado, dejando el espacio libre a particulares que se apropian de bienes públicos y espacios territoriales.

Parafraseando a *Sandel,* podemos afirmar que la ciudad es el espacio colectivo más idóneo para la nueva educación cívica que requiere la vida moderna, para impulsar los valores democráticos de libertad e igualdad. Desde la visión de *Borja,* la calidad del espacio público es un *test* fundamental para evaluar la democracia ciudadana y el derecho a la ciudad. El espacio público como la materialización más acabada del derecho a la ciudad, reivindica y denuncia todo lo que universal y objetivamente requieren las personas para satisfacer sus necesidades básicas en el espacio físico colectivo de convivencia y de desarrollo de su plan de vida, pero no sólo de manera estática sino dinámica, con el afán de conseguir una 'vida significativa' para sí mismas en el contexto de *Nussbaum.*

13 *Op. cit.* Santos. (p. 29)

V. LOS DERECHOS ECONÓMICOS, SOCIALES Y CULTURALES (DESCA) COMO DERECHO SUBJETIVO EN EL DERECHO ADMINISTRATIVO

El concepto de derechos humanos se utiliza para diferenciar a una especie de derechos en particular, que son inherentes al hombre y están estrechamente ligados con las exigencias que derivan de los principios que asumimos universales como el respeto a la vida, la dignidad, la libertad y la igualdad humanas. Son generales, universales, imprescriptibles, inalienables, permanentes, progresivos, incondicionales, absolutos, internacionales y de amplia protección no sólo por las instancias nacionales, sino por organismos internacionales. *Ewald,*[14] caracteriza a los derechos sociales por: a) ser un derecho de grupos y no de individuos, puesto que el individuo sólo goza del derecho si pertenece dentro del grupo; b) ser un derecho de desigualdades, que pretende constituirse en instrumento de equiparación, igualación o compensación; y c) hallarse ligado a una sociología, orientada a señalar cuáles son las relaciones sociales pertinentes, que ligan a los distintos grupos sociales e identifican sus necesidades o aspiraciones, en franca oposición a la filosofía del derecho clásico de la propiedad privada.

Para *Álvarez* los derechos humanos se pueden definir como: *"(A)quellas exigencias éticas de importancia fundamental que se adscriben a toda persona humana, sin excepción, por razón de esa sola condición. Exigencias sustentadas en valores o principios que se han traducido históricamente en normas de Derecho nacional e internacional en cuanto parámetros de justicia y legitimidad política..."*[15] Por su parte *López* señala que: *"(L)os derechos humanos son exigencias éticas que deben cumplirse por respeto a la libertad y a la dignidad de los seres humanos. Pero hay cosas que no sólo deben hacerse, sino que también tienen que hacerse porque se refieren a exigencias muy radicales. Los derechos humanos son exigencias morales radicales, concretamente aquéllas que se refieren a la virtud moral de la justicia. Son exigencias éticas de justicia, en el sentido de que el sujeto pretende disponer de*

---

14 Abramovich, Víctor *et al. Los derechos sociales como derechos exigibles.* 2ª ed., Madrid, Trotta. 2014. (p. 40-45)

15 Álvarez, Mario I. *Acerca del concepto derechos humanos.* México, Mc Graw Hill. 1998. (p. 21)

lo propio, lo necesario, lo que a cada uno corresponde, lo justo, para existir y ser tratados como seres libres…"[16]

Dentro de la génesis y evolución de los derechos humanos, se encuentran los llamados derechos económicos, sociales y culturales (DESCA), también llamados doctrinariamente como derechos de tercera generación, o bien, obligaciones positivas del Estado, que tienen su origen en la incorporación de derechos sociales en las constituciones modernas. Como indica *Bobbio: "… el elenco de los derechos humanos se ha modificado y va modificándose con el cambio de las condiciones históricas, esto es, de las necesidades de los intereses, de las clases en el poder, de los medios disponible para su realización, de las transformaciones técnicas […] los derechos humanos son derechos históricos, es decir, nacen gradualmente, no todos de una vez y para siempre, en determinadas circunstancias, caracterizadas por luchas por la defensa de nuevas libertades contra viejos poderes…*"[17]

Ahora bien, los derechos sociales y el derecho a la ciudad, requieren de ciertos modelos de organización estatal, de una serie de precondiciones que permitan reconocer el deber de solventar las necesidades de los demás. Pero adicionalmente, demandan también la existencia de los presupuestos necesarios para dotar de eficacia y materialización a las normas constitucionales que los contienen, y la existencia de un Estado constitucional y de principios como la libertad, el respeto a la vida, la dignidad, la igualdad y el mínimo vital.

Los DESCA, son derechos subjetivos con un alto grado de importancia.[18] Pero lo que distingue a los derechos sociales de otros derechos fundamentales es que son 'derechos de prestación en su sentido estrecho', es decir, derechos generales positivos a acciones fácticas del Estado constitucional, situación que en ningún sentido le resta la connotación de fundamental. El carácter general de los derechos so-

---

16 Squella, Agustín *et al. Derechos humanos: ¿invento o descubrimiento?* México, Fontamara. 2013. (p. 97)

17 *Idem* (p. 70)

18 Corte Interamericana de Derechos Humanos. Opinión consultiva OC-14/94, 9 de diciembre de 1994. Responsabilidad internacional por expedición y aplicación de leyes violatorias de la Convención Americana sobre Derechos Humanos, extraído el 2 de abril de 2022 desde: www.corteidh.or.cr/docs/opiniones/seriea_14_esp.doc.

ciales se refleja en cuatro planos para ser reconocido: a) el titular del derecho (todas las personas son titulares del derecho); b) el objeto, los derechos sociales fundamentales son constitucionales (es decir, no simples derechos legales); c) a una situación fáctica que puede ser alcanzada mediante la creación de derechos especiales; d) en la fundamentación filosófica, los derechos sociales son derechos humanos cuyo carácter se ha fortalecido mediante su positivización.

En este sentido, los DESCA han ganado terreno en el derecho internacional como derechos humanos, principalmente a través del principio de progresividad, *Abramovich y Courtis* han señalado que "... *la obligación de progresividad constituye un parámetro para enjuiciar las medidas adoptadas por los poderes legislativo y ejecutivo en relación con los derechos sociales, es decir, se trata de una forma de carácter sustantivo a través de la cual los tribunales pueden llegar a determinar la constitucionalidad...* "[19]

Alexy señala que: "*Cuando se habla de derechos sociales fundamentales [...] se hace primariamente referencia a derechos a prestaciones en sentido estricto...* ".[20] Las prestaciones son acciones concretas y materiales, medibles económicamente o mediante bienes y servicios para satisfacer las necesidades primarias de los seres humanos, y que están ligadas a bienes que se consideran colectivos pero individualizables como la salud, la vivienda o el agua potable; es decir, los DESCA que se contienen tradicionalmente en normas programáticas dentro de los cuerpos normativos constitucionales, son *mandatos de optimización*,[21] puesto que postulan la necesidad de alcanzar ciertos fines, pero dejan de alguna manera abiertas las vías para lograrlos. Según *Alexy* los mandatos de optimización "...*están caracterizados por el hecho de que pueden ser cumplidos en diferente grado y que la medida debida de su cumplimiento no sólo depende de las posibilidades reales sino también de las jurídicas...* "[22]

---

19 Abramovich, Víctor *et al. Los derechos sociales como derechos exigibles.* 2ª ed., Madrid, Trotta. 2014. (p. 47)

20 Alexy, Robert. *Teoría de los derechos fundamentales.* 3ª reimp., Madrid, CEPC. 2000. (p. 482)

21 Carbonell, Miguel *et al.* 2014. *Los derechos sociales y su justiciabilidad directa.* México, edit. Flores. 2014. (p. 33)

22 *Op. cit.* Alexy (p. 86)

Ahora bien, el verdadero conflicto de los DESCA ha sido su baja posibilidad material de ejecutarse; sin embargo, que las procesales no existan o sean deficientes, no significa que los DESCA no existan o no puedan ser exigibles, como la Corte Interamericana de Derechos Humanos ha señalado de manera esclarecedora que: "... *La labor interpretativa que debe cumplir la Corte en ejercicio de su competencia consultiva busca no sólo desentrañar el sentido, propósito y razón de las normas internacionales sobre derechos humanos, sino, sobre todo, asesorar y ayudar a los Estados miembros y a los órganos de la OEA para que cumplan de manera cabal y efectiva sus obligaciones internacionales en la materia ...*"[23]

IV. A MANERA DE CONCLUSIÓN: EL CONCEPTO DE DERECHO ADMINISTRATIVO URBANÍSTICO

A nivel constitucional el momento clave para el derecho urbanístico se identifica con la reforma publicada el 6 de febrero de 1976 en el Diario Oficial de la Federación, que modificó los artículos 27, 73 y 115 para introducir expresamente en el texto de la constitución la denominación de 'asentamientos humanos' en relación con la ordenación de los centros de población, la utilización del suelo y la ordenación de los asentamientos humanos como una actividad esencial del Estado mexicano. Desde entonces se han iniciado una serie de adecuaciones al marco legal, comenzando por reconocer en la Constitución Mexicana, la existencia de los procesos de urbanización y de conurbación (metropolitanos), la necesaria la actuación de las instituciones públicas en el proceso de planeación, y regulación de la fundación, conservación, mejoramiento y crecimiento de los centros de población.

Sin embargo, hoy se hace necesaria la interpretación del artículo 4° de la Constitución Mexicana, desde la óptica del Derecho Administrativo, para consolidar el concepto y alcances del Derecho a la Ciudad y complementarlo con los derechos a la alimentación, a la salud, al medio ambiente sano, al acceso al agua potable, a la vivienda digna y decorosa, al acceso a la cultura y al disfrute de los bienes culturales, a la cultura física y a la práctica del deporte. El Derecho

---

23 *Op. cit.* Abramovich. (p. 50)

a la Ciudad, entendido en dos sentidos: por un lado, como la oportunidad de habitar en centros urbanos cuyo desarrollo ha sido debidamente planeado y, por tanto, de acceder a los bienes públicos colectivos y disfrutar de sus beneficios y, a la vez por otro lado, como la responsabilidad compartida por todos los habitantes de contribuir, de manera equitativa y permanente, a la respectiva producción, mantenimiento y preservación de tales bienes y beneficios, incluido el medio ambiente, la infraestructura, el equipamiento y los servicios urbanos prestados. Se trata de un derecho social estrechamente vinculado a los derechos económicos y políticos y que, por tanto, forman parte de los derechos humanos fundamentales de toda persona, y que le da fundamento a la existencia del Derecho Administrativo Urbanístico.

Ahora bien, que el Derecho a la Ciudad esté integrado por una serie de derechos correlativos, significa que cada uno de estos derechos, también son autónomos, que están positivizados en instrumentos internacionales y domésticos, y que pueden ser reclamados y exigidos en forma individual, social o colectiva por los mecanismos judiciales o administrativos previstos para tal efecto. Sistemáticamente todos se agrupan en una rama del Derecho Administrativo, que empieza a consolidarse y que es el Urbanístico o Urbano. No obstante, todo está en relación de interdependencia con el derecho a la ciudad, es decir, entendidos cada uno de ellos desde su faceta colectiva, como prestación debida a los habitantes de la ciudad, integran el contingente del derecho a la ciudad, que además requiere de otros más como el derecho a la movilidad y, el de acceso y disfrute del espacio público.

En este contexto, el derecho a la ciudad implica la acción colectiva que el Estado impulse para procurar una ocupación socialmente equitativa, económicamente sustentable y políticamente igualitaria del territorio urbano y metropolitano. De esa forma, en el ejercicio de ese derecho, los ciudadanos tendrán razones para comprometerse con el cuidado de los bienes públicos y el patrimonio urbano colectivo que permiten habitar la ciudad y hacer de ésta un lugar habitable. El ejercicio del derecho supone, al mismo tiempo, que los ciudadanos puedan exigir a la autoridad, encargada de su administración, que rinda cuentas acerca de las acciones implicadas en una habitabilidad justa y equitativa entre los diversos sectores sociales de la población.

No puede dejarse de lado, adicionalmente, que establecer el derecho a la ciudad, en esos términos, favorece las condiciones de habitabilidad pacífica, de apropiación y uso responsable de los bienes públicos colectivos, de respeto a la legalidad para no afectar a terceros al ejercer los derechos subjetivos administrativos dentro del ámbito espacial de las ciudades, así como de participación ciudadana para la avenencia de conflictos, la debida articulación de las demandas y la integración de ellas en la planeación del desarrollo urbano que a todos concierne y afecta.

La Ley General de Asentamientos Humanos, Ordenamiento Territorial y Desarrollo Urbano en su artículo 4 fracción I, y en Querétaro el Código Urbano local, ya positivizan el Derecho a la Ciudad, como parte de la normatividad administrativa del sistema jurídico nacional y local. Entonces, es una realidad del Estado constitucional, que ya tiene un tiempo considerable en la agenda pública. La gobernabilidad, resulta complicada en las ciudades modernas, porque el mercado inmobiliario, ha asumido en algunos casos, el carácter de ordenador de la estructura social, desplazando al Estado y perdiendo su fuerza política como instancia de planeación, coordinación y regulación. En el desarrollo urbano, la gobernabilidad tiene como reto conciliar la escasez de los suelos urbanizables, con las crecientes necesidades de vivienda, infraestructura y servicios públicos en constante crecimiento.

Así, el Derecho a la Ciudad implica ampliar el enfoque tradicional orientado solamente a mejorar la calidad de vida desde la vivienda y el barrio, para trascenderlo a una escala más amplia: la del ejercicio de todos los derechos humanos en la ciudad; al acceso en condiciones de libertad e igualdad a la ciudad, e intervenir en los procesos participativos para la gobernabilidad, planeación y gestión democrática de la ciudad, y esto es un gran reto para el Derecho Administrativo mexicano.

VII. BIBLIOGRAFÍA

- Abramovich, Víctor y Courtis, Christian. *Los derechos sociales como derechos exigibles.* 2ª ed., Madrid, Trotta. 2014.

- Alexy, Robert. *Teoría de los derechos fundamentales.* 3ª reimp., Madrid, CEPC. 2000.
- Alvarado, Norberto. *El derecho a la ciudad como derecho humano emergente. Ciencia@UAQ*, año 7, núm. 1, Querétaro, Universidad Autónoma de Querétaro, enero-junio de 2014, pp. 166-177.
- Álvarez, Mario I. *Acerca del concepto derechos humanos.* México, Mc Graw Hill. 1998.
- Ayuntamiento de Saint-Denis. *Actas del Foro Europeo de Autoridades Locales.* Barcelona. 2003.
- Barceló, Pedro y Hernández, David. *Historia del pensamiento político griego. Teoría y praxis,* Madrid, Trotta. 2014.
- Belil, Mireia, Borja, Jordi y Corti, Marcelo, (eds.). *Ciudades, una ecuación imposible.* Barcelona, Icaria. 2012
- Bobbio, Norberto. *El futuro de la democracia.* 2ª ed., México, FCE. 2000.
- Borja, Jordi. 2010. *La ciudad conquistada.* 2ª reimp., Madrid, Alianza Editorial. 2010.
- Carbonell, Miguel y Ferrer, Eduardo. 2014. *Los derechos sociales y su justiciabilidad directa.* México, edit. Flores. 2014.
- Garzón, Ernesto *et al. El derecho y la justicia.* 2ª ed., Madrid, Trotta. 2000.
- Gehl, Jean. *Ciudades para la gente.* Buenos Aires, Infinito Asociados. 2014
- Guastini, Ricardo. *Distinguiendo. Estudios de teoría y metateoría del derecho.* Barcelona, Gedisa. 1999.
- Institut de Drets Humans de Catalunya. *"El derecho a la ciudad".* **S***erie Derechos Humanos Emergentes.* núm. 7, Barcelona, 2011.
- Jacobs, Jane. *Muerte y vida de las grandes ciudades.* 3ª ed., Madrid, Gracel. 2013.
- Jakobs, Günther, (coord.). *El pensamiento filosófico y jurídico penal de Günther Jakobs.* México, edit. Flores. 2007.
- Kelling, George y Coles, Catherine. *Fixing broken windows.* New York, Touchstone Book. 1997.
- Le Corbusier. *Principios de urbanismo.* 1ª reimp., Barcelona, Ariel. 1999.
- Lefebvre, Henry. *El derecho a la ciudad.* 4ª ed., Barcelona, Península. 1978.
- Nussbaum, Martha. *Crear capacidades. Propuesta para el desarrollo humano.* Madrid, Paidós. 2012.
- Sandel, Michael. *Justicia. ¿Hacemos lo que debemos?* 3ª ed., Barcelona, Debolsillo. 2013.
- Santana, María Victoria. *Avance jurisprudencial del derecho a la vivienda digna en Colombia,* en *Revista Ratio Juris,* núm. 7, julio-diciembre de 2012, pp. 37-60, 2012, extraído el 20 de marzo de 2022 desde: http://www.unaula.edu.co.
- Santos, Boaventura de Sousa. *El milenio huérfano.* 2ª ed., Madrid, Trotta/Ilsa. 2011.

- Squella, Agustín y López Calera, Nicolás. *Derechos humanos: ¿invento o descubrimiento?* México, Fontamara. 2013.
- Vázquez, Rodolfo. *Entre la libertad y la igualdad. Introducción a la filosofía del derecho.* 3ª ed., Madrid, Trotta. 2010.

Capítulo 15

Inteligencia Artificial y Derecho Administrativo: Oportunidades y desafíos emergentes

XIMENA PUENTE DE LA MORA

I. INTRODUCCIÓN A LA INTELIGENCIA ARTIFICIAL, SU CONCEPTUALIZACIÓN Y CARACTERÍSTICAS

I.1. Breve historia de la Inteligencia artificial

Encontramos aplicaciones prácticas que incorporan Inteligencia artificial (en adelante IA) desde hace algunos años, en el hogar con los dispositivos que de manera inteligente pueden limpiar la casa y ser nuestros "asistentes" con los comandos de voz, las sugerencias automatizadas de las plataformas de películas, en las aplicaciones que nos sugieren los caminos más rápidos para llegar a nuestro destino, incluidos el Internet de las cosas (que conecta sensores físicos en nuestros aparatos, ropa y entorno en general).

Sin embargo, en el desarrollo del tema han influido numerosos expertos a lo largo de décadas. Por ejemplo, Alan Turing en 1936, demostró que, un sistema matemático (ahora llamado máquina universal de Turing) puede llevar a cabo todos los cálculos posibles. Convicción que fue apoyada en la década de los 40s por el neurólogo y psiquiatra Warren McCulloch y el matemático Walter Pitts en un artículo titulado "A Logical Calculus of the Ideas Inmanent in Nervous Activity", Un Cálculo Lógico de Ideas Inmanentes en la Actividad Nerviosa.[1]

Debido a las numerosas contribuciones de distintos científicos a partir de esa fecha en el desarrollo de la AI, cuyo análisis excedería los límites de la presente colaboración, podemos señalar la importancia del año 1987 cuando investigadores salieron a la luz bajo la denominación de Artificial Life (A-Life[2]).

Al hablar de inteligencia artificial parece casi inminente mencionar lo que Toby Walsh señala en su libro *Machines Behaving Badly. Morality of IA*, en donde, como un ejercicio de memoria, nos tenemos que remitir al Hollywood de hace algunos años, en donde aparece el terrorífico robot T-800 interpretado por Arnold Schwarzenegger en las películas de *Terminator*. Tenemos también Ava, el robot humanoide que engañaba a los humanos para que no pudieran escapar de su cautiverio. AI es también es el robot *Tyrell Corporation* Nexus-6 en *Blade Runner*, tratando de salvarse a sí mismo de ser despedido por Harrison Ford, entre algunos otros más.

En todos estos ejemplos ficticios la IA nos pretende afectar, privar de la vida o impedirnos escapar, pero Walsh nos dice también, que IA no es ninguno de ellos. Sin embargo, nosotros podemos programar una computadora para que realice tareas específicas para las que los humanos necesitan algún tipo de inteligencia. Y eso tiene profundas consecuencias.[3] Y continúa, un error común es la creencia de que IA es una sola cosa. Sin embargo, justo como los humanos hacen más

---

1 Margaret A., Boden *Inteligencia Artificial*, Madrid, Primera Edición Colección AZ, 2022, p. 18.

2 Gleick James, The New York Times, Artificial Life: Can Computers Discern the Soul, September 29, 1987, disponible en: https://www.google.com/url?sa=t&rct=j&q=&esrc=s&source=web&cd=&cad=rja&uact=8&ved=2ahUKEwiIp8SNu92DAxVrPkQIHY3qCqkQFnoECAwQAQ&url=https%3A%2F%2Fwww.nytimes.com%2F1987%2F09%2F29%2Fscience%2Fartificial-life-can-computers-discern-the-soul.html&usg=AOvVaw0tfXhvL3Kpg9cJxB-XFQBy&opi=89978449

3 Toby Walsh, *Machines Behaving Badly. The Morality of AI*, La Trobe University Press, Australia y Nueva Zelanda, 2022, p. 1.

que simplemente aprender como resolver actividades, IA es mucho más que solo un proceso de aprendizaje.[4]

La IA tiene dos objetivos principales. Uno es el *tecnológico*: usa los ordenadores para hacer las cosas útiles (a veces empleando métodos muy distintos a los de la mente). El otro es *científico*: usas concretos y modelos de IA que ayuden a resolver cuestiones sobre los seres humanos y demás seres vivos. La mayoría de los especialistas en IA se concentran en un solo objetivo, aunque algunos contemplan ambos.[5]

I.2. Aproximaciones al Concepto y características de la Inteligencia Artificial

Para poder discernir un posible concepto de Inteligencia Artificial, debemos de comprender la inteligencia humana o personal, que no es una sola, entender este fenómeno es mucho más complejo. Howard Gardner distingue 7 diferentes tipos de inteligencia, convencido de que cada una de ellas tiene el mismo grado de importancia:

1. Inteligencia lingüística, es el tipo de capacidad en su forma más completa, tal vez por los poetas.
2. Inteligencia lógico-matemática, que involucra la capacidad científica.
3. Inteligencia espacial, como la capacidad de formarse un modelo mental de un mundo espacial y para maniobrar y operar usando este modelo.
4. Inteligencia musical, grandes compositores como Mozart y Leonard Bernstein la hacen más evidente.
5. Inteligencia corporal y cinética, como la capacidad para resolver problemas o elaborar productos empleando el cuerpo o partes de este.
6. Gardner propone dos tipos de inteligencia personal. La inteligencia interpersonal como la capacidad para entender a las

---

4 Toby Walsh, *op. cit.*, p. 3

5 Margaret A Boden., *op. cit.* p. 12.

otras personas, lo que les motiva, como trabajar con ellos de forma cooperativa.

7. Y finalmente, la inteligencia intrapersonal, como la capacidad correlativa, pero orientada hacia adentro, es decir, la capacidad de formarse un modelo ajustado, verídico, de uno mismo, y de ser capaz de usar este modelo para desenvolverse eficazmente en la vida.[6]

La IA tiene por objeto que los ordenadores hagan la misma clase de cosas que puede hacer la mente. La inteligencia no es una dimensión única, sino un espacio profusamente estructurado de capacidades diversas para procesar la información. Del mismo modo la IA utiliza muchas técnicas diferentes para resolver una gran cantidad de tareas.[7]

Existen diferentes escuelas y corrientes de pensamiento sobre la naturaleza real de la Inteligencia Artificial.

La posibilidad de que las máquinas puedan actuar de forma inteligente como un ser humano, o de actuar como si fueran tan inteligentes como un ser humano se denomina IA Débil (*weak* AI). Según este concepto, las máquinas hacen cosas que parecen actos inteligentes. De hecho, las computadoras pueden hacer muchas cosas mejor que los seres humanos, como los cálculos matemáticos o la capacidad de memoria.[8]

Por otra parte, existe también la denominada IA fuerte (strong AI) que consiste en que la máquina pueda pensar realmente de la misma forma que un humano, a diferencia de solo simular o aparentar el pensamiento de un humano.[9] Sin embargo, una computadora no ha tenido experiencias de vida, sensaciones, dilemas morales, conciencia.

No obstante señala Kevin Warwick, *"lo que hoy se requiere es un punto de vista actualizado que no solo sea representativo de las computadoras, de las máquinas y de los robots de la actualidad, sino que también abarque las*

---

6 Véase Howard Gardner, *Inteligencias Múltiples. La teoría en la práctica,* Madrid, Paidós Educación, 2022, pp. 33-34.

7 Margaret Boden A., p. 11

8 Kevin Warwick, *Inteligencia Artificial. Lo básico,* México, Trillas, 2023, p. 75.

9 *Íbidem.* p. 76.

diferentes formas de inteligencia observadas en la vida, en su sentido más amplio", coincidimos en que los avances tecnológicos, se necesita una visión moderna y abierta de conciencia, de la comprensión, del autoconocimiento y del libre albedrío, para que realmente nos familiaricemos con la IA moderna.[10]

II. DESCRIPCIÓN GENERAL DE LAS TECNOLOGÍAS DE IA RELEVANTES

Algunos ejemplos del uso que ha tenido la IA se han enfocado a

a) Detener *malware*.[11]

b) Predecir admisiones en el hospital.

c) Revisar errores en contratos.

d) Prevenir lavado de dinero.

e) Predecir el funcionamiento de los genes.

f) Predecir el crimen y establecer los horarios del patrullaje.[12]

Estas son algunas de las actividades que ya se han registrado de muchas otras cuyos límites quiza actualmente solo imaginemos, pero que la tecnología las irá haciendo posible, deben de sujetarse a principios fundamentales en el desarrollo de la IA, independientemente del país en donde se generen, de la región del mundo que las este impulsando o las fuentes de financiamiento que tengan.

La Organización para la Cooperación y el Desarrollo Económicos (OCDE),[13] señala que existen al menos cinco principios para la administración responsable de la IA:

1. La IA debe beneficiar a las personas y al planeta impulsando el crecimiento inclusivo, el desarrollo sostenible y el bienestar.

---

10 Kevin Warwick, *op. cit.* p. 79.

11 Malware es el término generalizado para referirse a cualquier software malicioso.

12 Tolby Walsh, *op. cit.* p. 4

13 Recomendaciones de la Organización para la Cooperación y el Desarrollo Economicos (OCDE) para la administración responsable del IA: https://datos.gob.es/es/blog/los-principios-de-inteligencia-artificial-de-la-ocde.

2. Los sistemas de IA deben diseñarse respetando el Estado de Derecho, los derechos humanos, los valores democráticos y la diversidad, y deben incluir los mecanismos apropiados —como, por ejemplo, permitir la intervención humana cuando sea necesario— para garantizar una sociedad justa y equitativa.
3. Debe existir una transparencia y divulgación responsable en torno a los sistemas de IA, para garantizar que las personas entiendan sus resultados y puedan desafiarlos.
4. Los sistemas de IA deben funcionar de manera sólida y segura a lo largo de su ciclo de vida y los riesgos potenciales deben evaluarse y gestionarse continuamente.
5. Las organizaciones e individuos que desarrollan, despliegan u operan sistemas de IA deben ser responsables de su correcto funcionamiento, con base en los principios anteriormente descritos.

Podemos distinguir criterios fundamentales en el uso de la inteligencia artificial, en general y cuando a aplicamos en el mundo jurídico: debe beneficiar a las personas, se debe respetar el Estado de Derecho, algo muy importante que ha señalado la Relatoría Especial de la ONU sobre la Privacidad, exige transparencia y explicabilidad en el Tratamiento de Datos Personales en la Inteligencia Artificial[14] para que las personas sepan perfectamente alcances, consecuencias y posibilidades de combatir en caso de la utilización de la AI para elaborar resoluciones que afecten la esfera jurídica de las personas. Antes de la implementación de todos estos procesos, se debe evaluar los riesgos potenciales y las organizaciones tanto públicas o privadas que los utilicen se deben cerciorar continuamente de su correcto funcionamiento y, sobre todo, informarlo de manera clara y oportuna.

---

14 Informe de la Relatoría Especial para el Derecho a la Privacidad presentado a la Asamblea General de conformidad con la Resolución 28/16 del Consejo por Ana Brian, disponible en: https://www.idhc.org/arxius/noticies/N2324238.pdf.

III. RIESGOS DE LA INTELIGENCIA ARTIFICIAL PARA LA PRIVACIDAD Y PROTECCIÓN DE DATOS PERSONALES

Un tema fundamental para poder entender a la inteligencia artificial ante su uso cada vez más frecuente, es comprender el impacto en los riesgos que tiene esta tecnología implica tanto en el sector público, como en el privado y así tratar primero de identificarlos de acuerdo con cada sector y después evitarlos o minimizarlos para que la inteligencia artificial pueda ser usado en beneficio de todas y de todos.

Miriam Padilla Espinoza hace una distinción de los principales riesgos de la inteligencia artificial,[15]

a) Sesgo: el cual se presenta cuando hay una desviación en la expectativa o un error en los datos. Por ejemplo, cuando los sistemas se entrenan con datos que de forma involuntaria incluyen prejuicios previos (estereotipos), o no reflejan el entorno en el que operará (sesgo de muestreo). Otro ejemplo es cuando se reflejan valores de las personas de lo desarrollaron o que lo entrenan.

b) Tratamiento de los datos: cuando los datos con los que se entrena la IA estén mal combinados, sean manipulados o sujetos a interpretación incorrecta.

c) Afectación a derechos fundamentales: durante el desarrollo de la IA pueden afectarse derechos fundamentales como la libertad de expresión o política o privacidad, entre otros.

d) Elaboración de perfiles y las decisiones automatizadas: este proceso debe realizarse con total transparencia para que la persona conozca que se está creando un perfil sobre ella y que comprende su alcanza. Las decisiones automatizadas pueden llevar a predicciones inexactas, a una discriminación injustificada o denegación de servicios y bienes.

---

15 Véase Espinoza Miriam J Padilla., *La Protección de Datos Personales en un Mundo con Inteligencia Artificial,* en Alberto Enrique, Nava Garcés (Coord.), *Inteligencia Artificial y Derecho,* Argentina, Brasil, España y México, México, Porrúa, 2023, pp. 142 y ss.

e) Riesgos de discriminación social: un sistema de IA puede tomar decisiones capaces de cambiar definir o perjudicar a las personas. Por tal motivo, los sistemas de IA deben revisarse de forma periódica.
f) Vigilancia masiva: uno de los riesgos inminentes es que se realice rastreo y se elimine la anonimización, es decir, que se pueda identificar plenamente a las personas con la realización de ésta.
g) Defectos en el diseño: la seguridad e integridad de las personas usuarias pueden verse afectadas cuando se presentan defectos en el diseño de productos o servicios que integran la IA para su funcionamiento, los vehículos autónomos, por ejemplo.
h) Inseguridad jurídica: misma que se refiere a carencias de disposiciones claras y especificas en seguridad, privacidad y protección de datos que a su vez propiciarían una inseguridad jurídica entre las organizaciones que comercializan, desarrollan o utilizan productos que utilizan IA.

IV. USO DE INTELIGENCIA ARTIFICIAL EN AGENCIAS GUBERNAMENTALES Y SERVICIOS PÚBLICOS

El objetivo primario del servicio público es formular y mejorar la atención a la población a través de políticas públicas. En este sentido es dónde nos debemos de preguntar: ¿Quién controla la Inteligencia artificial general (IAG)[16]? ¿Quién garantiza el acceso a ella? ¿Es `posible una democracia en donde unas pocas máquinas "geniales" sean operadas por un pequeño grupo de organizaciones?[17] Estas y otras muchas preguntas son necesarias para la construcción de una reflexión en torno al papel que va a jugar el Estado ante la IA.

---

[16] La IAG es una inteligencia que, como la humana, puede combinar conocimientos de las diferentes áreas temáticas y demostrar flexibilidad y sentido común. Véase Susan Scheneider, *Inteligencia Artificial. Una exploración filosófica sobre el futuro de la mente y la conciencia*, España, Koan, 2021, pp. 21 y ss.

[17] Henry A. Kissinger, Eric Schmidt, Daniel Huttenlocher, *The Age of AI And Our Human Future, United States of America, Back Bay Company*, 2022, p. 212.

Es por ello que organizaciones internacionales como la OCDE reconoce *"En un momento de creciente complejidad, incertidumbre y demandas cambiantes, los gobiernos y los funcionarios públicos necesitan comprender, evaluar e incorporar nuevas formas de hacer las cosas, por lo que el área es compleja y tiene una curva de aprendizaje pronunciada; aunado a que el propósito y contextos gubernamentales son únicos y plantean una serie de desafíos".*[18]

La OCDE reconoce que uno de los ejemplos de la implementación de la IA es el reconocimiento facial, la recopilación de huellas dactilares, la instalación de cámaras de video vigilancia con el propósito de identificar de manera eficaz a presuntos delincuentes.

El Instituto Nacional de Transparencia, Acceso a la Información y Protección de Datos Personales (INAI) ha elaborado Recomendaciones para el Tratamiento de Datos Personales Derivado del Uso de la Inteligencia Artificial,[19] en donde se reconoce que *"desde la óptica de la protección de datos personales, los procesos de recopilación de datos requieren una atención especial, siendo fundamental analizar qué tipo de datos se recopilan, ya que ello implica decidir sobre la realización de una declaración implícita de valor sobre lo que es importante, y tiene consecuencias en aquello que puede obtenerse a partir de los datos".*

En dicho documento, el INAI puntualiza la estrecha relación entre la IA con la protección de datos personales, puesto que estos últimos forman parte del insumo principal para el funcionamiento de algunos sistemas, por ejemplo: la capacidad para recabar datos, trazar perfiles, compartir información a través de componentes como receptores de Sistemas de Posicionamiento Global (GPS, por sus siglas

---

[18] Véase Jamie Berryhill, Kévin Kok Heang Rob Clogher Keegan McBride, *Hello, World: Artificial intelligence and its use in the public sector,* OECD Working Papers on Public Governance, No. 36 © OECD 2019, disponible en: https://doi.org/10.1787/726fd39d-en.

[19] Recomendaciones para el Tratamiento de Datos Personales Derivado del Uso de la Inteligencia Artificial, Instituto Nacional de Transparencia, Acceso a la Información y Protección de Datos Personales (INAI) disponibles en: https://home.inai.org.mx/wp-content/documentos/DocumentosSectorPublico/RecomendacionesPDP-IA.pdf.

en inglés) para geolocalización, altavoces, cámaras para detección de rostro, micrófonos para la entrada y salida de audio, etcétera.[20]

Este documento señala también que resulta indispensable que los desarrolladores de estos productos o servicios que utilicen AI, estén en el sector público o privado, hagan uso de la tecnología para el tratamiento de datos personales respetando las leyes en la materia, para garantizar el todo momento el cumplimiento de principios, deberes y obligaciones.

V. DERECHO ADMINISTRATIVO, INTELIGENCIA ARTIFICIAL Y EL PRINCIPIO DE JUSTICIA Y NO DISCRIMINACIÓN

Cuando hablamos del uso de la inteligencia artificial y mas aún en la aplicación del Derecho, nos referimos a un sinfín de posibilidades, desde el punto de vista de los juzgadores, y la posible aplicación de la IA en decisiones de juicios de delitos menores, es por ello que la ética es esencial en el uso de Inteligencia Artificial, cada decisión individual puede, o no, tener dramáticas consecuencias pero en su conjunto, éstas pueden ser magnificadas. China es el primer pais que ha creado un juez virtual dotado de inteligencia artificial. Este juez con IA analiza miles de millones de datos en su sistema, construido utilizando miles de casos de todo el mundo del año 2015 al 2020.

Por ahora, este juez IA tiene la capacidad de: Atrapar a los conductores peligrosos, dictaminar sobre el fraude con tarjetas de crédito y dictar veredictos sobre robos menores. Se dice que tiene una efectividad de alrededor del 97%, y aunque existen sus detractores tanto ahí como en el resto del mundo, estos procedimientos se siguen las 24 horas, los 365 días del año.[21] Lorenzo M. Bujosa nos recuerda que no es razonable desdeñar los instrumentos que permiten una gran predictibilidad en las decisiones judiciales, con los proble-

---

20 *Ídem.*

21 El primer tribunal de Internet de China se estableció en la ciudad oriental de Hangzhou en 2017, Otero César, China utiliza jueces robot para dictar sentencia en varios tipos de delitos menores, 2022, disponible en: https://as.com/meristation/2022/03/19/betech/1647672219_333452.html

mas que esto lleva consigo, como son los sesgos implícitos tanto en la configuración del algoritmo como en los criterios de selección de los datos que se introducen para la decisión.[22]

Estonia por su parte, cuenta con una embajada digital, tiene un centro de excelencia en ciberseguridad, todos los ciudadanos deben tener su DNI asociado a un código personal único el cual nunca cambia y se trabajo arduamente en interconectar los sistemas de datos de Internet para facilitar la realización de trámites y servicios. Estonia también está desarrollando jueces virtuales basados en la Inteligencia Artificial.[23]

En la aplicación de la inteligencia artificial en el desarrollo de la estrategia de defensa, por parte de los clientes en lo individual o como corporativos, ofrecen posibilidades insospechadas.

El principio fundamental de la Inteligencia Artificial en el derecho es el principio de justicia, el cual tiene como eje rector la protección de la dignidad humana, desde la planeación, desarrollo y su posterior aplicación de sistemas que utilizan IA debe ser equitativo, evitar engañar a los usuarios finales, y se debe garantizar la capacidad de impugnar y apelar de manera efectiva las decisiones tomadas por estos sistemas tecnológicos.

Resulta fundamental incorporar también los principios de equidad y no discriminación, para que todas las personas sean tratadas como iguales, sin discriminación, aplicando en todo momento la diversidad, inclusión y el libre desarrollo de la personalidad.[24]

---

22 Bujosa Vadell Lorenzo M, *Función Jurisdiccional e Inteligencia Artificial*, en Alberto Enrique Nava Garcés (Coord.), *Inteligencia Artificial y Derecho. Argentina Brasil, España y México*, México, Porrúa, 2023.

23 Las partes presentan sus demandas y sus pruebas en formato digital. El juez de inteligencia artificial que están desarrollando analizará la documentación y emitirá una sentencia. La inteligencia artificial permitiría acelerar decenas de casos atrasados en su sistema de impartición de justicia.

24 Estos principios los podemos ver claramente especificados en el Capítulo III de la Carta de los Derechos Fundamentales de la Unión Europea tutela la igualdad ante la ley, la prohibición de cualquier tipo de discriminación, el respeto a la diversidad cultural, religiosa y lingüística, la igualdad entre hombres y mujeres, los derechos del menor, los derechos de las personas mayores, la integración de las personas discapacitadas.

El funcionamiento de los diferentes modelos de inteligencia artificial puede variar dependiendo si se basa en la literalidad del texto jurídico, o en las tareas propias del procesamiento cognitivo. Carolina Martínez Bahena[25] los divide en:

a) Sistemas basados en reglas de producción.

Es cuando se interpreta una norma a través de enunciados condicionales de forma, (si… entonces …). El problema que plantea este fenómeno es el relacionado con el mantenimiento y actualización de la base del conocimiento. Existe también la eventualidad de la inexistencia en el ordenamiento jurídico de un enunciado normativo referido al supuesto de hecho.

b) Modelo positivista explícito subyacente.

Dicha aplicación se refiere a la aplicación del derecho a través de un silogismo, compuesto por una premisa mayor (norma jurídica), una premisa mayor (constituida por un enunciado que describe un hecho, y por la conclusión que vincula consecuencias jurídicas planteadas en el supuesto normativo. Este sistema no está exento de críticas porque se exige una labor creativa del juzgador al elegir las premisas y las reglas de inferencia para su razonamiento.

c) Modelo constructructivista.

Este modelo emplea no solamente las reglas del razonamiento jurídico, sino que integra otros conocimientos con los que cuenta el operador jurídico, como el discurso de la teoría general del derecho, argumentación e interpretación o de la dogmática jurídica.

d) Modelo de razonamiento global basado en casos.

Este modelo parte de la premisa de que un caso es un conjunto particular de circunstancias empíricas que presenta un problema con vistas a una decisión, a una solución o a una decisión como instancia de tipo.

---

25 Véase Goretty Carolina Martínez Bahena, *La Inteligencia Artificial y su aplicación en el ámbito del Derecho*, Artículos de Investigación, Revista Alegatos, no. 82, México, septiembre-diciembre, 2012.

Para estar en posibilidad de valorar de manera adecuada el impacto de la IA en el Derecho Administrativo, resulta imprescindible realizar un debate interdisciplinar sobre el papel que debe tener en las administraciones públicas, que no solo oriente las decisiones que se tomen al respecto, sino que establezca límites, procedimientos alcances encaminados a hacer más eficiente el proceso de toma de decisiones, que beneficien a toda la sociedad.

VI. CONCLUSIONES Y PERSPECTIVAS

Ha sido muy compleja la afirmación de que las mentes que conocemos se encuentran en organismos vivos. Putman, por ejemplo, señaló que es un "hecho indudable" que, si un robot no está vivo, entonces no puede ser consciente.[26] Si asumimos que esta creencia común es cierta, la IA puede llegar a tener inteligencia, sólo si también tiene inteligencia en la vida real. A respecto, resulta muy interesante la pregunta de Margaret A. Boden, si la "vida artificial fuerte" (vida en el ciberespacio) es posible.[27]

Hemos llegado como humanidad a la necesidad de considerar esquemas y planteamientos de inteligencia que van más allá a lo que tradicionalmente se consideraba. La posibilidad de que las máquinas puedan razonar, resolver problemas y poseer la capacidad de aprender, es una idea que debemos considerar al ampliar el concepto de inteligencia y preguntarnos con seriedad que amerita, no solo a nivel filosófico, sino científico, los alcances de la misma en todos los procesos de la sociedad, tanto los particulares, familiares como los sociales dentro del Estado.

La tecnología es neutra y depende del uso que le demos puede derivar en consecuencias negativas o positivas, y en la aplicación de la inteligencia artificial al derecho, no es la excepción.

Sin duda, la enseñanza y desempeño de las profesiones como la jurídica se irá modificando, las cualificaciones serán diferentes con

---

26 Véase Carleton Putman, "*A Study in Racial Realities*", California, University of California, 1964.

27 Margaret A Boden., *op. cit.*, p. 147.

el uso de la inteligencia artificial para razonar y/o resolver temas que impactan con los derechos de las personas. La inteligencia artificial es una herramienta, un medio para el fin último de nuestra profesión, la justicia y la defensa de los derechos de las personas en cualquier ámbito.

Sin duda, debemos avanzar como humanidad a lo que Eliezer Yudkowsky[28] llama "IA amigable", una IA con efectos no solamente positivos para la humanidad, sino también útiles, con algoritmos que sean transparentes en su uso y aplicación, seguros al no permitir brechas de seguridad para la información con los cuales son alimentados, y con demostración de su fiabilidad.

VII. BIBLIOGRAFÍA

- Boden Margaret A., *Inteligencia Artificial,* Madrid, Primera Edición Colección AZ, 2022.
- Gardner Howard, *Inteligencias Múltiples. La teoría en la práctica,* Madrid, Paidós Educación, 2022.
- Goretty Carolina Martínez Bahena, *La Inteligencia Artificial y su aplicación en el ámbito del Derecho,* Artículos de Investigación, Revista Alegatos, no. 82, México, septiembre-diciembre, 2012.
- Kissinger Henry A, Schmidt Eric, Huttenlocher Daniel, *The Age of AI And Our Human Future, United States of America, Back Bay Company,* 2022.
- Nava Garcés, Alberto Enrique (Coord.), *Inteligencia Artificial y Derecho. Argentina Brasil, España y México,* México, Porrúa, 2023.
- Padilla Espinoza Miriam J., *La Protección de Datos Personales en un Mundo con Inteligencia Artificial,* en Nava Garcés, Alberto Enrique (Coord.), Inteligencia Artificial y Derecho. Argentina, Brasil, España y México, México, Porrúa, 2023.
- Putman Carleton, "*A Study in Racial Realities*", California, University of California, 1964.
- Scheneider Susan, *Inteligencia Artificial. Una Exploración filosófica sobre le futuro de la mente y la conciencia,* España, Koan, 2021.
- Walsh Toby, *Machines Behaving Badly. The Morality of AI,* La Trobe University Press, Australia y Nueva Zelanda, 2022.

---

28 Eliezer Yudkowsky, "*Artificial Intelligence as a Positive and Negative Factor in Global Risk",* in Global Catastrophic Risk, edited by Nick Bostrom and Milan, Cirkovic, 2008, pp. 308-345,

- Warwick Kevin, *Inteligencia Artificial. Lo básico*, México, Trillas, 2023.
- Yudkowsky, Eliezer, "*Artificial Intelligence as a Positive and Negative Factor in Global Risk*", in Global Catastrophic Risk, edited by Nick Bostrom and Milan, Cirkovic, 2008
- **Fuentes electrónicas**
- Berryhill Jamie, Kévin Kok, Rob Heang y Clogher Keegan McBride, "Hello, World: Artificial intelligence and its use in the public sector", OECD Working Papers on Public Governance, No. 36 © OECD 2019, disponible en: https://doi.org/10.1787/726fd39d-en
- Informe de la Relatoría Especial para el Derecho a la Privacidad presentado a la Asamblea General de conformidad con la Resolución 28/16 del Consejo por Ana Brian, disponible en: https://www.idhc.org/arxius/noticies/N2324238.pdf
- Jamie Berryhill, Kévin Kok Heang Rob Clogher Keegan McBride, *Hello, World: Artificial intelligence and its use in the public sector*, OECD Working Papers on Public Governance, No. 36 © OECD 2019, disponible en: https://doi.org/10.1787/726fd39d-en.
- Recomendaciones de la Organización para la Cooperación y el Desarrollo Económico (OCDE) para la administración responsable del IA, disponibles en https://datos.gob.es/es/blog/los-principios-de-inteligencia-artificial-de-la-ocde
- Recomendaciones para el Tratamiento de Datos Personales Derivado del Uso de la Inteligencia Artificial, Instituto Nacional de Transparencia, Acceso a la Información y Protección de Datos Personales (INAI) disponibles en: https://home.inai.org.mx/wp-content/documentos/DocumentosSectorPublico/RecomendacionesPDP-IA.pdf

Fuentes hemerográficas.

- Gleick James, The New York Times, Artificial Life: Can Computers Discern the Soul, September 29, 1987, disponible en: https://www.google.com/url?sa=t&rct=j&q=&esrc=s&source=web&cd=&cad=rja&uact=8&ved=2ahUKEwiIp8SNu92DAxVrPkQIHY3qCqkQFnoECAwQAQ&url=https%3A%2F%2Fwww.nytimes.com%2F1987%2F09%2F29%2Fscience%2Fartificial-life-can-computers-discern-the-soul.html&usg=AOvVaw0tfXhvL3Kpg9cJxB-XFQBy&opi=89978449

Semblanzas

Alvarado Alegría, Norberto

Licenciado en Derecho con Especialidad en Derecho Notarial; Maestro en Administración Pública Estatal y Municipal, y Doctor en Derecho por la Universidad Autónoma de Querétaro, con estudios de Posdoctorado en Derecho Notarial.

Maestro en Derecho Corporativo por la Universidad Anáhuac Querétaro, y cuenta con Máster en Argumentación Jurídica por la Universidad de Alicante (España), y por la Universidad de Palermo (Italia).

Es miembro activo de la Barra Mexicana Colegio de Abogados, Capítulo Querétaro.

Fue regidor del Ayuntamiento del municipio de Querétaro, y Coordinador de Asesores de la Secretaría de Gobierno del Poder Ejecutivo del Estado de Querétaro; Asesor Jurídico de la Cámara de Diputados Federal, de la Comisión Federal de Electricidad, del Municipio de Querétaro, del Instituto Queretano del Transporte, así como de diversas empresas privadas y organismos públicos, y Consejero Ciudadano del Instituto Municipal de Planeación de Querétaro.

Forma parte del Observatorio Ciudadano del Poder Judicial del Estado; de la Comisión de Honor y Justicia de la Secretaría de Seguridad Pública Municipal de El Marqués; y de la Comisión Estatal de Bioética de la Secretaría de Salud.

Actualmente es Director Jurídico y de Operaciones del Grupo SUPRATERRA, abogado litigante; profesor universitario y, autor de diversos artículos en revistas indizadas y capítulos, así como coautor de diversas obras en materia jurídica.

Estrada Alvarado, Edel Arturo

Licenciado en Derecho, con mención honorífica, y Especialista en Derecho Fiscal por la Facultad de Derecho de la Universidad Nacional Autónoma de México. Licenciado en Contaduría Pública con Énfasis en Derecho Fiscal y Maestría en Derecho (cédula en tramitación) por la Universidad Tecnológica de México. Actualmente cursa la maestría en Finanzas por el Instituto Tecnológico y de Estudios Superiores de Monterrey.

Ha ocupado diversos cargos en el sector público, entre los que destacan: servicio social en el Servicio de Administración Tributaria, meritorio en el entonces Tribunal Federal de Justicia Fiscal y Administrativa; prestador de servicios en la Comisión Nacional Bancaria y de Valores, en las áreas de Quejas y Responsabilidades, así como de Auditoría Interna. También en la Subprocuraduría Fiscal Federal de Asuntos Financieros de la Secretaría de Hacienda y Crédito Público, como Secretario Particular de la Subprocuradora, Jefe del Departamento de Asuntos Financieros y Subdirector de Asuntos Financieros. Publicó dos artículos en la revista de la Procuraduría Fiscal de la Federación (números 1 y 3).

En el sector privado se ha desempeñado como auxiliar contable en una empresa de diseño gráfico. Contador del Área de Impuestos en International Account Agencing, S.A.S. de C.V., y actualmente como asesor independiente en el área contable y legal en materias fiscal y del trabajo para personas físicas y morales de diversos giros y regímenes fiscales. Adicionalmente, es Coordinador de Proyecto Jurídico Organizacional para la Conferencia Interamericana de Seguridad Social.

Mondragón Yañez, Fabiola

Licenciada en Derecho por la Universidad Autónoma de Querétaro, con una Especialidad en Derecho Fiscal por la misma Universidad, y en proceso de titulación de la Maestría en Administración Pública. Magistrada en retiro del Tribunal de Justicia Administrativa del Estado de Querétaro, y servidora pública durante 25 años donde ha laborado dentro de los tres poderes del Estado como Secretaria General de Acuerdos del Tribunal de Conciliación y Arbitraje, Jefa del Departamento Jurídico de la Dirección de Ingresos en la Secretaría de Finanzas del Estado, Directora Jurídica de la Comisión de Transparencia de Acceso a la Información Pública y Protección de Datos Personales del Estado, dentro del Poder Judicial como Auxiliar Jurídico, y en el Poder Legislativo como Asesora Legislativo, así como dentro del Municipio de Querétaro como Asesora del C. Presidente Municipal y como Coordinadora Técnica de la Secretaria de Gobierno del Municipio de Querétaro.

Ha sido Coordinadora y Autora del Libro Antología de Tribunales de Justicia Administrativa en la Historia de la Justicia Mexicana, publicación de la Asociación Mexicana de Magistrados de Tribunales de Justicia Administrativa A.C.

Maestra de la Licenciatura en Derecho en las materias de Derecho Municipal y Derecho Administrativo en la Universidad Cuauhtémoc de Querétaro, de la cual ahora es Directora de la Facultad de Derecho.

Graham Zapata, Rosario

Abogada por la Escuela Libre de Derecho donde se tituló con la tesis denominada *"Incorporación en la legislación mexicana de normas desde una perspectiva de género"* y maestra en Derecho Administrativo y de la Regulación por el Instituto Tecnológico Autónomo de México (ITAM), se encuentra en proceso sus estudios de doctorado en derecho en el Centro Carbonell.

Tiene más de treinta años de experiencia en los sectores público y privado. Entre sus puestos en el sector público destacan, su labor como Secretaria Técnica del C. Presidente de la República y su rol como Directora General de Asuntos Jurídicos en la Secretaría de Turismo y en la Secretaría de Relaciones Exteriores. Fungió como Asesora de la Comisión de Turismo en la Cámara de Diputados de la LXI Legislatura; además, ha sido asesora de gobiernos estatales y municipales, recientemente asesora del gobernador de Quintana Roo, así como de gobiernos extranjeros en temas de cooperación jurídica internacional; actualmente se encuentra laborando como Directora General de Planeación y Seguimiento de Proyectos de la Secretaría de Relaciones Exteriores.

En el ámbito privado se ha desempeñado como representante de la empresa de cruceros turísticos y viajes, Pullmantur y como directora general de la Asociación Mexicana de Marinas Comerciales; siendo fundadora y directora general de la consultora jurídica Proceder Normativo.

Participó también como Coordinadora de las Subcomisiones Jurídicas en las Reuniones Binacionales sostenida por nuestro país con España, Italia, Alemania, entre otros, obteniendo resultados positivos y trabajado en la promoción de las relaciones bilaterales con países como Brasil, Chile, España, Estados Unidos e Italia.

Así mismo, coordinó la construcción de acuerdos con la Suprema Corte de Justicia de la Nación y la Comisión Nacional de Tribunales Superiores de Justicia de los Estados Unidos Mexicanos, que derivaron en la capacitación de jueces y magistrados y en la implementación de nuevos sistemas tecnológicos que optimizan y facilitan los procesos del derecho internacional público y privado.

Ha impartido cursos sobre cooperación internacional en materia de asistencia jurídica penal y civil ante el Departamento de Justicia de los Estados Unidos, el Ministerio de Relaciones Exteriores de Chile, y otros foros como el Taller de Derecho Internacional de la Cancillería mexicana y talleres de Cooperación Procesal Internacional.

Ha continuado su formación con cursos y diplomados en diversas universidades, entre ellas la UNAM, el CIDE, Berkeley, Georgetown University, la Universidad de Salamanca, la Escuela Libre de Derecho y la Barra Mexicana Colegio de Abogados. Además de recibir mención honorífica en sus dos tesis de grado, ha publicado dos libros, La Complejidad del Comportamiento Regulativo del Turismo; una propuesta hacia la eficiencia normativa y una segunda obra sobre realidades fragmentadas en el marco de la Covid-19 y múltiples artículos académicos sobre la regulación y el papel económico del turismo, además de impartir cursos, talleres y capacitación en sectores como la regulación, política turística, normalización, cooperación jurídica internacional.

Sus intereses actualmente giran en torno a las políticas de género en el contexto político mexicano, el proceso de mejora regulativa del turismo, la cooperación jurídica internacional en materia penal y el marco jurídico de actuación de las organizaciones no gubernamentales. Sus capacidades como negociadora y conciliadora, así como su aptitud para concretar proyectos, la han distinguido en su trayectoria profesional y motivado a fungir como un puente entre los sectores público y privado, mostrando un gran liderazgo en los procesos y acompañando las soluciones con visión técnica, pero al mismo tiempo innovadora y conciliadora.

Actualmente se encuentra integrando talleres y cursos que va impartir a través de la plataforma Cultrured, dirigida a especialistas e interesados en el sector y es Coordinadora de la Comisión de Derecho Administrativo de la Barra Mexicana, Colegio de Abogados.

Hernández García, Hugo E

Licenciado en Derecho por la Universidad Iberoamericana campus Ciudad de México y Maestro en Derecho de los Sectores Regulados por la Universidad Carlos III de Madrid. Cuenta con especialidades en Derecho Regulatorio y en Arbitraje Comercial por la Escuela Libre de Derecho.

Enfoca su práctica profesional en derecho regulatorio y solución de controversias, principalmente especializado en las materias de energía, competencia económica, fiscal, financiero, infraestructura, telecomunicaciones, relaciones de consumo y políticas públicas; su experiencia incluye la asesoría a empresas de distintos sectores altamente regulados en el cumplimiento de la normatividad aplicable a su industria, trámites regulatorios y resolución de controversias vía litigio administrativo, constitucional, arbitraje y otros medios alternativos de solución de controversias.

Ha sido reconocido por Chambers and Partners, Benchmark Litigation, The Legal 500 y the BestLawyers, como un abogado líder para las prácticas de Solución de Controversias y Derecho Público en México. Actualmente se desempeña como Asociado Senior en la firma internacional Greenberg Traurig.

Juárez Mendoza, María del Consuelo

Egresada de la actual Facultad de Estudios Superiores Acatlán de la Universidad Nacional Autónoma de México, en donde cursó la Licenciatura en Derecho. En la División de Estudios de Postgrado de la Facultad de Derecho concluyó la Maestría en Derecho.

En el sector público desempeñó diversos cargos en la Secretaría de Medio Ambiente y Recursos Naturales desde febrero de 1995 en el área jurídica, desde jefe de departamento hasta Directora General Adjunta de Legislación y Consulta, cargo que ocupó hasta el 31 de julio de 2019. En el sector privado se ha desempeñado como especialista en derecho ambiental colaborando con consultorías especializadas en materia ambiental y cambio climático. Su quehacer profesional se ha desarrollado principalmente en el litigio e interpretación legal.

En el sector académico ha impartido ponencias en la Escuela Federal de Formación Judicial en materias relacionadas con la legislación ambiental y de cambio climático, asimismo ha impartido cursos de capacitación y actualización jurídica para la Comisión Nacional del Agua en materia contenciosa; para el Instituto de Investigaciones Jurídicas de la UNAM en materia de medio ambiente y contratación pública y para el Instituto Tecnológico de Monterrey en materia de sustentabilidad.

Limón Aguirre, Mauricio

Licenciado en Derecho por la Escuela Libre de Derecho y Doctor en Derecho por la Universidad de Navarra (España). Especialidad en Derecho Ambiental y Globalización, por la Universidad de Castilla-

La Mancha (España); Diplomado en Derecho de la Energía por la Escuela Libre de Derecho; y Master en Derecho Ambiental por la Universidad del País Vasco.

Tiene más de 20 años dedicado al tema ambiental. Fue Subsecretario de Gestión para la Protección Ambiental de la Secretaría de Medio Ambiente y Recursos Naturales. Subprocurador Jurídico de la Procuraduría Federal de Protección al Ambiente. Coordinador General Jurídico de la Secretaría de Medio Ambiente y Recursos Naturales y Titular de la Unidad de Asuntos Jurídicos de la Comisión Nacional Forestal.

Actualmente es Socio Director de Limón Consultores, S.C. Firma con 11 años de experiencia especializada en Política, Derecho y Gestión Ambiental y Energético y es miembro de la Barra Mexicana Colegio de Abogados, A.C.

Autor del libro "Los derechos de acceso a la información, la participación y la justicia en materia ambiental", y coautor del libro "Régimen jurídico del Agua. Hacia una Ley General de Aguas en México", ambos editados por Tirant lo Blanch.

Matute González, Carlos Fernando

Doctor en Derecho por la Universidad Panamericana. Maestro en Ciencias Jurídicas por la Facultad de Derecho de la Universidad Panamericana, Maestro en Derecho por la División de Estudios de Posgrado de la Facultad de Derecho de la Universidad Nacional Autónoma de México. Especialista en Derecho Fiscal en la Facultad de Derecho en la Universidad Nacional Autónoma de México. Licenciado en Administración Pública en El Colegio de México y Licenciado en Derecho en la Universidad Iberoamericana

Profesor por más de 30 años en Universidad Iberoamericana, Universidad Panamericana, en la Universidad Nacional Autónoma de México, El Colegio de México y la Universidad Anáhuac.

Autor de diversos libros entre los que destacan: "Nuevo Derecho Administrativo" en coautoría con el ex Ministro Sergio Valls, coordinador y coautor de "La responsabilidad administrativa en el Estado mexicano", "La transparencia en el Estado mexicano"; "El Estado de las autonomías y el buen gobierno"; "El reparto de facultades en el Federalismo Mexicano"; coordinador de "Las adquisiciones en el Estado Mexicano", "El Instituto Nacional de Administración Pública en la Reunión Nacional de Administración Pública" y de la Revista de

Administración Pública No. 138, titulada "Organismos Constitucionales Autónomos", entre otras colaboraciones en revistas académicas. Articulista de La Crónica de Hoy y El Universal, de temas de administración pública, como el buen gobierno, órganos constitucionales autónomos, nueva paraestatalidad, órganos semigubernamentales, entre otros.

Se ha desempeñado como Coordinador de Posgrado e investigador de la Universidad Anáhuac México, Titular del Órgano Interno de Control en el Instituto para la Protección al Ahorro Bancario, Director General de Recursos Materiales de la Suprema Corte de Justicia de la Nación, Magistrado del Tribunal Federal de Conciliación y Arbitraje, entre otros.

Actualmente es Socio Director de Sideris, Consultoría Legal, Coordinador Académico del Centro Virtual de Estudios de la Gestión Pública, Investigador y Subdirector del Instituto Mexicano de Estudios Estratégicos en Seguridad y Defensa Nacionales.

Moreira Valdez, Rubén

Orgullosamente coahuilense, cuenta con las licenciaturas en derecho por la Universidad Autónoma de Coahuila; en ciencias sociales por la Escuela Normal Superior de Coahuila, y en Teología por la Universidad del Valle de Atemajac. Obtuvo un posgrado en Política y Gestión Educativa por la Facultad Latinoamericana de Ciencias Sociales en México y una maestría en gobernanza y derechos humanos por la Universidad Autónoma del Noreste. Recibió, además, el grado de Máster por sus estudios en la Universidad de Salamanca.

Ha sido Gobernador del Estado de Coahuila y tres veces Diputado Federal. En la actual LXV Legislatura es el Coordinador del Grupo Parlamentario del PRI. Es parte de la Junta de Coordinación Política en donde fungió como presidente; y recientemente fue presidente del Comité de Administración de la Cámara de Diputados. Es secretario en la Comisión de Justicia, así como de la Sección Instructora y, también forma de las Comisiones de Gobernación y Población; Jurisdiccional; de Relaciones Exteriores y de la Subcomisión de Examen Previo. Preside el Grupo de Amistad México-República de Cuba.

En la docencia se ha desempeñado como catedrático en las universidades: Autónoma de Coahuila, Autónoma del Noreste y en el Instituto Estatal de Capacitación del Magisterio, así como en el Colegio Nacional de Estudios Profesionales y del Instituto de Capacitación Política.

Es autor del libro "Los Derechos Humanos en Coahuila. Una nueva política de Estado 2011-2017"; y coautor del libro "Jaque Mate al Crimen Organizado. Coahuila una estrategia multidimensional para la paz", que relatan experiencias de éxito de políticas públicas en materia de derechos humanos y de seguridad, respectivamente. Actualmente, es editorialista en los siguientes medios de comunicación: Índigo, El Sol de México, El Heraldo de México, La Prensa de Coahuila, y otros del país. Es, además, integrante de la Barra Mexicana, Colegio de Abogados, A. C.

Muñoz Navarro, José de Jesús

Licenciado en derecho, con mención honorífica por el ITESO. Maestro en derecho constitucional y amparo por la Universidad Iberoamericana de León. Maestro en Valuación por la Universidad de Guadalajara. Cuenta con la especialidad en derecho administrativo por la escuela de derecho de la Universidad Panamericana campus Guadalajara.

Es Corredor Público número 81 de la Plaza del Estado de Jalisco y abogado postulante en González Luna Abogados, firma de abogados con sede en Guadalajara, Jalisco; su práctica profesional se enfoca en derecho corporativo y derecho administrativo. Es catedrático en el ITESO y en la Universidad Panamericana, Campus Guadalajara.

Es miembro de la Barra Mexicana Colegio de Abogados, A.C., donde actualmente funge como Coordinador de la Comisión de Derecho Administrativo del Capítulo Jalisco; también es miembro del Colegio de Corredores Públicos del Estado de Jalisco, A.C., donde actualmente es secretario del Consejo Directivo.

Es miembro fundador y presidente del Consejo Directivo de la ONG Asociación Mexicana de Fenilcetonuria, A.C (PKU México) y fundador, consejero y vicepresidente de la Junta Directiva de la ONG internacional Global Association for PKU (GAP).

Puente de la Mora, Ximena

Doctora en Derecho por la Universidad de Guadalajara, Maestra en Derecho por la Universidad de Navarra y Licenciada en Derecho por la Universidad de Colima, los tres grados obtenidos con mención honorifica.

Miembro del Sistema Nacional de Investigadores SNI, Autora de los libros: "Reforma en materia de Transparencia" del Fondo de Cultura Económica (FCE), "Protección de Datos Personales como medio de Prevención del Delito", y "Los Medios Electrónicos y El Derecho Procesal" y Coautora de más de 20 libros y numerosos artículos científicos en materia transparencia, privacidad, datos personales y tecnologías de la información.

Primera Presidenta del Instituto Nacional de Transparencia, Acceso a la Información y Protección de Datos Personales como Organismo Constitucional Autónomo, siendo Comisionada hasta 2018. Presidenta fundadora del Sistema Nacional de Transparencia, y Presidenta de la Red Iberoamericana de Protección de Datos e Integrante del Sistema Nacional Anticurrupción.

En su paso por la Sexagésima Cuarta Legislatura del Congreso de la Unión en México, fue considerada entre los primeros lugares de los legisladores en productividad con más iniciativas aprobadas por el Pleno, entre las que destacan: Transparencia y protección de datos como principio en la educación del Estado Mexicano, información estadística sobre violencia de género, protección de los datos biométricos, iniciativa para asegurar la difusión, promoción y tutela de los derechos de las mujeres migrantes, la implementación del gobierno abierto, entre otros.

En 2022, el Banco Mundial designó a la Dra. Puente de la Mora como la primera mexicana integrante del Panel Mundial de Expertos de Privacidad y Datos Personales, de solo tres miembros, última instancia en esta materia en los 189 países miembros de este Organismo Internacional.

Rocha Torres, Silvia Eugenia

Doctora en Derecho, así como especialista constitucional y administrativa de la Universidad Nacional Autónoma de México, Maestra en Derecho Comparado de la Harvard Law School, con cursos sobre "Politics of Global Finance" en la London School of Economics and Political Science y Licenciada en Derecho por la Universidad Iberoamericana. Cuenta con la certificación en materia de prevención de operaciones con recursos de procedencia ilícita que otorga la Comisión Nacional Bancaria y de Valores.

En su práctica profesional —de más de treinta años— ha ido fortaleciendo su especialización en áreas jurídicas de regulación, planeación, operación y control de la banca y sus organizaciones auxiliares, así como en las del crédito, el ahorro para el retiro y las finanzas públicas; el asesoramiento jurídico a instituciones y empresas, tanto públicas como privadas, en materia financiera, constitucional, administrativa y de responsabilidades, así como en la consultoría empresarial para la aplicación de medidas de prevención del lavado de dinero y el combate a la corrupción y en tareas de consejería profesional en Consejos de Administración.

Ha tenido diversos cargos en el sector público entre los que destaca su paso como Subprocuradora Fiscal Federal de Asuntos Financieros de la Secretaría de Hacienda y Crédito Público y en la iniciativa privada fungió como Directora General de la consultoría privada "CHM Compliance". Fue Abogada General en el Instituto del Fondo Nacional para el Consumo de los Trabajadores y actualmente es Directora de Cumplimiento para S-Latam de una de las firmas de auditoría y consultoría internacional más reconocidas. Es profesora universitaria en diversos centros de educación superior y posgrados, entre los que destacan la UNAM, la UP, el ITAM y en la Escuela de la Bolsa Mexicana de Valores.

Es parte de la Barra Mexicana, Colegio de Abogados en donde fue Subcoordinadora y Coordinadora de la Comisión de Derecho Administrativo.

Sosa Balam, Luis Oswaldo

Es Abogado por la Universidad Autónoma de Yucatán, en la cual obtuvo el premio Ceneval al Desempeño de Excelencia EGEL, es experto en derecho corporativo con cursos sobre propiedad intelectual por la Organización Mundial de la Propiedad Intelectual y está cursando la maestría de derecho de empresas en el Centro Universitario Metropolitano de Campeche.

En su práctica profesional es socio fundador de la firma Novus Lex, la cual se encuentra en constante colaboración con las cámaras empresariales locales, en dónde se desempeña en el área de Derecho corporativo, realizando asesorías y capacitación a micro, pequeñas, medianas y grandes empresas locales y nacionales.

Ocupó el cargo honorario de mentor en el Instituto Mexicano de la Propiedad Industrial (IMPI), en el marco de las actividades de la Red de mujeres innovadoras y propiedad industrial, en la cual realizó acompañamiento y orientación individual especializada gratuita en materia de propiedad intelectual a mujeres con proyectos de emprendimiento.

En el sector público es parte del equipo de Mejora Regulatoria del Municipio de Mérida, municipio que ocupa el cuarto lugar a nivel nacional en el Indicador Subnacional de Mejora Regulatoria 2023, a cargo del Observatorio Nacional de Mejora Regulatoria. Ha participado en la elaboración de diversos anteproyectos de las herramientas de Mejora Regulatoria del Municipio de Mérida.

Sulub Caamal, Miguel Ángel

Es Licenciado en Derecho por la Universidad Autónoma de Campeche con estudios de Maestría en Impuesto; Master en Prevención y Combate a la Corrupción por la Universidad de Salamanca; y actualmente Pasante de la Maestría en Estado de Derecho y Estrategias Anticorrupción por el Instituto Nacional de Investigaciones Penales (INACIPE).

Como Abogado Postulante es especialista en derecho administrativo, procesos de auditoría y fiscalización gubernamental, de entrega-recepción, responsabilidades de servidores públicos, procedimientos resarcitorios y juicios contencioso-administrativos, así como en materia legislativa-parlamentaria.

Fue Titular de la Unidad de Asuntos Jurídicos de la Auditoría Superior del Estado de Campeche; Director de Contraloría del Municipio de Campeche; Secretario de la Contraloría, y de Desarrollo Social y Regional del Gobierno del Estado de Campeche.

En el ámbito legislativo fue Jefe de Departamento y Encargado de la Dirección de Control de Procesos Legislativos del H. Congreso del Estado de Campeche; así como Diputado Electo de Mayoría por el Distrito Federal 01 del Estado de Campeche en la LXIII Legislatura (2015-2018).

Es coautor del texto "Compendio de Investigaciones en materia de Combate a la Corrupción" editado por la Cámara de Diputados y "Pintura y Ciencias Penales" editado por el INACIPE.

Es asociado de la Barra Mexicana, Colegio de Abogados, en donde ha participado como Secretario de la Comisión de Derecho Administrativo y actualmente es Presidente del Capítulo Campeche de la BMA.

A partir del 1 de septiembre de 2021 es Secretario Técnico del Grupo Parlamentario del PRI en la Cámara de Diputados del Congreso de la Unión.

Villalón Trujillo, Lucía Ileana

Abogada por la Escuela Libre de Derecho (ELD), certificada como Paralegal por la University of Miami (UM) y Maestra en Derecho y

Ciencias Penales por el Instituto de Estudios Universitarios (IEU). Es especialista en derecho bancario, bursátil y administrativo en materia de anticorrupción y responsabilidades administrativas.
Ha tenido diversos cargos en el sector público entre los que se destaca la Titularidad del área jurídica del Instituto para la Protección al Ahorro Bancario y Titular del Organo Interno de Control en dos de las subsidiarias de Petróleos Mexicanos (Pemex Refinación y en Pemex Exploración y Producción), así como Contralor del Poder Judicial del Estado de Morelos. En el sector privado fue Vicepresidente en un Fondo Financiero con base en Miami Florida y actualmente es consultora independiente en materia administrativa y financiera
Es Subcoordinadora de la Comisión de Estudio en Materia de Derecho Administrativo en la Barra Mexicana Colegio de Abogados A.C. y ha sido profesora en diversas Universidades e Institutos de Aprendizaje entre los que destacan el ITESM, la Escuela de la Bolsa Mexicana de Valores y el Instituto Carbonell.